anglistik & englischunterricht

Literatur in der Schule

anglistik
&
englischunterricht

Literatur in der Schule

Herausgeber: Prof. Dr. Hans-Jürgen Diller, Dr. Stephan Kohl,
Dr. Joachim Kornelius, Dr. Erwin Otto,
Prof. Dr. Gerd Stratmann

Anschrift   Dr. Joachim Kornelius, Ruhr-Universität Bochum,
der Redaktion: Englisches Seminar, Universitätsstraße 150,
4630 Bochum 1

Verlag: WVG Wissenschaftliche Verlagsgesellschaft mbH, Trier,
Theodor-Heuss-Allee 21, 5500 Trier, Postfach 40 05,
Ruf (06 51) 4 15 03

Gesamtherstellung: Volksfreund-Druckerei Nik. Koch GmbH & Co. KG,
Trier

Trier, September 1978

ISBN   3-922 031-05-6
ISSN   0344-8266

Inhalt

Helmut Schrey, Duisburg

Englischsprachige Literatur, Literaturwissenschaft und Literaturdidaktik in Schule und Hochschule

Versuch einer Problemskizze

Ein Aufsatz, der sich mit dem Ort der Literatur im engeren Sinne (= Schöne Literatur) in Schule und Hochschule befaßt, kommt heute schwerlich daran vorbei, sich auch mit institutionalen Fragen befassen zu müssen.[1] Dieser leidige, unbeschwerten geistigen Höhenflügen hinderliche Umstand wird gern verdrängt. Eben deshalb stelle ich die institutionalen Probleme ganz bewußt an den Anfang dieser Arbeit, und zwar aus methodischen Gründen in nicht unerheblicher Übervereinfachung und Zuspitzung.

1. Englischsprachige Literatur in der Schule

Die Frage nach dem Ort der Schönen Literatur in der Schule wird in aller Regel vorzugsweise auf die Sekundarstufe II bezogen, wenn nicht sogar ausschließlich auf die (reformierte) Oberstufe des Gymnasiums, also lediglich auf einen besonders gut bekannten, vor allem aber besonders prestigehaltigen Sektor der Sekundarstufe II. Die Tatsache, daß literarische Lehr- und Lerngegenstände, nicht zuletzt auch solche aus dem Bereich der Literatur im engeren Sinne (= Schöne Literatur) selbstverständlich auch in der Sekundarstufe I zu finden sind, wenn auch wiederum vorzugsweise in deren gymnasialen Sektor und, mit gewissen Abstrichen, in dem der Realschulen, wird ebenfalls als gegeben hingenommen. Auch die Ausbildung der Lehrer der Sekundarstufe I, zumindest insoweit sie sich an überkommenen Universitäten vollzieht, hat bis heute

---

[1] Am ehesten wird der institutionale Aspekt wohl noch in einer jüngeren Buchveröffentlichung zur Didaktik des englischen Romans ernstgenommen: Freese, P./Hermes, L. (Eds.): **Der Roman im Englischunterricht der Sekundarstufe II. Theorie und Praxis.** Paderborn, 1977. Das trifft vor allem auch ·auf Beiträge zu, die sich einerseits mit den Richtlinien für den Englischunterricht der Sekundarstufe II, andererseits mit dem konkreten Lektüreangebot der Schulbuchverlage befassen. (Hermes, L.: „Der Roman in den Richtlinien für den Englischunterricht der reformierten Sekundarstufe II", S. 72–89, und Hambach, E.: „Der Roman im Lektüreangebot der Schulbuchverlage", S. 90–111.) Gerade die Befunde dieser beiden Beiträge verdeutlichen mit Nachdruck, wie wichtig das Ernstnehmen der institutionalen Seite ist. Darüber hinaus zeigen sie, daß die jeweiligen Institutionen sich zumindest dann als gänzlich uneinheitlich darbieten, wenn man sie, die Ländergrenzen überschreitend, im Bundesrepublik-Maßstab sieht. Die Entwicklung einheitlicher Didaktikkonzepte wird durch diesen Umstand nachhaltig erschwert.

9

gemeinhin eher einen literaturwissenschaftlichen Schwerpunkt, wenngleich nicht übersehen werden kann, daß sich das Bild der Anglistik, auch an den Universitäten, im Augenblick äußerst facetten- und nuancenreich darbietet, nicht zuletzt auch hinsichtlich der Studienanteile von Literaturwissenschaft und Linguistik.[2]

Es kann aber auch heute noch keine Rede davon sein, daß den Prüfungs- und Studienordnungen für das Lehramt der Sekundarstufe I eine auch nur in Ansätzen zureichende Reflexion über den Stellenwert der Literatur in dieser Stufe und mithin ihren Stellenwert in der Ausbildung der entsprechenden Lehrer vorausgegangen wäre.[3]

Ein entsprechendes, im Grunde eher noch erschreckenderes Reflexionsdefizit ist für den berufsbezogenen Bereich der Sekundarstufe II festzustellen, übrigens mit der Folge, daß die Ausbildung ihrer Lehrer (d. h. der „Berufsschullehrer"), sowohl an überkommenen Universitäten als leider auch an Gesamthochschulen, jedenfalls insoweit der Literatursektor betroffen ist, bis heute sozusagen „mit der linken Hand" betrieben wird.[4]

Auf den ersten Blick scheint die Primarstufe für unser engeres Thema unwichtig zu sein. Bedenkt man jedoch (nur sehr wenige tun es im Augenblick), wie wichtig auch für den Englischunterricht eine möglichst frühe Sensibilisierung für Literarisches ist, wird man zumindest den Deutschunterricht in der Primarstufe keinesfalls gänzlich ignorieren dürfen.

2. Literatur, Literaturwissenschaft und Literaturdidaktik an Universitäten und Hochschulen

Die konkrete Antwort auf die in diesem Aufsatz gestellte Frage nach dem Ort der Literatur in Schule und Hochschule hängt nicht zuletzt auch von Organisationsform und Selbstverständnis der jeweils lehrerausbildenden Institutionen ab. Der Begriff „Organisationsform" wird dabei ganz bewußt vor den Begriff „Selbstverständnis" gerückt. Mittlerweile scheint nämlich einiges darauf hinzuweisen, daß sich das je gegebene akademische Selbstverständnis in hohem Maße an der je vorfindlichen (d. h. der vom jeweiligen Gesetzgeber vorgeschriebenen) Organisationsform orientiert: vorgegebene institutionale Hohlformen werden mehr oder weniger bereitwillig mit Inhalten gefüllt. Offensicht-

---

[2] Vgl. dazu Finkenstaedt, Th. (Ed.): **Englische Philologie – Anglistik und Amerikanistik – Informationen,** 1.–24. Folge, Augsburg, 1977 (24. Folge), und Schröder, K. (Ed.): **Informationen zur Didaktik des Englischunterrichts und der Anglistik (IDEA),** 1.–13. Folge, Augsburg, 1977 (13. Folge). Die in den beiden Informationsträgern enthaltenen Bestandsaufnahmen sind höchst instruktiv. Ihre Aussagen werden noch um einige Grade plastischer, bedient man sich außerdem noch des folgenden Hilfsmittels: Finkenstaedt, Th./Schröder,K. (Eds.): **Anglistenspiegel.** Augsburg, ²1977.

[3] Vgl. dazu Glaap, A.-R.: „Kritische Synopse der nordrhein-westfälischen Richtlinien für den Englischunterricht in der Sekundarstufe I". **Neusprachliche Mitteilungen** 4, 1975, 202–212.

[4] Nicht zuletzt auch die Bestandsaufnahme zur englischen Fachdidaktik (Schröder, K. (Ed.): **Informationen zur Didaktik des Englischunterrichts und der Anglistik (IDEA).** 13. Folge, Augsburg, 1977) verdeutlicht die hier noch liegenden unbearbeiteten Bereiche.

lich bringt es niemand so leicht fertig, eine längere Zeit in institutionalen Räumen zu leben, die er für „sinnentleert" halten muß. Er füllt sie folglich mit dem, was er für Sinn hält, oder – das ist wohl der häufigere Fall – mit dem, was er zur Not für „Sinn" halten kann.[5]

Leider können auch einheitliche Prüfungsordnungen nicht darüber hinwegtäuschen, daß die Praxis der Lehrerausbildung in manchen Bundesländern, so z. B. in Nordrhein-Westfalen, im Augenblick alles andere als einheitlich ist. Das hat tatsächlich vor allem politisch-institutionelle Gründe. Bezüglich des Verhältnisses von Literatur, Literaturwissenschaft und Literaturdidaktik wird die Lehrerausbildung für das Lehramt in der Sekundarstufe I wohl am nachhaltigsten durch die im Augenblick gegebene Unsicherheit betroffen.[6]

Gerade wer den Einfluß des institutionalen Faktors auf unser Problem vergleichsweise hoch einschätzt, ist gut beraten, vor allem das Grundsätzliche des Problems und mithin den Problemkern selber möglichst sauber herauszuarbeiten. Das sollte aus methodischen Gründen zuerst einmal unter bewußter Ausblendung der oben referierten institutionalen Randbedingungen geschehen. Der auf diese Weise freigelegte Problemkern wäre dann allerdings, in einem zweiten Schritt, wieder auf die verschiedenen im Augenblick gegebenen konkreten Institutionsmodelle zu beziehen, gegebenenfalls auch auf einige mögliche bzw. uns vielleicht in naher Zukunft bevorstehende Institutionsmodelle, die nach menschlichem Ermessen eher Mischmodelle sein dürften.[7]

Auf diese Weise mag gleichsam unter der Hand auch so etwas wie eine Skizze der voraussichtlichen, teils wünschbaren, teils weniger wünschbaren Entwicklung der akademischen Disziplin Anglistik entstehen. Die Anglistik ist nämlich zum gegebenen Zeitpunkt eine immer noch in hohem Maße lehrerausbildende Disziplin. Zumindest auf dem Felde der Lehrerausbildung, d. h. in jenem Bereich, der auch heute noch, zumindest quantitativ, ihr Hauptbereich ist, schlagen institutionale Reformen und Veränderungen und die durch sie provozierten Nah- und Fernfolgen folglich zwangsläufig zumindest mittelbar auch auf Selbstverständnis und Zustand der akademischen Disziplinen selber zurück.

3. Stellung und Funktion der Literatur: Anglistik im Wandel

Bezogen auf Literatur, Literaturwissenschaft und Literaturdidaktik könnte eine Problemskizze unter bewußter Ausblendung alles Institutionalen im Augenblick etwa folgendermaßen aussehen: Stellung und Funktion der Litera-

---

[5] Dazu Schrey, H.: „Universitäten vor der Aufgabe der Umorientierung. I. Beispiel: Anglistik" und „Universitäten vor der Aufgabe der Umorientierung II". – In Schallenberger, E. H. (Ed.): Taschenbuch zur Bildungs- und Wissenschaftspolitik. (Titel lag bei Redaktionsschluß noch nicht vor) Düsseldorf, Walter Rau Verlag, vorr. Erscheinungstermin Okt. 1978.

[6] Vgl. Glaap, A.-R.: a. a. O.

[7] Vgl. dazu Finkenstaedt, Th.: „Elemente einer Theorie der Anglistik". – In Finkenstaedt, Th./ Schröder, K. (Eds.): **Quo vadis? Englisch als Zielsprache** (= 26. Hochschuldidaktische Materialien). Hamburg, 1971, insbes. S. 23 f. und S. 43–50.

tur, vor allem in der Sekundarstufe II (bzw. der gymnasialen Oberstufe), aber durchaus nicht ausschließlich auf dieser Ebene, sind stark von Randbedingungen abhängig, die im wesentlichen in folgenden Feldern zu suchen sein dürften:

1. Anglistik/Fachdidaktik – 2. Linguistik/Textlinguistik – 3. Literaturtheorie – 4. soziokulturelle Voraussetzungen von Literatur – 5. Wechselverhältnis von Erst- und Zweit-/Drittsprache und den entsprechenden Literaturen.

Zu 1.: Auf den ersten Blick könnte es so scheinen, als sei die Beziehung zwischen dem literaturwissenschaftlichen Studium der Anglistik und dem literaturbezogenen Englischunterricht zumindest in den Oberstufen der Gymnasien bis vor kurzem sozusagen ungestört und unproblematisch gewesen. Jedenfalls auf die Zeit, in der der allgemeine Stellenwert der Literatur sowohl in der Universität als auch im Gymnasium im wesentlichen noch unumstritten war, scheint das zuzutreffen, nicht zuletzt dann, wenn man bedenkt, daß die erst gegen Ende der sechziger Jahre spürbar ausklingende Phase der unbestrittenen Vorherrschaft der werkimmanenten Interpretation dazu beigetragen hat, vorhandene Unterschiede zu verwischen.

Inzwischen hat die Universitätsanglistik neue Ansätze in ihre Arbeit einbezogen, häufig genug übrigens mit der ungewollten Nebenwirkung, daß die Schule, vor allem auf dem Weg über ihre Richtlinien- bzw. Curriculum-Gestalter, manche dieser Ansätze nur unzureichend reflektiert übernommen hat.

In diesem Zusammenhang kann leider nicht gesagt werden, daß die zuständige Fachdidaktik, hier vor allem die zuständige Literaturdidaktik, jene Filter-Funktion auch nur einigermaßen zureichend ausgeübt hätte, die ihr nach Lage der Dinge eigentlich zugekommen wäre.[8] Ganz im Gegenteil hat sie im Schnitt eher dazu beigetragen, die ohnedies gegebenen Probleme noch dadurch zu verstärken, daß sie hier und da voreilig und auf allzu schmalen Fundamenten stehend, kühne Theoriegebäude errichtet hat.[9]

War die Anglistik im engeren und überkommenen Sinne immer wieder versucht, den Umstand zu verdrängen, daß sie seit langem, ja eigentlich seit ihrer

---

[8] Vgl. dazu vor allem den Kommentar von F. R. Weller zu seiner „Auswahlbibliographie zur Didaktik des fremdsprachlichen Literaturunterrichts". **Die Neueren Sprachen** 6, 1976, 591–606, insbes. 593.

[9] Eine zureichend eigenständige Literaturdidaktik des Englischen bzw. eine Literaturdidaktik nichtdeutschsprachiger Literaturen entwickelt sich erst seit einigen Jahren. Verständlicherweise orientiert sie sich vorwiegend an den curricularen Gegebenheiten der reformierten Sekundarstufe II. Es bleibt abzuwarten, inwieweit sie sich von der Literaturdidaktik deutschsprachiger Literatur emanzipieren kann, ohne dabei die notwendige Verbindung zu ihr zu verlieren. Die Hauptaufgabe einer Literaturdidaktik fremdsprachlicher Literaturen hätte eigentlich darin zu bestehen, möglichst sauber und konkret den spezifischen Beitrag herauszuarbeiten, den die Beschäftigung mit fremdsprachlicher Literatur (sowohl die „vorwissenschaftliche" als auch die wissenschaftliche) zur Sensibilisierung für Literarisches schlechthin und – für literarische Bildung leisten kann. Es fragt sich, ob die Literaturdidaktik des Englischen diese ihre Hauptaufgabe schon erkannt hat. Zweifel sind erlaubt. Vgl. dazu die Einleitung von F. R. Weller: „Auswahlbibliographie". a. a. O., insbes. 593 f.

Etablierung als vollgültige akademische Disziplin, ein im wesentlichen lehrer-ausbildendes Fach ist, so sah sich die Fachdidaktik des Englischen der steten Versuchung ausgesetzt, sich als im wesentlichen alleinzuständig für die Ausbildung von Englischlehrern zu verstehen und entsprechend aufzutreten.

Beide Versuchungen sind verständlich. Ihnen nachzugeben war und ist allerdings gefährlich. Das gilt auch dann, wenn man zuzugeben bereit ist, daß die Isolation und der damit ihr gegebene Zwang zur Profilierung auf der Seite der Pädagogischen Hochschulen manche beachtliche Früchte gezeitigt hat. Nicht alle waren sozusagen forcierte „Kinder der Sünde" und entsprechend theoriedünnblütig und exotisch. Allerdings nur vergleichsweise wenige waren auch für Studenten, Lehrer und Schüler genießbar. (Sie waren für diesen prosaischen Personenkreis denn ja auch weniger gedacht.)[10]

Der Anglistik im engeren Sinne hat es im übrigen nie geschadet anzuerkennen, daß sie als eine im deutschsprachigen Raum und also „auf Distanz" (bezüglich von Literatur und Literaturwissenschaft übrigens auf eine höchst anregende Distanz!) betriebene akademische Disziplin immer zumindest auch mit „Umsetzung" zu tun hat. Absolventen anglistischer Studiengänge haben durchweg, in welchem Beruf auch immer sie später tätig sein werden, Umsetzungsarbeit zu leisten. Die Arbeit des Lehrers an Schulen ist dabei nur ein Aspekt dieser Umsetzungsarbeit. Auch in Zukunft dürfte er jedoch einer der wichtigsten Aspekte sein.

Nicht zuletzt an dieser Stelle, wenngleich durchaus nicht ausschließlich an dieser Stelle, hat die Fachdidaktik des Englischen anzusetzen, und zwar als eine integrale Teildisziplin der Anglistik, die sich nach Maßgabe der ihr jeweils zufallenden konkreten Aufgaben darüber hinaus allerdings der Befunde und Methoden anderer akademischer Disziplinen, wie etwa der Pädagogik, der allgemeinen Didaktik und der Lernpsychologie, mit zu bedienen hat.

Nicht zuletzt auch der Umstand, daß man heute vielfach – übrigens aus höchst vordergründigen Motiven, die im Bereich des Arbeitsmarktes und seiner angespannten Situation liegen – die zu fordernde Polyvalenz der Studiengänge gegen die Forderung nach einer stärker lehrerberufsbezogenen Ausbildung ins Feld führt, sollte dazu beitragen, den Umsetzungsaspekt, unter dem sowohl die deutsche Anglistik als vor allem auch die spätere Berufspraxis deutscher Anglisten grundsätzlich steht, sorgfältig in den Blick zu nehmen. Es ist nämlich durchaus nicht so, als ob ein anglistisches Studium, das fachdidaktische Aspekte entschlossen miteinbegreift, die angestrebte Polyvalenz einschränkte. Das genaue Gegenteil ist der Fall.

---

[10] Vgl. Schrey, H.: **Grundzüge einer Literaturdidaktik des Englischen.** Ratingen, 1973 und ders.: „Textlinguistik und Fremdsprachendidaktik. Linguistisch-didaktische Probleme im Umgang mit fremdsprachlichen Texten der Literatur im engeren Sinne". **Der fremdsprachliche Unterricht 28,** 1973, 2–15.

Zu 2.: Ebenso wie die anderen neuphilologischen Disziplinen hat auch die Anglistik innerhalb der vergangenen fünfzehn Jahre einen starken Linguistisierungsprozeß durchgemacht. Für den Bereich der Literaturwissenschaft und Literaturdidaktik haben sich vor allem textlinguistische Arbeitsweisen als wichtig erwiesen. Sie haben dazu beizutragen versucht, zwischen Literatur und Literaturwissenschaft einerseits, der Linguistik und ihren jeweiligen Methoden andererseits eine Brücke zu schlagen. Die Literaturdidaktik hat sich diesen Anregungen verständlicherweise besonders stark ausgesetzt gesehen.

Als ein wichtiges Kriterium für die Vertretbarkeit der Übernahme textlinguistischer Anregungen und Arbeitsweisen sollten jedoch die Folgen für die Lesemotivation von Lehrern, Studenten und Schülern gelten. Nimmt man es nämlich hin, daß das Textganze auf Dauer nahezu ganz aus dem Blickfeld gerät, so sollte man sich nicht darüber wundern, daß die Lesemotivation nachdrücklich beeinträchtigt wird. Gerade heute ist jedoch alles daranzusetzen, eine ohnedies nahezu verlorengegangene Lesemotivation zu fördern, und zwar durchaus nicht nur aus hochschul- und schuldidaktischen Gründen. Eine Literatur, die man nicht gern und „freiwillig" liest, ist auf die Dauer nämlich nicht lebensfähig.

Zu 3.: Nicht zuletzt unter dem Einfluß der Semiotik, Literatursoziologie, Informations- und Kommunikationstheorie hat der Literaturbegriff in den letzten Jahren eine erhebliche Ausweitung erfahren, und zwar sowohl mit positiven als auch mit negativen Folgen. Einerseits konnte eine Brücke zum Gebrauchstext einschließlich des Lesebuchtextes geschlagen werden. Andererseits geriet die Literatur im engeren Sinne eine Zeitlang ungebührlich stark in den Hintergrund des allgemeinen Interesses.

Zu 4.: Im Laufe der vergangenen Jahre ist der Umstand wieder stärker ins Bewußtsein getreten, daß grundsätzlich alle Textsorten, selbstverständlich auch diejenigen, die in den Bereich der Literatur im engeren Sinne gehören, in einem soziokulturellen Rahmen stehen, aus dem man sie tunlichst nicht lösen sollte.

Das Bewußtsein des soziokulturellen Eingebettetseins grundsätzlich aller Textsorten trägt übrigens dazu bei, die Bedeutung jener „kulturellen Kompetenz" wieder stärker ins Bewußtsein zu rücken, ohne die ein angemessenes Verstehen von Texten tatsächlich unmöglich ist. Die Wichtigkeit der „kulturellen Kompetenz" kommt uns heute paradoxerweise vor allem auf dem Weg über ihr hochgradiges Nichtvorhandensein in den Blick.

Daraus ergibt sich, daß Texte, auch solche der Schönen Literatur, heute stärker, vor allem aber ausschließlicher als noch vor einigen Jahren unter anderem auch in ihrer Funktion als Zulieferer von soziokulturellem Orientierungswissen, d. h. als Träger von *cultural competence* betrachtet und in Lehre und Unterricht eingesetzt werden sollten. Die ihrerseits in soziokulturellem Kontext stehende und ihn zusätzlich bereichernde Leseerfahrung wird auf

14

diese Weise gleichsam als eine Vorstufe und Teil-Voraussetzung etwaiger Leseerfahrungen angesetzt. Diese weiteren Leseerfahrungen dienen wiederum u. a. (allerdings durchaus nicht ausschließlich) einer zusätzlichen Ausweitung und Anreicherung der kulturellen Kompetenz.

Zu 5.: Im Zusammenhang mit dem Abklingen der Allgemeinverbindlichkeit der werkimmanenten Interpretationsmethode, das seinerseits eng an die Ausweitung des Literaturbegriffes und der mit ihr zwangsläufig einhergehenden partiellen Abwendung von einer vorwiegend ästhetischen Wertung des „Wortkunstwerkes" einherging, drohte und droht das Phänomen des Ästhetischen vorübergehend gänzlich in Vergessenheit zu geraten.

Das ist nicht hinzunehmen, um so weniger als gerade bei Studenten und Schülern des Englischen die Primärmotivation heute relativ gering zu sein pflegt. Sowohl das Fach Englisch im Leistungskurs der Sekundarstufe II als vor allem auch das Anglistikstudium wird heute in der Regel weniger aus unmittelbarem Interesse an der Sache als vielmehr aus sekundären und sachfremden Gründen gewählt. Man hält es für ein vergleichsweise leichtes, zumindest aber für ein in Umrissen wenigstens schon „bekanntes" Fach. Die heute gegebenen Randbedingungen von Schule und Hochschulstudium sind zudem so beschaffen, daß sie eine ohnedies vorherrschende pragmatische Einstellung zum Studium und seinen Inhalten eher noch verstärken.

Gerade angesichts dieser Tatsache ist es wichtig, daß neben dem ohnedies heute stärker als noch vor zehn Jahren betonten sozialen Charakter nicht zuletzt auch der Spielcharakter fiktionaler Literatur, ganz gewiß aber der „Schönen Literatur" herausgearbeitet und erlebbar gemacht wird. Dafür sprechen übrigens sowohl Gründe der Ästhetik als vor allem auch solche der Psychologie und der – Psychohygiene. „Schöne Literatur" erlaubt nämlich dem Leser ein spielerisches „So-tun-als-ob". Indem sie ihn auf diese Weise scheinbar aus dem banalen Ernstfall des Lebens entläßt, öffnet sie ihm in Wirklichkeit gerade die umfassendere Bedeutung, den umfassenderen „Ernst" eben dieses Lebens. Gerade auch Lebensbedeutung und „Ernst" liegen ihrerseits selbstverständlich durchaus nicht außerhalb soziokultureller Bezüge. Der Leser kann aber immerhin durch das Lesen von Literatur jene verfremdende *Distanz* zu den begegnenden Gegenständen und Situationen, äußeren und inneren, gewinnen, die in dieser Weise wohl tatsächlich nur das scheinbar freie Spiel vermitteln kann. Der heutige, infolge einer hochgradigen Ideologieallergie und -ermüdung übermäßig pragmatisch gewordene Leser dürfte jedoch auf eine derartige Distanz von Zeit zu Zeit angewiesen sein, will er sein Leben (und sein Lesen) wirklich bewältigen können. Phantasie und „Kreativität" sind gerade in der heutigen Situation unverzichtbar. Literatur ist eine ihrer wichtigsten Quellen.

4. Übertragung der Problemskizze auf die im Augenblick gegebenen institutionalen Voraussetzungen

Die vorliegende Problemskizze, die sich zugleich sowohl als eine Zustands-analyse als vor allem auch als ein Lernziel-, eher aber wohl doch als ein Bildungszielentwurf versteht, soll nunmehr auf die institutionalen Verhältnisse übertragen werden, die wir heute vorfinden bzw. in naher Zukunft voraus-sichtlich vorfinden werden. (Zweitsprachen-) Literaturprobleme scheinbar aus-schließlich interner Art wären mithin in ein Gespräch mit den vorwiegend externen institutionalen Situationen zu bringen, in denen sie, unverdeckt oder eher verdeckt, aufzubrechen und mithin manifest zu werden pflegen. Das geschieht übrigens in der Hoffnung, sie auf diese Weise wenigstens um einige Grade durchsichtiger und lösbarer zu machen.

Wir rücken dieses Gespräch vorab ganz entschieden unter einen literaturdidak-tischen Aspekt. Das schließt jedoch keineswegs aus, daß neben dem konkreten Englischunterricht in Schulen letztlich auch Selbstverständnis und Praxis der akademischen Disziplin Anglistik und damit des Anglistikstudiums im Blick bleiben. Es ist zu hoffen, daß es uns im Ergebnis dazu befähigt, mit aller gebotenen Vorsicht einige Prognosen zu stellen, wiederum sowohl auf die Schulpraxis und deren verschiedene Stufen und Bereiche bezogen als vor allem auch auf die Anglistik als akademische Disziplin und als Studienfach.

Die Anglistik ist, insoweit sie eine literaturwissenschaftliche Disziplin ist, in die übrigen literaturwissenschaftlichen Disziplinen eingebunden. Das ist ein Gemeinplatz, der sich sowohl auf ihre geschichtliche Entwicklung als auch auf ihr Selbstverständnis und ihre Arbeitsweise bezieht. Das heißt natürlich nicht, daß diese Umstände immer zureichend reflektiert worden wären. Man kann aber davon ausgehen, daß zumindest die vergleichsweise intensiven Wechsel-beziehungen zwischen der englischen und der deutschen Literatur, vor allem seit Beginn des 18. Jahrhunderts, das Bewußtsein dafür wachgehalten haben, daß eine literaturwissenschaftlich betriebene Anglistik die Grenzen ihrer Nationalliteratur bzw. die der verschiedenen englischsprachigen Literaturen, grundsätzlich zu überspringen hat. Vor allem ist dabei an das Hinübergreifen der Anglistik in den Bereich der deutschsprachigen Literatur und den der literaturwissenschaftlich betriebenen Germanistik zu denken, wenngleich selbstverständlich die Wechselbeziehungen zu anderen Literaturen grundsätz-lich ebenfalls zu berücksichtigen sind.

Auf das Verhältnis zwischen dem Deutschunterricht in Schulen und dem entsprechenden Englischunterricht scheint das heute weit weniger zuzutreffen. Die Reform der gymnasialen Oberstufe hat, zumindest in einigen deutschen Bundesländern, zusätzlich dazu beigetragen, die Grenzen zwischen den einzel-nen sprachlichen Schulfächern schärfer auszuziehen. Das ist zumindest überall da der Fall, wo Leistungskurse in der Sekundarstufe II grundsätzlich fachspezi-fisch angesetzt werden müssen, und zwar so, daß sie schon allein wegen der ebenfalls fachspezifisch vorzunehmenden Leistungsbewertung kaum je nachhaltig genug zum Nachbarfach hinübergreifen können. Auch hier sollte eine nunmehr anstehende „Reform der Reform" Abhilfe schaffen.

Schwieriger dürfte es vermutlich sein, der Erkenntnis Bahn zu brechen, daß der Englischunterricht in den Sekundarstufen I und II, jedenfalls insoweit er sich mit literarischen Texten befaßt, mittelbar auch auf den Deutschunterricht in der Primarstufe angewiesen ist. Verständlicher wird diese ungewöhnliche Behauptung vielleicht dann, wenn man sich klar macht, daß die Auseinandersetzung mit fremdsprachlichen literarischen Texten in der Schule, vor allem in deren Sekundarstufe I, in der Regel keinen ausgesprochen wissenschaftspropädeutischen Charakter trägt. Im Grundsatz trifft diese Feststellung auch auf die Arbeit in der Sekundarstufe II zu, wenngleich die Curricula einiger Bundesländer zumindest für die Leistungskurse der Sekundarstufe II unter anderem auch wissenschaftspropädeutische Ansprüche stellen, und zwar durchaus nicht ganz zu Unrecht.

Literatur sollte jedoch sowohl auf allen Schulstufen als auch während eines philologisch-didaktischen Hochschulstudiums Schülern und Studenten, Lehrern und Hochschullehrern nicht ausschließlich als Gegenstand wissenschaftlicher Auseinandersetzung begegnen, sondern immer auch als etwas unmittelbar, wenn man so will, „spontan" zu Lesendes. Gerade auch wer auf diese unmittelbare, „spontane" Weise liest, bringt allerdings seine Lebens- und nicht zuletzt Leseerfahrungen immer mit ins Spiel, ob er das nun jeweils weiß und zugibt oder nicht. Vor allem aber ist er dabei grundsätzlich auf eine vorgängig erworbene ästhetische Sensibilisierung angewiesen.

Diese Grund-Sensibilisierung erfolgt aber in der Regel auf dem Weg über die Berührung mit Literatur in der Erstsprache. Das ästhetische Sensibilisierungsfundament kann umso stabiler, vor allem aber auch in sich umso differenzierter sein, je früher, nachhaltiger, kontinuierlicher und differenzierter die Begegnung mit Literatur, und zwar in der Regel mit Literatur in der Erstsprache, vonstatten gegangen ist, handele es sich dabei nun um erzählte, vorgelesene, selber gelesene oder aber auch um gesungene und gespielte Literatur. Hier haben wir es jedenfalls nicht mit Wissenschaftspropädeutik, sondern vielmehr mit einer umfassenden, in sich reich differenzierten Propädeutik des Lesens zu tun.

Sowohl in Schulen als auch in Hochschulen sollte folglich alles unterlassen werden, was dazu führen könnte, den wissenschaftlichen Umgang mit Literatur allzu schroff von der oben skizzierten „vorwissenschaftlichen" Begegnungsweise mit Literatur zu trennen. Die „vorwissenschaftliche" Begegnungsweise ist ohnedies die mit Abstand natürlichere. Von ihr ist das weitere Leben der Literatur (und des einzelnen Literaturwerks) vor allem abhängig. Auch die wissenschaftliche Auseinandersetzung mit Literatur ist darauf angewiesen, daß eine „vorwissenschaftliche" Literaturbegegnung immer bereits stattgefunden hat. Sowohl die vorgängige relativ „spontane" Begegnung mit dem jeweiligen literarischen Text als auch die letztlich angestrebte wissenschaftliche Auseinandersetzung mit ihm ist auf das Vorhandensein eines soliden, sinnvoll geschichteten und in sich differenzierten Fundaments angewiesen, das sich seinerseits aus vielen spontanen und intuitiven Literaturbegegnungserfahrungen zusammensetzt.

Die Forderung nach der Aufrechterhaltung eines unmittelbaren und möglichst spontanen Zugangs zur Literatur richtet sich grundsätzlich an alle Institutionen, die es mit der Vermittlung von Literatur und vor allem mit der Vermittlung der Methoden, die zur Literaturvermittlung führen, zu tun haben. Auch diese Forderung ist selbstverständlich als vielfach gestuft zu verstehen. Die Stufung wiederum ergibt sich aus dem je spezifischen Auftrag der jeweiligen Institutionen, und zwar sowohl derer im sekundären als derer im tertiären Bereich.[11]

Auf diese Weise sieht sich übrigens auch der Stellenwert dichterisch geformter Sprache im Anfangsunterricht des Englischen nachhaltig gefestigt. Hier ist in bezug auf die Darbietung, vor allem an gesprochene, gesungene und gespielte Literatur zu denken, hinsichtlich der Gattungen vor allem an *Nursery Rhymes*, Abzählverse, Kinderlieder, aber auch an verwandte Formen wie etwa die der Nonsense-Dichtung. Wir haben es hier einerseits mit Unterrichtselementen zu tun, die der Auflockerung des Unterrichts dienen und der zusätzlichen Motivation der Schüler, die einem unter dem Diktat von Sprachlerntheorien und Textwissenschaft unter Umständen unzumutbar systematisierten und folglich teilweise wenig bis gar nicht mehr motivierenden Unterrichtsverlauf ausgeliefert sind. Andererseits aber handelt es sich hier insofern um durchaus eigenständige Vorstufen des Literaturerwerbs, als auf ihnen eben jene Sensibilisierung für Literarisches vorbereitet wird, auf die der Literaturerwerb später nicht verzichten kann.

Zusätzlich zur Stufung des Schulwesens und vielfach sozusagen quer zu ihr liegend, haben wir heute selbstverständlich auch noch die verschiedenen Schul*arten*, deren jeweiliges überliefertes Selbstverständnis und die mit diesem Selbstverständnis unter Umständen eng zusammenhängenden besonderen Unterrichtsverfahren, deren Vor- und Nachteile, zu bedenken. Dabei dürfte innerhalb der Sekundarstufe I die Linie vom vorwissenschaftlich-spontanen Begegnen mit Literatur zum vergleichsweise wissenschaftlicheren, jedenfalls nunmehr stärker auf Distanz gehenden und mithin zunehmend kritischer analysierenden Vorgehen von der Hauptschule über die Realschule zur gymnasialen Mittelstufe grundsätzlich ansteigen.

Hinsichtlich der Sekundarstufe II hat sich zumindest für ihren berufsausbildenden Sektor bislang noch kein an seinen Schülern und ihren hauptsächlichen

---

[11] Das hängt nicht zuletzt auch mit dem hohen Prestige von „Allgemeinbildung" zusammen, das seinerseits wiederum nicht als vom hohen Bildungsprestige jener Institutionen losgelöst gesehen werden kann, die jene Allgemeinbildung im Geschichtsgang vermittelt haben und auch heute tatsächlich oder scheinbar noch vermitteln.

Lehrgegenständen orientiertes Profil ergeben. Literatur- und Sprachunterricht scheinen sich vielmehr bis heute auch in diesem Sektor im wesentlichen als „allgemeinbildend" zu verstehen, und zwar ohne daß etwa zureichend reflektiert worden wäre, was darunter eigentlich zu verstehen ist. Die Sekundarstufe II wird folglich heute, zumindest was ihre Lehrinhalte und -formen betrifft, in der Regel, wenngleich fälschlicherweise, immer noch mit der gymnasialen Oberstufe gleichgesetzt. Letztere wiederum versteht sich, vor allem in ihren Leistungskursen bezüglich ihrer Arbeitsmethoden und -ziele, heute wohl noch stärker als früher, als vorwiegend wissenschaftspropädeutisch orientiert. Gerade deshalb aber ist es besonders wichtig, daß auch sie den vorwissenschaftlichen Umgang mit Literatur nicht gänzlich außer Acht läßt.

Im übrigen sollte sich derjenige, der sich ein Urteil über die Unterrichtswirklichkeit, der gymnasialen Mittel- und Oberstufen, verschaffen will, tunlichst nicht in erster Linie auf die jeweils maßgeblichen gedruckten Curricula verlassen. Diese wirken weit „wissenschaftlicher", als die Unterrichtswirklichkeit tatsächlich ist. Auch die Wissenschaftlichkeit der offiziellen Curricula ist zudem häufig nur scheinbar.[12]

Abschließend sei folgendes festgestellt:

Wer unsere Situationsskizze auf die im Augenblick gegebene Lage und Arbeitsverteilung der einzelnen Bildungsinstitutionen zu beziehen versucht, kommt schwerlich an der zusammenfassenden Feststellung vorbei, daß die Lehrerausbildung heute zwar auf verschiedene, in Struktur und Selbstverständnis höchst unterschiedliche Institutionen verteilt ist und daß diese Verteilung nicht auf eine zureichend reflektierte, geschweige denn auf eine von der Sache her zwingend gebotene Vorentscheidung zurückgeht. Wir haben es hier vielmehr durchweg mit Ergebnissen verwickelter, vielfältig verschlungener und teilweise eher paradoxer geschichtlicher Prozesse zu tun. Absurditäten scheinen dabei eher die Regel als die Ausnahme zu sein.[13]

So bildet beispielsweise das Land Nordrhein-Westfalen seine Lehrer stufenbezogen aus. Eine einheitliche, aber gestufte Schule fehlt jedoch und wird wohl noch lange fehlen. Alle neu eingeführten Stufenlehrämter setzen nunmehr neben fachwissenshaftlichen auch erziehungs- und gesellschaftswissenschaftliche und fachdidaktische Studien voraus. Zumindest für jenen Bereich der Sekundarstufe I, der die Realschule und die Mittelstufe der Gymnasien mit abdeckt, vor allem aber für die Sekundarstufe II, sind die erziehungs- und

---

[12] Vgl. dazu Mihm, E.: „Plädoyer für eine Abnehmerdidaktik". **Der fremdsprachliche Unterricht** (Grundsatzfragen der neusprachlichen Didaktik) 33, 1975, 40 ff., an dessen Formulierungen ich mich hier angelehnt habe.

[13] Die hier gegebene knappe Zustandsskizze hat im Zusammenhang dieses Aufsatzes vor allem exemplarische Bedeutung. Das Land Nordrhein-Westfalen dürfte sich tatsächlich insofern als ein besonders interessantes Beispiel eignen, als in diesem Bundesland mit einem Minimum an ideologischem Aufwand ein Maximum an instituionalen Veränderungen (allerdings leider auch an vorläufiger institutionaler Konfusion, die sich hoffentlich im Laufe der Zeit als eine Übergangs-Konfusion erweisen wird) erreicht worden ist.

gesellschaftswissenschaftlichen und die fachdidaktischen Anteile nunmehr verstärkt worden. Die Fachdidaktik hat dabei zum ersten Male auch einen verbindlichen Studienanteil an jenen Studiengängen erhalten, die zum Lehramt in der Sekundarstufe II führen, mithin also auch in das Lehramt in der reformierten Oberstufe der Gymnasien.

Andererseits hat sich der Gesetzgeber in Nordrhein-Westfalen bislang noch nicht in der Lage gesehen, der nunmehr relativ einheitlich geordneten Stufenlehrerausbildung (der allerdings keine entsprechend einheitlich geordnete Schulstruktur gegenübersteht) auch eine überzeugend einheitliche Struktur jenes tertiären Bereiches zur Seite zu stellen, in der die Stufenlehrerausbildung stattfindet. Lediglich die fünf nordrhein-westfälischen Gesamthochschulen haben sich von vornherein auf die Ausbildung von Stufenlehrern einrichten können. Bis zur Zusammenführung von Universitäten und Pädagogischen Hochschulen hat das Land NW zwangsläufig eine Lehrerausbildung in Kauf zu nehmen, die zwar über ein einheitliches Etikett verfügt, in Wirklichkeit jedoch hochgradig aufgesplittert ist.

Vor dem Hintergrund eines grundsätzlich zwar verbindlichen, wenngleich hinsichtlich der zu erbringenden Studienanteile außerordentlich unverbindlich formulierten Lehrerausbildungsgesetzes wird inzwischen in verschiedenen Institutionen eine höchst verschiedenartige Lehrerausbildung betrieben, obgleich die jeweils ausgebildeten Lehrer später in grundsätzlich den gleichen Schulen eingesetzt werden sollen.

Das nordrhein-westfälische Beispiel mag zwar alles andere als repräsentativ sein. Es ist in struktureller Hinsicht gewiß ein Extrembeispiel. Immerhin ist es aber insofern instruktiv, als es uns ermöglicht, die grundsätzlich erhebliche Bedeutung institutionaler Voraussetzungen für die Konzeption der Studiengänge gebührend in Rechnung zu stellen.

Für unser eigentliches Problem hilft dieses Beispiel zudem eine interessante und nützliche Frage provozieren, nämlich die Frage nach der angemessenen Rolle von Literatur, Literaturwissenschaft und Literaturdidaktik im Ausbildungsgang von Lehrern der Sekundarstufe I und, damit zusammenhängend, die Frage nach dem Stellenwert der fremdsprachlichen Literatur in den Klassen 5 bis 10 unserer Schulen. Hier wären übrigens in erster Linie die Pädagogischen Hochschulen und die in ihrem Bereich betriebenen Fachdidaktiken angesprochen. Man sollte nämlich davon ausgehen können, daß die Pädagogischen Hochschulen schon allein aufgrund ihrer Binnenstruktur und vor allem ihrer spezifischen Geschichte eher in der Lage sind, unter anderem auch das ernst zu nehmen und in ihren Lehrveranstaltungen zu praktizieren, was in diesem Aufsatz die „vorwissenschaftliche Begegnungsweise" mit Literatur genannt und als notwendige Voraussetzung sowohl der Lesemotivation von Studenten, Lehrern und Schülern als auch der spezifisch „wissenschaftlichen" Auseinandersetzung mit Literatur bezeichnet wurde. Sollten sich die Pädagogischen Hochschulen durch ihre jahrelange institutionale Isolierung und den damit unstreitig gegebenen starken akademischen Respektabilisierungsdruck dazu verleiten lassen, die Universitäten ausgerechnet da zu kopieren, wo es eigentlich doch darauf ankäme, entschlossen neue, den Jahrgangsklassen 5 bis 10 adäquate Konzeptionen zu entwickeln, und zwar zumindest in der Geschichte der Gymnasiallehrerausbildung zum ersten Male, so würde tatsächlich eine erhebliche Chance verspielt. Die Verschmelzung der Pädagogischen Hochschulen mit den Universitäten bliebe dann letztlich, zumindest auf dem Literatursektor, für die Universitäten so gut wie folgenlos. Wem sollte das nützen?

5. Professionalisierung der Lehrerausbildung und „Polyvalenz": Literatur, Phantasie und „Kreativität"

Es wirkt wie eine Ironie der Geschichte, daß die seit kurzer Zeit lautstark erhobene Forderung nach einer stärkeren Polyvalenz der Studienabschlüsse, die ihrerseits vor dem bitteren Hintergrund der wirtschaftlichen Rezession und des Planstellenmangels im Lehrersektor steht, ausgerechnet in einem Augenblick erhoben wird, in dem sich einige Bundesländer anschicken, endlich eine Lehrerausbildung zu institutionalisieren, die sich vom Ansatz her entschieden als Lehrerausbildung versteht und folglich einigermaßen hochgradig professionalisiert ist. Es könnte sehr wohl den Anschein haben, als sei die nunmehr in Angriff genommene ohnedies verspätete Professionalisierung der Lehrerausbildung durch die Forderung nach Polyvalenz mit Recht bedroht, und zwar zu einem Zeitpunkt, zu dem sie in den meisten Bundesländern noch gar nicht einmal realisiert werden konnte.

Faktisch mag sie tatsächlich vorübergehend bedroht sein. Zu Recht bedroht ist sie jedoch nicht. Fachdidaktische Studienanteile, jedenfalls insoweit sie nicht ausgesprochen schulstufenbezogen sind, setzen nämlich die angestrebte Polyvalenz nicht etwa herab, sondern verstärken sie vielmehr. Grundsätzlich alle Hochschulabsolventen, insoweit sie nicht Wissenschaftler im engeren Sinne werden, haben nämlich in ihren jeweiligen Berufen Wissenschaft auswählend, wertend, vielfach auch vereinfachend umzusetzen. Sie haben zumindest im Bereich der Literatur, auch „die Sachen selbst" zu bieten und schmackhaft zu machen, nicht lediglich die wissenschaftlichen Methoden der Auseinandersetzung mit ihnen. Eine sich professionell verstehende Lehrerausbildung für das je stufenbezogene Schulfach Englisch sollte sich folglich sehr wohl mit einem „polyvalenten" Studienabschluß vertragen können. Vor allem, wenngleich durchaus nicht ausschließlich, trifft diese Feststellung auf den Studiengang zu, der zur Lehrbefähigung in der Sekundarstufe I führt.

Gerade aber die Bemühungen um einen derart „allgemeinbildenden" und nicht zuletzt eben deshalb polyvalenten Studiengang, der neben die professionalisierten lehrerausbildenden und stufenbezogenen Studiengänge zu setzen wäre, könnte – sozusagen ganz nebenbei – Erkenntnisse abwerfen, die zur ebenfalls unumgänglichen Neukonzeption des Studienganges beitragen können, der zur

Lehrbefähigung für die Sekundarstufe I führt. Rolle und Aufgabe der Literatur wären ja tatsächlich in beiden Fällen neu zu bedenken. Die Überlegungen sollten sich dabei keinesfalls auf Fragen nach der etwaigen Auswahl der in Schule und Studium zu behandelnden literarischen Texte beschränken. Das Hochschulstudium darf nicht auf „gängige Schullesestoffe" eingeengt werden. Es kommt hier vielmehr auf eine Neufestsetzung der Lern-, vor allem aber doch wohl der Bildungsziele des Literaturunterrichts in den Klassen 5 bis 10 an und auf eine Orientierung des Hochschulstudiums an diesen Lern- und Bildungszielen, die einerseits den Erfordernissen der Schule entspricht, andererseits aber auch dem Selbstverständnis und den im Geschichtsgang erworbenen Arbeitsweisen der akademischen Disziplin Anglistik nicht allzu schroff entgegensteht.

Man kann davon ausgehen, daß der Umgang mit Literatur insofern ohnedies „allgemeinbildend" ist, als er Phantasie und Kreativität unterstützen und verstärken hilft. Beides dürfte allerdings nur dann der Fall sein können, wenn eine möglichst enge und lebendige Wechselbeziehung zwischen der Literatur der Erst- und der Zweit- und Drittsprache und dem an diesen Literaturen orientierten Unterricht gewahrt bleibt bzw. hergestellt wird. Auch diese enge Wechselbeziehung wäre im Hochschulstudium zumindest vorzubereiten.

Das sollte um so eher möglich sein können, als man hier an überlieferte wissenschaftliche Arbeitsweisen anknüpfen kann. Auch an dieser Stelle zeigt sich, daß ein „vorwissenschaftlicher", die Spontaneität der Begegnung möglichst wenig antastender, bewußt auf Stärkung und Förderung von Phantasie und Kreativität angelegter Umgang mit Literatur eine spezifisch wissenschaftliche Begegnungsweise mit literarischen Texten nicht etwa ausschließt.

Wenn man aus politischen, bildungspolitischen und sozialen Gründen daran festhält, auch weiterhin einem vergleichsweise hohen Prozentsatz eines jeden Altersjahrgangs ein Hochschulstudium zu ermöglichen und auch für die nunmehr anstehenden starken Jahrgänge die Hochschulen grundsätzlich offenzuhalten, wird man an den ursprünglich in erster Linie lehrerausbildenden Studiengängen, vor allem aber denen der sprachlich-literarischen Disziplinen, keinesfalls vorbeigehen können. Zumindest wer seinen Blick nicht einseitig auf die deutschsprachige Szene richtet, sondern vor allem auch das Hochschulwesen der angelsächsischen Länder mitbedenkt, wird zugeben, daß gerade jene akademischen Disziplinen, die ursprünglich aus der mittelalterlichen Artistenfakultät herausgewachsen sind, sich sowohl zur Vermittlung eines relativ polyvalenten als auch eines – sagen wir es ruhig – vergleichsweise „allgemeinbildenden" Studienabschlusses eignen. Ehrlicherweise sollte man dabei zugeben, daß diese Eignung u. a. damit zusammenhängt, daß in diesen Disziplinen auch relativ kurze Studiengänge denkbar sind.

Es müßte eigentlich nicht nur möglich sein, sondern ist vermutlich geradezu ein Gebot der Stunde, nunmehr auch im Bereich der Anglistik sechssemestrige Kurzzeitstudiengänge ins Auge zu fassen. Unter Ausnutzung eines gemeinsamen anglistischen Grundstudiums könnten dabei einige Studiengänge in Staatsexamina für ein stufen- oder schulartenbezogenes Lehramt führen, andere dagegen in Hochschulexamina neuer Art. Letztere könnten dann von vornherein auf einen hohen Grad an Polyvalenz hin angelegt werden. Die Abschlüsse dieser Kurzstudiengänge sollten auf jeden Fall unterhalb der Ebene der Magisterabschlüsse liegen, die tunlichst wie bisher am Ende eines mindestens achtsemestrigen Studiums stehen sollten. Es wäre dabei zu erwägen, ob man auch im deutschsprachigen Hochschulbereich für derartige Fälle auf den Baccalaureus zurückgreifen oder, etwa in Anlehnung an entsprechende Studienabschlüsse der Fachhochschulen und Gesamthochschulen, einen „graduierten Anglisten/Diplom-Anglisten" vorsehen sollte. Wesentlicher dürften jedoch *fachübergreifende Studienabschlüsse* sein, die in die Bereiche Sozialwissenschaft, Wirtschaftswissenschaft und Technologien hinübergreifen. Es versteht sich, daß Literaturwissenschaft, Literaturkritik und Literaturdidaktik in einigen derartigen Fällen nur in höchst modifizierter Weise, in anderen nur mittelbar vorkommen, in wieder anderen überhaupt keine Rolle spielen dürften. Es sind jedoch neuartige Studiengänge und -abschlüsse denkbar, in denen sie – wiederum in entsprechend modifizierter Weise – von erheblicher Wichtigkeit sind. Im Sinne der Polyvalenz und mithin der möglichst flexiblen späteren Einsetzbarkeit wäre einigen Studenten dann unter Umständen zu empfehlen, sowohl einen Staatsexamens- als auch den neuartigen Hochschulabschluß einzuplanen. Das setzte dann allerdings einen relativ hohen Integrationsgrad der jeweiligen Studiengänge voraus. Andererseits könnte es auf diese Weise eher zur längst überfälligen Ausprägung von Studiengängen und -abschlüssen kommen, die den berufsbildenden Sektor der Sekundarstufe II endlich einmal nicht nur scheinbar berücksichtigen. Wir haben es hier tatsächlich mit einer hochschul- und schulpolitischen Leerstelle zu tun, die nicht länger verantwortet werden kann. Hier könnte ein Anstoß „von außen" nur nützlich sein.

Nach Lage der Dinge wären die bereits bestehenden Gesamthochschulen wohl am ehesten geeignet, Versuche in der eben angedeuteten Richtung zu unternehmen. Zum einen sind sie bezüglich der Integrationsfähigkeit der verschiedenen Sektoren und Aspekte der in ihnen vertretenen Anglistik/Amerikanistik vermutlich um einige Grade besser auf ein derartiges Experiment vorbereitet.[14]

---

[14] Mit dieser Behauptung fasse ich ein heißes Eisen an. Die nordrhein-westfälischen Gesamthochschulen haben innerhalb der ersten fünf Jahre ihres Bestehens an allen fünf Gründungsorten (Duisburg, Essen, Paderborn, Siegen und Wuppertal) nämlich eine Anglistik aufbauen können, die sich in bezug auf Personalausstattung, im Ansatz vermutlich auch bezüglich ihrer materiellen Ausstattung, mit der Anglistik an Universitäten und Technischen Hochschulen ohne weiteres messen kann. Es ist deshalb nur allzu verständlich, daß sich gerade die Anglisten der Gesamthochschulen (oder wenigstens einige von ihnen) nur ungern in Experimente hineinziehen lassen, die ihren mittlerweile in harter Arbeit erreichten „Status" auch nur mittelbar bedrohen könnte. Seitdem die Gesetzgeber in Bund und Ländern die Konzeption der integrierten Gesamthochschule, zumindest bezüglich ihrer Ausschließlichkeit und Verbindlichkeit, offensichtlich aufgegeben haben, verstärken sich an den Gesamthochschulen verständlicherweise die ohnedies immer vorhanden gewesenen Tendenzen, die Unterschiede zu den Universitäten nunmehr gänzlich aufzugeben. Ich persönlich halte diese Tendenzen wenn auch für verständlich, so doch für verhängnisvoll. Wenn akademische Institutionen, die infolge ihrer relativen Jugend noch vergleichsweise flexibel sind, sich freiwillig der Möglichkeit begeben, zu experimentieren und ggf. Impulse in den übrigen Hochschulbereich abzugeben, berauben sie sich im Grunde ihrer Existenzberechtigung.

Zum anderen verfügen sie, wenngleich vorläufig nur in Ansätzen, über ein spezifisches Erfahrungspotential, das in der überkommenen Universitäts-Anglistik in diesem Umfang bisher schwerlich vorhanden ist: die Gesamthochschul-Anglistik hat nämlich ihre Dienstleistungsverpflichtungen in nichtphilologische Fachbereiche hinein im Schnitt wohl doch um einige Grade ernster genommen als die Universitäts-Anglistik. Mag ihr sich daraus ergebender einschlägiger Erfahrungsgewinn auf dem Felde der Literatur, der Literaturwissenschaft und -didaktik vorläufig auch nur gering sein, zumindest ihre Flexibilität konnte auf diese Weise vermutlich wachgehalten und gestärkt werden.

6. Zusammenfassung und Ausblick

Kehren wir abschließend noch einmal zum Ausgangspunkt unserer Erwägungen zurück und mithin zur Situationsskizze der heutigen Anglistik.

Gerade wer nüchtern feststellt, daß die Anglistik im deutschsprachigen Raum in den letzten fünfzehn Jahren ohnedies starke Umschichtungen erfahren hat, die ihrer Einheitlichkeit vielfach Abbruch getan haben, wird dringlich wünschen, daß sie zu einer gewissen Einheitlichkeit zurückfindet. Angesichts der inzwischen wesentlich komplizierter gewordenen institutionalen Rahmenbedingungen ist das aber nur dann möglich, wenn man bereit ist, die mit Recht angestrebte Einheitlichkeit als etwas in sich höchst Differenziertes anzuerkennen.

Nur unter dieser Voraussetzung läßt sich der auch heute noch im wesentlichen intakte Kernbereich der überlieferten Anglistik, gerade auch ihres literaturwissenschaftlichen Sektors, auf absehbare Zukunft intakt und leistungsfähig halten, zumal der „normale Studienbetrieb", der infolge der surrealistischen Hochschulzulassungsverfahren ohnedies seit einigen Jahren mit im Schnitt weniger gut begabten, vor allem aber weniger speziell motivierten Studenten abzulaufen pflegt, mittlerweile tatsächlich eher „College-Niveau" erreicht haben dürfte.[15] Um so wichtiger ist es, daß wenigstens jene anglistischen Studiengänge, die zum Magistergrad, vor allem aber diejenigen, die zur Promotion führen, unbedingt leistungsfähig bleiben, und zwar gerade auch bezüglich ihrer literaturwissenschaftlichen Komponente.

Es ist zu hoffen, daß es in diesem Aufsatz gelungen ist aufzuweisen, daß die Sicherung des wissenschaftlichen Niveaus im anglistischen Kernbereich die Möglichkeit einer Anreicherung durch jene vielfältigen Erfahrungen, die in den anderen, tunlichst partiell zu integrierenden anglistischen Studienbereichen anfallen, alles andere als ausschließt. Der überlieferte Kernbereich der Anglistik dürfte vielmehr auf diese Anreicherung dringend angewiesen sein, soll er einerseits seine Lebendigkeit, Fruchtbarkeit und Flexibilität, andererseits seinen „Anwendungsbezug" nicht verlieren.

---

[15] Vgl. dazu Finkenstaedt, Th.: „Elemente einer Theorie der Anglistik". a. a. O., S. 59.

Nimmt die deutsche Anglistik, gerade auch in ihrem literaturwissenschaftlichen Sektor, die heute wesentlich breiter und vielfältiger gewordenen institutionalen Möglichkeiten aber entschlossen wahr, dabei sowohl den an sie gestellten Forderungen nach Differenzierung als den ebenso wichtigen Forderungen nach einem hohen Integrationsgrad entsprechend, so müßte es ihr eigentlich gelingen, die neuen Anstöße in einer Weise fruchtbar werden zu lassen, die Theorie und Praxis, vorwissenschaftlich-spontanes Lesen und wissenschaftlichen Umgang mit Literatur, professionelle Ausbildungswege und solche mit hochgradiger Polyvalenz auf sinnvolle Weise aufeinander bezogen sein läßt. Das dürfte dann nicht nur der akademischen Disziplin Anglistik, sondern vor allem auch dem Englischunterricht und dem Unterricht in englischsprachiger Literatur in unseren Schulen nützen.

Wilhelm Hortmann, Duisburg

Über die Relevanz Shakespeares beim Nachdenken über ein anglistisches Curriculum[1]

Ich habe die Gelegenheit, vor Ihnen sprechen zu können, dazu benutzt, einige Gedanken zusammenzutragen, die in meinen Seminaren immer wieder aufgetaucht sind. Sie umkreisen – wie könnte es in Frankfurt anders sein! – die radikale Frage: Warum Literaturunterricht? Ich habe sie an Shakespeare festgemacht, weil es besser ist, Begriffe und Theorien an einem konkreten Objekt zu testen. Dennoch kann ich Ihnen keine eindeutige Antwort versprechen und kein fertiges Curriculum vorlegen. Ich war selbst überrascht, wie weit theoretische Überlegungen ausschweifen müssen, ehe sie – im derzeitigen Klima curricularer Vorstellungen – einen scheinbar so fixen Gegenstand wie Shakespeare zu fassen bekommen. Aber die Literaturwissenschaft ist ins Rutschen geraten, und die früher selbstverständlichen Begründungen tragen nicht mehr. Das Ungewöhnliche der Situation erkennen Sie schon daran, daß ich vor zehn Jahren wahrscheinlich das Thema meines Vortrages anders hätte formulieren müssen. Von einem Curriculum war damals in Anglistenkreisen noch nicht die Rede, und der Terminus „Relevanz" war ebenfalls noch nicht in den allgemeinen Sprachgebrauch übergegangen. Wahrscheinlich hätte ich vor zehn Jahren noch über „Die Rolle Shakespeares im Studium der Anglistik" gesprochen. Ich hätte die Notwendigkeit seiner Behandlung im Studium als selbstverständlich vorausgesetzt und seine Rolle im Denkrahmen einer teils nationalen, teils universalen Geistesgeschichte problemlos darstellen können. Das geht heute nicht mehr, daher der Unterschied in den Formulierungen. Er deutet auf eine Entwicklung, die dabei ist, die Funktion der Literaturwissenschaft in revolutionärer Weise neu zu bestimmen. Allerdings ging diese Wandlung nicht von der Anglistik aus. Hier herrschte noch himmelblaue wissenschaftstheoretische Unschuld, als die Germanistik schon mit einer hochnotpeinlichen Hinterfragung ihres Gegenstandes begann. Ihre Selbstzweifel setzten ein, als sie mit einiger Verspätung ihre nationalsozialistische Vergangenheit aufarbeitete. Sie entdeckte dabei, wenn nicht gerade faschistoide, so doch stark affirmative Züge auch in ihrer gegenwärtigen Praxis. Die Suche nach tragfähigen Grundlagen erwies sich jedoch als sehr schwierig. Mit jeder neuen theoretischen Überlegung veränderte sich nämlich das bisher für überschaubar gehaltene Feld der Literaturwissenschaft. Die Anglistik nahm von der Veränderung

---

[1] Text eines 1973 an der Gesamthochschule Duisburg gehaltenen Vortrags.

auch ihres Gegenstandes erst nach einer gewissen Schrecksekunde und etwas widerstrebend Notiz – und zwar mit einer Reihe von Aufsätzen und einem Bändchen betitelt *Anglistische Studienreform* aus dem Jahre 1970. Die Diskussion ist hier bei weitem nicht so ideenreich und so radikal wie in der Germanistik, auch läßt sich eine Neigung zu technizistischen Lösungen feststellen. Aber die fortschrittlicheren Autoren entziehen sich nicht der Erschütterung, die die Anglistik als Literaturwissenschaft ebenso betroffen hat wie die Germanistik. Welche neuen Forderungen werden nun konkret an die Literaturwissenschaft gestellt?

Hier nur eine Auswahl:

– Ihr Gegenstand ist nicht allein die „hohe" Literatur, sondern ebenso die mindere und die Trivialliteratur, da sich daran die literatursoziologisch interessanten Fragen nach dem Verhältnis von Rezeption und Produktion von Literatur, d. h. der Warencharakter auch des geistigen Produkts und die ihn bedingenden Marktzwänge besser studieren lassen.

– Ihr Gegenstand ist nicht allein die imaginative Literatur, sondern auch die expositorische (Bericht, Leitartikel, Sachdarstellung etwa in der Geschichtsschreibung, politische Rede, Predigt – Gebrauchsliteratur also), weil erst die Verbindung beider ein vollständiges Bild der geistigen Kultur einer Epoche vermittelt. Solche Forderungen nach Erkenntnis von Kulturzusammenhängen werden seit Jahren auch in der Anglistik laut. Unter dem Firmennamen *English Studies* oder *American Studies* laufen auch in England und Amerika interessante Versuche, das steril gewordene Verhältnis von *background* und hoher Literatur durch ein angemesseneres Interaktionsmodell zu ersetzen.

– In wieder einem anderen Koordinatensystem von Interessen ergibt die Addition von imaginativer und expositorischer Literatur die bündige Formel „Texte aller Sorten". Ihre Benutzer verlangen den Einbezug von Werbe- und Propagandatexten, da an ihnen die ideologiekritische Forschungsrichtung der Entlarvung von Sprache als Mittel der Manipulation am besten demonstriert werden kann.

– Die Forderung „Texte aller Sorten" kann aber auch heißen: Studium der rhetorisch-formalen Textkonstituenten und Gattungstypologien, d. h. also, Forderung nach einer systematischen Textwissenschaft.

– Wozu bei „Texten aller Sorten" stehenbleiben? Texte sind nur Teil eines umfassenderen Kommunikationszusammenhanges. Diesen gilt es zu studieren, einschließlich der dabei ins Blickfeld rückenden Medien und ihrer problematischen Funktion im Gesellschaftsprozeß.

Das Gemeinsame an allen diesen Inhaltsbestimmungen ist die Ablehnung des historisch-genetischen Verfahrens und die Tatsache, daß sie nicht mehr im alten Sinne fächerspezifisch sind. Es sind Forderungen an eine allgemeine Literaturwissenschaft. Völlig zu Recht fordert Wolfgang Iser deshalb die Ausbildung eines *Literaturlehrers*, der gleichzeitig in mehreren Literaturen zu

Hause sein soll und damit auch die Voraussetzungen für die komparatistische Betrachtungsweise besitzt.

Von diesem Ansatz her kommt man also überhaupt nicht mehr oder nur mit großer Mühe zu einer Disziplin, die Anglistik zu nennen wäre. Aber selbst wenn man Anglistik definieren würde als Erforschung der soziokulturellen Zusammenhänge Englands an englischen Texten, so ist doch vollkommen klar, daß das nicht mehr ein Fach im alten Sinne ist, das man auch nicht mehr im alten Sinne studieren, d. h. sich einen Überblick über Umfang, wesentliche Fragestellungen und Methodik dieser Disziplin erarbeiten kann. Die aufgeführten Forderungen an eine allgemeine Literaturwissenschaft sind ja noch längst nicht gesicherter wissenschaftlicher Bestand. Ihre Erfüllung kann eine Generation von Forschern beschäftigen. Es sind Hinweise auf bisher vernachlässigte Problematiken, deren Verfolgung die Umwandlung der *Literatur-* in eine *Kultur*wissenschaft nach sich ziehen wird. Sie eignen sich *nicht* als Zielvorstellungen für die Organisation eines Studiums. Das ist einer Reihe von Beteiligten im Augenblick noch nicht klar. Sie möchten die Studierenden an diesem Häutungsvorgang der Wissenschaft irgendwie beteiligen, ja wenn möglich Ausbildungsprozeß und Wissenschaftsprozeß identisch halten. Das kann für beide Teile nur im Desaster enden.

Andererseits ist es unmöglich, das Studium der Anglistik unter den traditionellen Voraussetzungen solange weiterzubetreiben, bis die neuen Bestrebungen zu Ergebnissen und einer Klärung geführt haben. Dann wären Lehre und Forschung endgültig getrennt. Nicht nur auf eine organisatorische Verzahnung, sondern auf inhaltliche Bereicherung und Befruchtung kommt es an. Sie ist erreichbar durch sinnvolle Selektion. Deren Niederschlag ist das Curriculum. Das Curriculum darf jedoch auf keinen Fall nach dem Prinzip „ein bißchen von allem" aufgebaut werden – das hat im bisherigen Studium der literarwissenschaftlichen Disziplinen zu unerträglicher Verdünnung geführt. Will man also weder nach dem Gießkannenprinzip verfahren, noch einen ungesteuerten Eklektizismus zulassen, so folgt daraus, daß es nicht *ein* einziges, sondern mehrere genau durchdachte anglistische Curricula wird geben müssen, von denen jedes an *einer* genau eingeplanten Stelle den Studenten an *ein* offenes Problem der Wissenschaft heranführt, also an *einer* Stelle die Lücke zwischen Ausbildungsprozeß und Wissenschaftsprozeß schließt. Der Student hat dann die Wahlmöglichkeit zwischen verschiedenen Studiengängen, nicht aber die unakademische Freiheit, unter allen sich das ihn im Augenblick Interessierende herauszupicken. Diesbezügliche Einsichten sind an einigen englischen Universitäten, wie ich auf einer Studienreise erfahren konnte, bereits weiter gediehen als hier.

Als Ergebnis unserer bisherigen Überlegungen halten wir fest: die neuen Entwicklungen in der Literaturwissenschaft und den an ihr beteiligten Fachdisziplinen erfordern die Entwicklung von Curricula, da der Gegenstand zu groß, die Fragestellungen zu divergent, die Methoden zu differenziert geworden sind und ein ungesteuertes Studium mit Sicherheit mehr Verwirrung als Klarheit schaffen würde. Ferner muß eingesehen werden, daß es *das* Studium der Anglistik nicht mehr gibt oder – sofern es noch betrieben wird – eine von beiden Seiten aufrechterhaltene, weil im Augenblick noch nicht ersetzbare Fiktion ist. Die Rolle Shakespeares muß deshalb, um auf unsere Testfrage zurückzukommen, nunmehr vor dem Hintergrund einer sich umgestaltenden Literaturwissenschaft diskutiert werden. Das heißt aber: wer seinen Namen in die Diskussion bringt, kann nicht länger von seiner Rolle als einer selbstverständlichen reden, sondern hat die Relevanz der Aufnahme Shakespeares in jedes oder eines der anglistischen Curricula nachzuweisen. Eine eigenartige Situation! Ihre ganze Fremdheit wird deutlich, wenn wir uns einen anglistischen Rip van Winkle vorstellen, der ein Jahrzehnt verschlafen hat. Vorher gehörte *per definitionem* das gesamte Feld der imaginativen Literatur zu seinem Fach. Jetzt gehört gar nichts davon zu seinem Fach, es sei denn, es kann seine Relevanz nachweisen. Vorher beherrschte Shakespeare die Szene, jetzt wird er nur ins gelobte Land der Anglistik eingelassen, wenn er einen Relevanznachweis erbringen kann. Unser Anglist wird gut tun, den Relevanzbegriff unter die Lupe zu nehmen.

1. Der Relevanzbegriff

Der Relevanzbegriff ist der Beitrag der Didaktik zum neuen Selbstverständnis der Literaturwissenschaft. Ohne die Didaktik ist der plötzliche Aufschwung literarwissenschaftlicher Theoriebildung, den wir im Augenblick erleben, nicht zu erklären, zumindest nicht die Intensität, mit der die Diskussion geführt wird. Die Wortführer der neuen Richtung sind zum großen Teil Didaktiker. Sie haben sich von ihrer früheren Abhängigkeit von den Fachwissenschaften befreit und richten nun ihrerseits Forderungen an diese. Der Begriff der Relevanz ist so etwas wie die Wunderwaffe der Didaktik. Die philologischen Disziplinen haben sich bisher gescheut, ihn anzuwenden, denn die Frage, ob relevant oder nicht, verlangt der objektiven Wahrheit übergeordnete Kategorien. Ein Tatbestand kann objektiv festgestellt, eine Erkenntnis wahr und trotzdem nicht relevant sein. Ob ein Gegenstand ausbildungsrelevant ist, läßt sich offensichtlich nur von einer übergeordneten Zielvorstellung her entscheiden, einem Bildungsziel, dessen Formulieren eine Frage der Bildungspolitik ist, und diese ist wiederum eine Frage der Tradition, des Gruppenproporzes oder – wie im Augenblick in Hessen – die Quintessenz der gesellschaftspolitischen Grundannahmen einer höchst artikulierten Minderheit. Die Fragen, wer diese gesellschaftspolitischen Grundannahmen überprüft und wie man sie überhaupt prüft, werden vom Didaktiker nicht gestellt. Ihnen eignet anscheinend unmittelbare Evidenz. Das jedenfalls ist der Schluß, der sich aufdrängt, wenn man beim Überfliegen jüngerer und vor allem von jüngeren Autoren verfaßter Texte zur Didaktik der Literaturwissenschaft und des Literaturunterrichts immer wieder den gleichen Reizwörtern begegnet, die zum großen Teil dem ideologiekritischen Vokabular der Frankfurter Schule entstammen: emanzipa-

30

torisch, kritisch, mündig, entlarven, Transparenz, Veränderung – und auf der anderen Seite: affirmativ, ontologisch, Manipulation, Herrschaft, Verdinglichung, Entfremdung, Verschleierung, falsches Bewußtsein. Auf den größten gemeinsamen Nenner gebracht, lautet das ideologische Grundaxiom dieser Gruppe von hauptsächlich germanistischen Theoretikern etwa so: Zweck allen gesellschaftlichen Strebens, und demzufolge Ziel aller Bildungsarbeit, sollte sein: die Überwindung von Herrschaft und ihre Ersetzung durch Kooperation auf der Basis von Solidarität. Obgleich in dieser Formulierung nirgends zu finden, läßt sich dieser Basalsatz unschwer aus der Mehrzahl der zur Rede stehenden Veröffentlichungen erschließen. Aus ihm lassen sich viele der aktuellen bildungspolitischen Reformvorstellungen ableiten. Auf unser Gebiet angewandt folgt daraus zwingend die Forderung nach emanzipatorischer Literaturwissenschaft an der Universität und emanzipatorischem Literaturunterricht an der Schule. Die Diskussion unter den Literaturdidaktikern geht nicht mehr darum, *ob* Emanzipation das richtige Ziel des Literaturunterrichts sei, sondern *wie* es zu verwirklichen sei. Das Spektrum der Auffassungen ist weitgespannt: es reicht vom radikalen Ruf Hans Joachim Grünwaldts nach einem Deutschunterricht, der „gegen absichtliche oder faktische Manipulation durch Sprache und Literatur immunisierte Menschen heranbilden soll"[2], wobei er es jedem selbst überläßt, auch noch „die ästhetischen Qualitäten eines Textes empfinden zu lernen"[3], wofern er nur „das Ideologische an einem literarischen Text" erkannt hat, über eine große Vielfalt von Zwischenstufen (etwa Herman Helmers, nach dem der Literaturunterricht die Fähigkeit vermitteln soll, „Literatur als Form gesellschaftlichen Bewußtseins zu begreifen"[5] oder etwa Malte Dahrendorf, der eine lebensbezogene Leseerziehung an die Stelle literarästhetischer Bildung setzen möchte) bis hin zu Hubert Ivo, bei dem auch noch für „ästhetische Sensibilisierung" Platz ist.

Unerreicht an Einsicht, Sachverstand und Differenziertheit des Problembewußtseins scheinen mir als literaturdidaktischem Laien die *Prolegomena zu einer Theorie der Literaturdidaktik* von Rolf Geißler zu sein. Gegenüber dem vielstimmigen Geschwätz von Veränderung stellt er unbeirrt fest, „daß der Literaturunterricht (natürlich) die Gesellschaft nicht ändern kann", sondern nur dazu beitragen könne, daß „im mentalen Bereich die Grundlage für jene ‚höhere Kultur' geschaffen (werde), die nach Goethe notwendig ist, wenn der Mensch in der vermittelten und erweiterten Welt mündig werden, wenn ein neues, menschliches Verhältnis zu den Dingen wieder hergestellt werden soll."[6] Er weiß auch, daß Dichtung „nicht im Rationalen aufgeht" obwohl sie

[2] „Didaktik des Deutschunterrichts in der Wandlung". – In Wilkending, G. (Ed.): **Literaturunterricht. Texte zur Didaktik.** München, 1972, S. 28.

[3] Ibid., S. 27.

[4] Ibid.

[5] „Die ‚Wahrheit' in der Dichtung". In **Literaturunterricht**, S. 122.

[6] Geißler, R.: **Prolegomena zu einer Theorie der Literaturdidaktik.** Hannover, 1970, S. 87.

„im Unterricht rational behandelt werden muß"[7], und er stellt auch – bei allem berechtigten Verlangen nach rationaler Vermittlung des Kunstwerks – „ein existentielles Getroffensein und Verändertwerden"[8] in Rechnung.

2. Der Emanzipationsbegriff

Wenn ich dennoch im Augenblick nicht auf den Geißlerschen Grundlagen weiterdiskutiere, so deshalb, weil einmal grundsätzlich angedeutet werden soll, wie gefährlich – wenngleich möglicherweise unvermeidbar – der Emanzipationsbegriff in der Lernzielbestimmung ist.

Nur zwei Einwände:

– Er suggeriert ein ausschließlich negatives Weltbild, gekennzeichnet etwa durch Verschleierung und Manipulation im Kommunikationskontext, durch Verdinglichung in der Privat- und Wertsphäre, und durch Entfremdung im Arbeitsprozeß. Wer seine Welt anders sieht, hat ein falsches Bewußtsein und seine eigene Verelendung bereits verinnerlicht.

– Der Emanzipationsbegriff enthält den Menschen ausschließlich als gesellschaftliche Größe, und zwar entweder als in Konkurrenz gegen andere oder in Solidarität mit anderen befindlich. Wer sich dennoch für ein relativ autonomes Individuum hält, hat entweder den Marxschen Satz von der gesellschaftlichen Determination des Bewußtseins nicht rezipiert oder mißversteht Freiheit als quietistisch-innenräumliche, was den Herrschenden nur recht sein kann.

Diese beiden Punkte mögen genügen. Sowohl das Welt- wie das Menschenbild hinter dem Emanzipationsbegriff sind einseitig und verkürzt und beschreiben weder die Totalität unserer Wirklichkeits- noch unserer Selbsterfahrung. Verbindet sich in der Didaktik der einseitige Emanzipationsbegriff mit dem der Relevanz, dann ist die unheilige Allianz komplett. Sie erlaubt den Kurz- und Zirkelschluß, nur das Emanzipatorische sei relevant und relevant sei, was emanzipiere. Dieser Fehlschluß ist einerseits hermeneutisch aufzubrechen, indem ich darauf verweise, daß mein geschichtlicher Horizont mir nicht in allen seinen Bestimmungen bekannt ist, ich deshalb nicht mit Sicherheit das Emanzipatorische benennen kann, andererseits von der Qualität des sich in ihm dokumentierenden Denkens her. Es erscheint schematisch, nicht mehr offen für andere Sehweisen, nur sich selbst reproduzierend. Zu kritisieren ist vor allem der Ausschließlichkeitsanspruch, den der Begriff und das mit ihm verbundene Denken erhebt. Emanzipation duldet keine fremden Götter neben sich. Dennoch ist sie nur das Pendant zur Affirmation. Das dialektische Spiel beider ist notwendig für den gesellschaftlichen Prozeß. Gesellschaftliche Kohärenz ist ohne Affirmierung der gesellschaftserhalten-

---

[7] Ibid., S. 93.
[8] Ibid.

den Werte durch die Mehrzahl ihrer Mitglieder nicht denkbar – gesellschaftliche Weiterentwicklung, jetzt „Veränderung" genannt, nicht ohne Emanzipation von den abgestorbenen Teilen des Wertesystems. Ein ausschließlich auf Affirmation gegründeter Gesellschaftsprozeß würde jedes Leben ersticken – ein ausschließlich auf Emanzipation gegründeter in Anarchie enden. Diese Gedanken hat der angloamerikanische Philosoph Alfred North Whitehead, der naturwissenschaftliche Vollender der Organismusphilosophie und einer der Väter der Symboltheorie, an das Ende seines Buches über den Symbolismus gesetzt, worin er nachweist, daß komplexe Gesellschaften nur existieren können, wenn die Mehrzahl ihrer Mitglieder die herrschenden symbolischen Codes anerkennt, daß gleichzeitig aber die Möglichkeit ihrer Revision eine ebensolche Lebensnotwendigkeit ist.[9]

Man wird einwenden, daß im Vorausgehenden die Begriffe Emanzipation und Negation verwechselt worden sind. Bewußt allerdings, denn im herrschenden didaktischen Sprachgebrauch ist Emanzipation schon fast ein Synonym für die Negation des Bestehenden geworden, das man gelegentlich noch als „schlecht" qualifiziert. Daß Emanzipation nicht ein Wert an sich ist, daß ihre Qualität äußerst schwer zu bestimmen ist, weiß vielleicht der Psychologe und der Anthropologe und der, für den auch Veränderung nicht ein Wert an sich ist. Aus der jüngeren didaktisch-theoretischen Literatur ist diese Erkenntnis nicht zu gewinnen. Dort wird Emanzipation als Negation gebraucht. Das ist nicht verwunderlich. Denn wer auf Grund seiner Gesellschaftsanalyse die bestehende Situation als schlecht sieht, für den ist die Negation dieses Schlechten und die Emanzipation davon identisch.

Zwei Gedanken mögen zeigen, wie problematisch der derzeitige Gebrauch des Worts Emanzipation ist. Der Pädagoge und der Psychologe weiß, daß Sozialisation nicht durch die bloße Einübung von Kommunikationstechniken, wie sie im Jargon heißen, erreicht wird, sondern durch die Befestigung von Haltungen und Einstellungen, die zwar rational begründet sein mögen – hoffentlich sind sie's –, die aber in jedem Fall so automatisiert und so stark affektiv besetzt worden sein müssen, daß sie spontanes Reagieren, spontane soziale Interaktion ermöglichen. Sozialisation kann also gar nicht direkt auf Veränderung zielen, nur in zweiter Instanz, indem sie Individuation als komplementäres Ziel anerkennt und fördert. Keinesfalls aber kann Individuation in emanzipatorischem Eifer bis zum Verlust der im Sozialisationsprozeß gewonnenen Haltungen und Einstellungen getrieben werden.

Ein konkretes Beispiel für die Unzulänglichkeit von Emanzipation als Bildungsziel liefern die Versuche, Literatur im Hinblick auf ihr emanzipatorisches Potential zu betrachten. Natürlich findet man einiges, andererseits muß man jedem Autor starke Neigungen zur Affirmation ankreiden. Shakespeare

---

[9] Vgl. Whitehead, A. N.: **Symbolism. Its Meaning and Effect.** (1927) Ausgabe von 1959 in Capricorn Books, S. 87 f.

wird dabei, je nachdem ob man sich auf die Volksszenen im *Coriolan* oder auf die Historien bezieht, entweder zum Verfechter der Demokratie gegen den Feudaladel oder zum Propagandisten der Tudormonarchie. Die Untersuchung des Emanzipatorischen bei Shakespeare ist ebenso partiell wie die Untersuchung irgendeiner anderen von außen herangetragenen Idee bei Shakespeare. Das Groteske dieses Vorgehens wird offenbar – und das zeigt sich in dem anscheinend immer noch repräsentativen marxistischen Shakespeare-Buch von A. A. Smirnov wie in jeder Seminararbeit –, wenn der jeweilige Kritiker durch seinen einseitigen Ansatz gezwungen wird, dem Dichter für fortschrittlichen oder rückschrittlichen Bewußtseinsstand gute oder schlechte Noten zu erteilen. Das ist so, wie wenn deutsche Nachrichtensprecher das Wetter rügen: „Für die Jahreszeit entschieden zu kühl!"

Aus dem Vorhergehenden dürfte klar geworden sein, daß ich den Begriff Emanzipation für die Bestimmung dessen, was relevant ist, für ungeeignet halte. Seine Anwendung auf unseren Testfall Shakespeare zeigt, wie schwierig es ist, sich eine emanzipatorische Shakespeare-Behandlung vorzustellen. Shakespeare mag aus anderen Gründen nicht relevant sein. Seine Relevanz aber am emanzipatorischen Gehalt seiner Werke zu messen, hieße ein vielgestaltiges und lebensvolles Weltgemälde durch die Sehschlitze des Dogmatikers abzusuchen.

3. Der Kommunikationsbegriff

Bevor ich nun meine eigenen Vorstellungen von Relevanz skizziere, brauche ich leider Ihre Geduld für eine weitere Auseinandersetzung mit einem derzeitig vielgebrauchten Begriff, nämlich dem der Kommunikation. Er findet sich in den Hessischen Rahmenrichtlinien für den Fremdsprachenunterricht der Sekundarstufe II an prominenter Stelle. Der Name Shakespeare fällt darin übrigens kein einziges Mal, das Wort Literatur sehr selten. Nun ist es sicherlich möglich, den Begriff Kommunikation auf Literatur anzuwenden. Das ist immer dann von Nutzen, wenn Literatur mit anderen Formen des geistigen Austauschs zusammengesehen werden soll und wenn man vor allem ihren Botschafts- oder Appellcharakter hervorheben möchte. Ihre expressive und ihre explorative Funktion ist damit nicht zu fassen. Literaturunterricht unter dem Kommunikationsbegriff zu betreiben, muß deshalb zu Verkürzungen führen. Sie fallen vorerst nicht auf, da man mit der neuen Terminologie: Autor = Sender, Leser = Empfänger, Werk = Botschaft, Aussage = manifeste Information, verschlüsselte Aussage = latente Information, dichterische Sprache = Code, des Autors geistiger Horizont = Repertoire, Lesen = dekodieren, Schreiben = enkodieren, tatsächlich je *eine* Seite des literarischen Vorgangs veranschaulichen kann. Hat sich die Euphorie über die neue Nomenklatur erst einmal gelegt, dann wird hinter der Operationalisierung der Methode des Verstehens möglicherweise ein längst totgeglaubtes literarkritisches Gespenst auftauchen, nämlich der Glaube an die paraphrasierbare Aussage bzw. die in diskursiver Sprache formulierbare Botschaft. Die gefürchtete Schülerfrage: Warum hat der Dichter dann nicht gleich im Klartext gesprochen? läßt sich dann nicht mehr vermeiden.

Zu Recht wird man einwenden, daß die vergröberte Verwendung des Kommunikationsbegriffs in den Hessischen Rahmenrichtlinien keine Diskreditierung des Begriffs überhaupt sei, und man wird auf differenziertere Darstellungen verweisen, etwa Hans Küglers gelehrtes und gründliches Buch *Literatur und Kommunikation*. Leider muß ich aber, wenn ich Shakespeare für das Curriculum retten will, auch an seinem Kommunikationsbegriff Kritik üben. Sein System ist in sich schlüssig, nur läßt es sich nicht auf alle Arten von Literatur anwenden. Kügler wendet sich, wie viele der neueren Literaturdidaktiker, gegen die Auffassung von Literatur als einem *Bestand* aus künstlerischen Gebilden von zeitlosem Wert, die uns *er*greifen, und deren Wirkung auf uns zu *be*greifen die Aufgabe der Literaturwissenschaft sei. Im Zuge der sogenannten „Entmythologisierung" der Literatur schlägt Kügler vor, Literatur vielmehr als Prozeß zu verstehen, an dem wir uns beteiligen. Denn Literatur ist nach dem Selbstverständnis einer Reihe von deutschen Schriftstellern, die er zitiert, eher „Eingriff" oder „Angriff" oder „Didaktik" als autonomes und selbstgenügsames Gebilde. Als Eingriff, Angriff oder Didaktik verlangt der Text geradezu die Komplettierung durch den Leser, bedarf der Reaktion, der Auseinandersetzung, ist also in direktem Sinne Auslöser von Kommunikation. Kügler arbeitet mit dem Instrumentarium der Zeichenlehre und des Strukturalismus. Hiernach ist das Werk strukturell ein Verweisungszusammenhang von Signifikanten untereinander. Im Gegensatz zu anderen Formen sprachlicher Kommunikation ist die literarische dadurch gekennzeichnet, daß sie „denotativ und konnotativ" zugleich ist. Konnotation wird dabei verstanden als „eine notwendig indirekte Sprechweise, welche die gemünzte Standardbedeutung der Denotation verweigert, um überhaupt erst neue, nicht konformistische Bedeutung hervorzubringen."[10] Literarische Kommunikation wird so zum „Aufbrechen und Zerbrechen gängiger Bedeutungsmünzen und der mit ihnen verbundenen Sprechschemata."[11] Der Leseprozeß, der sich für Texte dieser appellativen Art eignet, ist nicht mehr die hermeneutische Verstehensabfolge, sondern eine dialektische. In ihr wird des Lesers Vorverständnis von Thema und Form sozusagen als Norm oder These angesetzt, dem der Text als Abweichung von der erwarteten Norm antithetisch gegenübersteht und den Leser zum Widerspruch herausfordert. Die Synthese ergibt sich dann durch die Einsicht des Lesers in die Notwendigkeit des so und nicht anders gearteten dichterischen Sprechens. Dieser dialektischen Verstehensabfolge korrespondiert eine strukturalistische Leseweise. Nach ihr untersucht der Leser die „Anordnung der konstitutiven Textelemente" und erschließt aus den Zeichenrelationen die „semantische Nachricht eines Textes, dessen Bedeutung (Signifikanz)."[12]

[10] Kügler, H.: **Literatur und Kommunikation.** Stuttgart, 1971, S. 74.
[11] Ibid., S. 75.
[12] Ibid., S. 70.

Nun ist jedoch für Shakespeare der zeichentheoretische Ansatz nicht zu gebrauchen. Zwar läßt sich formulieren, daß *King Lear* strukturell nicht mehr sei als ein Verweisungszusammenhang von Signifikanten untereinander und daß es eben diese Zeichenrelationen zu verstehen gälte. Das stimmt schon, aber es geht nicht. Ein auf Provokation angelegtes Gedicht von Günter Eich kann ich mit dieser Terminologie noch sinnvoll einfangen, eine Tragödie von Shakespeare nicht mehr. Denn hier handelt es sich nicht mehr um überschaubare Zeichenrelationen, sondern um ganze Gruppen von Signifikantenbezügen, die miteinander neue Verbindungen eingehen und Systeme von Bedeutungsklassen bilden (sozusagen um Systeme in Systemen in Systemen von Zeichen), deren Ineinanderwirken man beschreiben können müßte, wenn man die Entstehung von Bedeutung im *König Lear* im Modell abbilden wollte. Ein Modell von solcher Komplexität wird die Kommunikationstheorie voraussichtlich nie entwickeln, denn es müßte darstellen können, wie Bedeutung entsteht aus der Interaktion von denotativer und konnotativer Sprache, d. h. sowohl direktem wie metaphorischem Sprachgebrauch, unterschieden nach den individuellen Repertoires der einzelnen Sprecher und dabei wieder nach ihrer augenblicklichen emotionalen Verfassung. Daneben müßten weitere Systeme von Signifikantenbezügen eingerichtet werden für die Beziehungen von Sprache und Handlung, sowohl gegenwärtiger, vergangener wie intendierter zukünftiger Handlung. Ebenfalls einzuplanen durch einen weiteren Regelkreis wäre die eventuelle Divergenz von Handeln und Sprechen bei einer Figur, woraus wiederum die Einschätzung ihrer bisherigen Aussagen, d. h. die Einschätzung ihres Codes sich verändern müßte. Nimmt man hinzu, daß eine solche Erkenntnis erst in der Mitte des Dramas einzutreten braucht, so folgt daraus die Notwendigkeit, mit einem weiteren Regelkreis, nämlich einem der zeitlichen Abfolge, die bisher angesammelten und sich konstituierenden Signifikanzen alle oder teilweise umzudeuten. Argwöhnt man dann jedoch, daß ein solcher Bruch vom Autor bewußt eingeplant worden sein könnte, so wird für jede weitere Lektüre diese Ambivalenz mit bedeutungskonstituierend und müßte ins Modell aufgenommen werden. Das sind aber bei weitem noch nicht alle Bedeutungsklassen, die bei einem Drama Shakespeares auftreten. Klar ist, daß selbst die kompliziertesten informationstheoretischen Systeme nicht entfernt ausreichen, den Verstehensprozeß beim Lesen eines Shakespeare-Dramas abzubilden. Ist das aber nicht möglich, dann ist auch der Traum ausgeträumt, den „Akt des lesenden Erschließens"[13] durch „Rationalisierung der Kommunikationsstruktur"[14], wie Kügler meint, aus einer Zeichenlehre hervorgehen zu lassen, „die auf Grund der verschiedenen Funktionen der Zeichen und der Kombinationen der Zeichen untereinander in vielfacher Variation im Unterricht geübt werden können."[15]

---

[13] Ibid., S. 107.
[14] Ibid., S. 113.
[15] Ibid., S. 107.

36

Für eine so komplexe Struktur, wie sie in einem Shakespeare-Drama vorliegt, scheint vorerst nur der hermeneutische Verstehensmodus auszureichen, trotz all seiner inzwischen kritisierten Schwächen. Der dialektische fußt zudem auf der Vorstellung, das Werk zerbreche gängige Bedeutungsschemata. Für Shakespeare ein fruchtloser Gedanke, denn das „Bedeutungsschema" von *Romeo und Julia* tritt uns als solches ja erst in der von Shakespeare gestalteten Form, d. h. als ein mit hoher intellektueller und imaginativer Formkraft erst erstellter Bedeutungskomplex entgegen. Inwieweit die in ihm dargestellten Verhaltensweisen und Normen mit denen der elisabethanischen Gesellschaft übereinstimmen oder von ihnen abweichen, ist ein bis heute weder theoretisch noch praktisch bewältigtes Problem. Dazu hat die Shakespeare-Kritik viele erhellende Beiträge geliefert, die allesamt klarmachen, daß dieser Verstehensvorgang ungleich diffiziler ist als das simple „Zerbrechen" irgendwelcher vorgängiger Bedeutungsschemata.

Will man dennoch Literatur und Kommunikation zusammendenken, so muß man wahrscheinlich einen lockereren Kommunikationsbegriff anlegen als den strukturalistisch semiotischen, und zwar den hermeneutischen, so wie Jürgen Habermas ihn in *Erkenntnis und Interesse* beschrieben hat. Danach ist das „erkenntnisleitende Interesse der Geisteswissenschaften" „nicht auf die Erfassung einer objektivierten Wirklichkeit, sondern auf die Wahrung der Intersubjektivität einer Verständigung gerichtet (...), in deren Horizont die Wirklichkeit erst als etwas erscheinen kann."[16] Worüber die hermeneutischen Wissenschaften die Intersubjektivität von Kommunikation sicherstellen, das sind die Inhalte „der eigenen individuellen Lebensgeschichte und der kollektiven Überlieferung, der man angehört."[17] Wenn diese Kommunikationsströme abreißen (fährt Habermas fort) und die Intersubjektivität der Verständigung entweder erstarrt oder zerfällt, wird eine elementare Bedingung des Überlebens zerstört.

4. Der Symbolbegriff

Habermas' Kommunikationsströme, die nicht abreißen dürfen, sind nur um eine terminologische Nuance von Whiteheads symbolischen Codes, die nicht abreißen dürfen, verschieden. Die Nuance ist jedoch wichtig. Der Symbolbegriff ist m. E. in diesem Kontext nicht zu umgehen. Weichen wir ihm also nicht aus.

Selbstverständlich ist der Symbolbegriff vorbelastet. Kügler verwirft ihn völlig, denn für ihn ist „die durch das Symbol aus der ‚Tiefe' vermittelte Nachricht für den Lesenden nicht direkt kodifizierbar."[18] Er befürchtet daher, „daß der Lesende das Symbol auf einen nicht mehr weiter definierbaren archischen

---

[16] Habermas, J.: **Erkenntnis und Interesse**. Frankfurt, 1968, S. 222.
[17] Ibid., S. 221.
[18] Kügler, S. 93.

‚Urgrund' beziehen" müsse und daß Lesen weniger Kommunikation als „Teilhabe" sei.[19] Nun zielt seine Kritik am Symbol auf die Praxis der Staigerschule, wonach im Symbol punktuell und indirekt immer schon das Ganze angelegt und zu erahnen ist. Eine umfassendere und besser begründete Vorstellung von Symbol ist jedoch die von Ernst Cassirer und Susanne Langer entwickelte.

Ernst Cassirer hat in seiner *Philosophie der symbolischen Formen* (1923–1929) ein gewaltiges Material an sprachphilosophischem, mythenkundlichem und ästhetischem Wissen aufgearbeitet und hat dargetan, daß Sprache, Mythos und Kunst „symbolische Formen" sind, d. h. Instrumentarien von Zeichen und Zeichensystemen, mit denen der Geist Bedeutungswelten aufgebaut hat und immer noch aufbaut. Susanne Langer hat hierauf weitergearbeitet. Sie hat Cassirers symbolische Formen des Mythos, der Sprache und der Kunst unter Einbezug jüngerer Erkenntnisse der Semantik genauer auf die Bedingungen ihres Funktionierens hin untersucht. Sie kommt dabei – hauptsächlich in ihrem Buch *Philosophy in a New Key, A Study in the Symbolism of Reason, Rite and Art* (1942), aber auch in späteren Werken – zu Einsichten, die mir als einzige tragfähig erscheinen, um darauf Literaturtheorie zu gründen. Auch demjenigen, der über Relevanz nachdenkt, sollten sie nicht unbekannt sein.

In allergröbst abgekürzter Form besagt Langers Theorie folgendes: Der Versuch, die Entstehung des menschlichen Geistes biogenetisch zu erklären, d. h. als Instrument der Wirklichkeitsbewältigung, muß als gescheitert angesehen werden, da er die Phänomene des Traumes, der Religion, des Mythos und der Kunst nicht erklären kann. Der menschliche Geist ist nämlich nicht primär Umschlagstelle für Informationen, die der Lebensbewältigung dienen, vergleichbar etwa mit einer sehr komplizierten Telefonzentrale, sondern sollte als Transformator vorgestellt werden, der unablässig Eindrücke, Erfahrungen und Bedürfnisse in symbolische Objektivierungen übersetzt, mittels deren diese Eindrücke, Erfahrungen und Bedürfnisse gestaltet bzw. begriffen werden. Das zweifellos wichtigste dieser Symbolsysteme ist die Sprache. Weite Bereiche unserer rational erfaßbaren Interaktionen werden von ihr abgedeckt. Insofern ist sie ein *diskursiver Symbolismus*. Wesentliche Erfahrungen des Menschen sind jedoch dem diskursiven Verständnis entzogen. „Er lebt nicht nur", wie es bei Langer heißt, „an einem Ort, sondern im Raum; nicht nur in der Zeit, sondern in der Geschichte. Also muß er eine Welt und ein Gesetz der Welt, eine Weise des Lebens und des Sterbens begreifen."[20]

Zum Verständnis dieser Lebenserfahrungen hat die Menschheit nicht diskursive, sondern *präsentative Symbolismen* entwickelt, die es ihr gestatten, auf obliquem, indirektem Wege, sei es in Formen ritueller Handlungen oder in den Projektionen der Mythologie oder in den bildlichen Prägungen der Malerei

---

[19] Ibid.
[20] Langer, S.: **Philosophie auf neuem Wege. Das Symbol im Denken, im Ritus und in der Kunst.** Frankfurt, 1965, S. 282.

oder Skulptur, in den Vorstellungswelten der Dichtung oder in der semantisch so schwierigen Formenwelt der Musik diese wichtigen Grunderfahrungen zu vergegenständlichen, d. h. zu präsentieren und damit mitteilbar zu machen. Die präsentativen Symbolismen sind nicht irrational, sondern oft – man denke an eine Beethoven-Symphonie – von höchster Rationalität, aber sie sind *nicht* diskursiv. Sie übermitteln ihre Bedeutung vermittels sinnhaltiger Formen, deren Zeichen und Zeichenrelationen nicht auf einen festen, diskursiv paraphrasierbaren Sinn reduzierbar sind. Sie sind – in der Musik völlig, in der Dichtung zum größten Teil – unübersetzbar. Sie stellen eine „Semantik des Lebendigen" dar, sie sind „Artikulationen emotionaler, vitaler, bewußter Erfahrungen."[21] Wem sie Ausdruck verleihen, ist „das mit Worten nicht sagbare und doch nicht unausdrückbare Prinzip der lebendigen Erfahrung, die innere Bewegungsform des empfindenden, seines Lebens bewußten Daseins."[22]

Man erkennt sofort, daß die Begriffswelt der Symboltheorie zwar nicht so eindeutig ist wie die der Kommunikationstheorie, dafür aber ursprünglicher dem künstlerischen Aussagemodus angepaßt, weil zum Teil an seinem Material gewonnen, und nicht, wie die Kommunikationstheorie, erst sekundär auf ihn angewandt. Die Symboltheorie verfügt ferner über einen ausreichenden Fundus an Sprachphilosophie und Ästhetik, der es ermöglicht, auch die großen Schöpfungen der Kunst begrifflich einzufangen. Diese wirklich bedeutenden Schöpfungen sind nämlich in der Kommunikationstheorie schlecht aufgehoben. Dort wird nur ihre appellative Seite gewürdigt. Ihr Wesen ist jedoch weniger appellativ als expressiv und explorativ. Sie sind Vorstöße in noch unvermessene Bereiche des Bewußtseins, Ausdruck für möglicherweise zwar schon dumpf oder undeutlich gelebte, aber dem Einsicht heischenden Geist noch in keiner Weise erfaßbare Erfahrungen, Entwürfe von möglichem Leben, in denen die Spannung zwischen Wirklichkeit und Utopie, zwischen Notwendigkeit und Freiheit, zwischen faktischem Eingebundensein und imaginativ vorweggenommener Selbstdefinition bis zum Äußersten getrieben und an der Grenze des Mitteilbaren gestaltet werden. Jüngere deutsche Autoren wittern hinter solcher Kunstauffassung Geniekult, Insistieren auf der verpönten und überholten Inspiration als Quelle künstlerischen Schaffens und auf einer Vorstellung vom Dichter als Vorläufer und Künder – wie Ezra Pound es einprägsam formulierte, wenn er sagte, Künstler seien die Fühlhörner der Rasse, mit denen sie die noch ungewissen Konturen der künftigen Wirklichkeit abtasten. Zugegeben, auf die didaktische, bewußt verfremdende, engagierte, handlungsorientierte Literatur paßt die Symboltheorie nur bedingt.

Aber es gibt nun einmal Shakespeare, ob er in unsere derzeitigen Vorstellungen von Literatur und Gesellschaft hineinpaßt oder nicht, und wofern wir uns nicht – Hegel ausdeutend – dazu entschlossen haben, die von ihm vorhergesagte Entwicklung des Geistes als bereits eingetreten zu behaupten, d. h. seine

---

[21] Ibid., S. 255.
[22] Ibid., S. 252.

Entwicklung bis zu jenem Punkt, an dem er der symbolischen Darstellung entraten und die Kunst als eine überholte Stufe auf seinem Weg zur Freiheit des reinen Erkennens zurücklassen kann, werden wir nicht an ihm vorbei können. Dann aber brauchen wir die Hilfe der Symboltheorie, denn ohne sie stoßen unsere Fragen nicht durch bis zu jenem Punkt, an dem sich Shakespeares Bedeutung erschließt, jenem „geheimen Punkt", den (nach Goethes prägnanter Formulierung) „noch kein Philosoph gesehen oder bestimmt hat, in dem das Eigentümliche unseres Ichs, die prätendierte Freiheit unseres Wollens, mit dem notwendigen Gang des Ganzen zusammenstößt". Die Symboltheorie hilft uns, dramatische Dichtung als einen Symbolismus zu begreifen, der – in seinen gewagtesten Ausprägungen zumindest – gerade dieses Dilemma zum Gegenstand hat, der uns diese Grundtatsache unserer Erfahrung, die wir oft erleben, symbolisch präsentiert und faßbar macht.

Auch über die etwaige Relevanz Shakespeares läßt sich unter der Symboltheorie besser befinden als unter manchen anderen. Denn unter den vielen Möglichkeiten, Relevanz zu bestimmen, darf jene nicht übersehen werden, die Shakespeare nicht als Demonstrationsobjekt für verschiedenste externe Fragestellungen heranzieht, sondern die den zentralen Gehalt seiner Werke in den Mittelpunkt rückt. Das tut die Symboltheorie. Sie versucht jenen innersten Kern an Erfahrung im Visier zu behalten, aus dessen Drang nach Objektivierung das Werk ursprünglich hervorging und dessen immer noch fühlbare Potenz das Weiterwirken des Werkes sichert, obwohl es in seiner Form natürlich historisch fixiert und überholt ist. Damit hält die Symboltheorie jene Quelle von Bedeutung frei, aus der der Leser, sofern er sich dem Werk aussetzt und nicht nur über es urteilen will, immer wieder schöpfen muß und aus der Relevanz – in diesem (fast möchte man sagen: existentiellen) Sinne – abgeleitet werden muß.

Aber soll man das alles gerade dem Lehrerstudenten aufbürden? Hat er nicht Wichtigeres zu lernen? Da hängt davon ab, wieweit man in sein Studium prinzipielle Erfahrungen einfließen lassen will. Curricula, die in ihm nur den künftigen Vermittler von sprachlichen Fertigkeiten sehen oder ihn im literaturwissenschaftlichen Bereich auf Ideologiekritik fixieren, gehen nicht weit genug. Sie konfrontieren ihn vornehmlich mit Texten, die nur seine Meinung herausfordern, nicht aber mit solchen, vor denen ihm seine auf rationale Transparenz pochende Kritikfähigkeit zuschanden wird, weil ihre Struktur zu komplex, ihr Gehalt zu vielschichtig, ihre Bedeutung jenseits von allem, was sich analytisch darüber ausmachen und diskursiv darüber feststellen läßt, weiter lebendig ist; Texte, die resistent sind gegen vorschnelle Vereinnahmung und vor denen man sich ohne höchste Anspannung der Rezeptivität blamiert. Niemand, wie mein Lehrer Helmut Viebrock schrieb, deutet Shakespeare ungestraft.

Zumindest werden wir uns fragen müssen, ob wir es uns leisten können, sei es als Anglisten, als Literaturwissenschaftler, als engagierte Menschen – und das heißt, als aktiv an den für jede Generation neu zu formulierenden Grundsätzen eines humanen Selbstverständnisses Mitarbeitenden – auf Shakespeare zu verzichten. Selbstverständlich können wir, aber auf beträchtliche Gefahren hin, die ich abschließend kurz andeuten möchte.

Als Anglisten stehen wir vor der Gefahr des Provinzialismus bzw. des Verlustes der Internationalität eines Teils unserer Wissenschaft. Die Anglistik muß sich wohl oder übel an den Realitäten einer fremden Kulturtradition ausrichten, wenn sie nicht ins Abseits geraten will. Die Germanistik – als eine primär die Deutschen betreffende Wissenschaft – kann, wenn sie will, für den Universitätsbereich Rahmenrichtlinien hessischer Art machen und implementieren, kann den Umgang mit Literatur, besonders der hohen, in den privaten Bereich abdrängen und somit schließlich ihrer Wissenschaft und dem Deutschunterricht ein anderes Gesicht geben. Der Anglist ist in einer grundsätzlich anderen Lage. Seine Wissenschaft wird maßgeblich von Forschern bestimmt, die einer anderen Geistestradition entstammen. Das mag ihm unbequem werden, er mag sich nicht mehr darum scheren wollen, aber in Isolierung gerät er, nicht sie. Es sind seine Bücher, die im angelsächsischen Ausland nicht gelesen werden, nicht umgekehrt. Es sind seine Studenten, über deren Einseitigkeit man im Ausland den Kopf zu schütteln beginnt. Shakespeare aufgeben heißt ein Stück internationaler Kulturwirklichkeit verkümmern lassen, heißt – auf das Curriculum angewandt – eine sich abzeichnende nationale Verengung des Blicks befestigen.

Für den Literaturwissenschaftler ist Shakespeare in zweifacher Hinsicht ein Sonderproblem. Erstens in der Hinsicht, daß Shakespeare ihm ja nicht allein gehört, sondern dem Theater und dem Film mit gleicher Berechtigung. Hier ergeben sich sehr aufschlußreiche Berührungspunkte, sowohl in bezug auf spezifische Medienprobleme wie auf Fragen der Rezeptionsästhetik. Zweitens ist Shakespeare, anders etwa als Milton, Wordsworth oder Dickens, ideologisch nicht festzulegen. Auch innerhalb seines Werkes wiederholt er sich kaum, so daß alle Versuche, den Kanon seiner Werke als Stationen einer geistigen Biographie zu lesen, nicht recht überzeugen oder sehr allgemein bleiben. Das erfordert besondere Anstrengungen nicht allein in interpretatorischer, sondern theoretischer Sicht. Der Literaturtheoretiker wird darauf zu achten haben, daß seine Theorie vor Shakespeare nicht versagt – ähnlich wie wir ihn heute als Testfall benutzt haben. Die Schwierigkeiten, die sein Werk in dieser Zeit einer zum Besserwissen neigenden Ideologiekritik vielen Theorien macht, mag eine Mahnung daran sein, daß Theoriebildung kein Selbstzweck ist, sondern daß Theorie sich vor dem historischen Faktum zu bewähren hat und nicht umgekehrt.

Dem engagierten Menschen schließlich wird die historische Distanz zur Quelle von Erkenntnis. Aus seiner gesicherten zivilen Existenz mit ihren vielfältigen sozialen Querverbindungen, die sich wie ein Netz unter ihm spannen und ihn vor dem Absturz bewahren, geht ihm eine Ahnung davon auf, in welch kompromißloser Weise bei Shakespeare Selbstverwirklichung an Selbstverantwortung geknüpft ist. Nur im Wald von Arden reifen Blütenträume, nur auf der Insel Prosperos gibt es die Versöhnung zwischen Usurpatoren und den Entmachteten, verzichtet das Opfer auf Rache. Die Historien und Tragödien hingegen spielen, wie Jan Kott gezeigt hat, vor leerem Himmel. Hier herrscht eherne Notwendigkeit, hier ist Charakter Schicksal, hier ist die Tat ein folgenreiches Bekenntnis zu sich selbst. Selbstverwirklichung ist hier ein Hochseilakt ohne Netz und Sicherung, ohne Möglichkeit der Zurücknahme oder Wiederholung, ohne zweite Chance. Sie ist ein Prozeß, den die tragische Situation dem widerwilligen einzelnen aufzwingt, und den er, einmal begonnen, durch alle Widerstände der konkreten geschichtlichen Situation hindurch verfolgt – selbst um den Preis der eigenen Zerstörung. Shakespeares Historien und Tragödien sind in dieser Hinsicht unzeitgemäß. Unsere Situation hat sich gewandelt. Aber gerade deshalb bleibt das Werk Shakespeares eine offene Frage: ob wir die Mächte der individuellen Leidenschaft und der kollektiven Gesetzmäßigkeit bereits soweit unter Kontrolle haben, daß wir Geschichte durch Gesellschaftspolitik ersetzen, die Gewinnung einer individuellen Identität als ein Durchspielen von unverbindlichen Möglichkeiten betreiben können. Gewiß, unsere Lage hat sich gewandelt. Aber hat sie es wirklich? Das ist die offene Frage, die Shakespeares Werk stellt. Von ihr, und dem Nachdenken über sie den Lehrerstudenten auszuschließen, verantworte wer mag.

Helmut Bonheim, Köln

Einige Werkzeuge der instrumentalen Literaturkritik

Die instrumentale Literaturkritik führt das Postulat John Deweys, daß man im Zuge der Wirklichkeitserfassung Operationen an Gegenständen der sinnlichen Wahrnehmung durchführt, weiter. Erkennen, wie uns die Psycholinguistik mittlerweile ebenfalls bestätigt, ist somit ein aktiver, nicht nur ein passiver Prozeß.[1]

Die Grundvorstellung des Instrumentalismus besteht darin, daß man mit Gedanken und Sinnen Wirklichkeit sozusagen betastet und manipuliert, um sie zu erkennen. Bezogen auf Textanalysen bedeutet dies, daß sich mit Hilfe verschiedener Operationen am Text die Charakteristika eines Werkes heraus-kristallisieren lassen: So setzen wir bestimmte Textelemente mit uns bereits Bekanntem in Beziehung, z. B. indem wir auf sie ein bestimmtes Kategorien-raster anzuwenden versuchen: Ist der Text ein Sonett? Ist das Versmaß regelmäßig? Welche anderen Werke hat der Autor verfaßt und inwieweit ergeben sich Übereinstimmungen und Unterschiede zwischen ihnen? Wir schlagen ungewöhnliche Wörter im Lexikon nach; oder wir lesen den Text laut, um über seine akustischen Eigenschaften Klarheit zu gewinnen.

Es ist ein Ziel des Literaturunterrichts – insbesondere des Fremdsprachenun-terrichts – literarische Texte dem Schüler nahezubringen, sie quasi im Klassen-zimmer lebendig werden zu lassen. Hierzu ist ein hohes Maß an Eigenaktivität der Schüler erforderlich. Einige „instrumentale" Methoden zur Schüleraktivie-rung werden bereits praktiziert. Der Lehrer läßt den Text nicht einfach zu Hause lesen und fängt am nächsten Tag mit der Interpretation an; ist der Text relativ kurz, werden die Schüler vielleicht aufgefordert, ihn abzuschreiben oder ihn laut zu lesen. Auch die Bitte um Anfertigung einer Zusammenfassung oder einer Übersetzung stellt eine Methode dar, den einzelnen Schüler zu einer intensiven – wenn auch vorerst nur mechanistischen – Beschäftigung mit dem Text anzuregen.

Derartige Methoden haben sich in praktischen Schulversuchen bewährt. Also darf man fragen, ob sie ergänzt und aufgefächert werden können. Die instru-

---

[1] Diese Arbeit wurde als Vortragstext ursprünglich in englischer Sprache entworfen. Für die Vorbereitung der deutschen Fassung bin ich Reingard Nischik sehr zu Dank verbunden. Die Grundgedanken der hier vertretenen Methode wurden zuerst in meinem Aufsatz mit dem Titel „Instrumentale Literaturkritik", **Poetica** VI, 1974, 76–86, erörtert.

mentale Literaturkritik gibt eine Antwort hierauf. Der Instrumentalismus veranschaulicht und verlebendigt die Arbeit mit und am Text, indem er der Textanalyse den Einsatz von Werkzeugen wie Messer, Zange, Pinzette usw. als heuristische Hilfsmittel zugrunde legt. Der Schüler wird z. B. aufgefordert, die 2. und 3. Strophe eines Gedichts auszuschneiden und sie in vertauschter Reihenfolge wieder zusammenzukleben. Sodann ist zu fragen, inwieweit diese Operation den Text verändert hat. Als Resultat wird der Schüler vermutlich herausfinden, daß die ursprüngliche Abfolge einen Sinn hatte, der durch den vorgenommenen Tausch zerstört wurde. Auf diese Art wird die Struktur des Textes auf wirkungsvolle Weise einsichtig gemacht. Die Methode der intrumentalen Literaturkritik besteht also aus dem Kunstgriff, einer *discovery procedure*, zunächst für den Lehrer, dann für den Schüler und Studenten, der angeleitet wird, zentrale Eigenschaften des Textes zu entdecken und aufzuzeigen.

Entsprechend dem Facettenreichtum literarischer Texte stehen dem Literaturkritiker eine große Auswahl von Werkzeugen zur Textverarbeitung zur Verfügung. Die folgende Auswahl soll hier eingehender vorgestellt werden:

1. *Scalpel*	–	„Skalpell"
2. *Pincers*	–	„Pinzette"
3. *Line drill*	–	„Zeilen-Sämaschine"
4. *Abstraction ladder*	–	„Abstraktions-Leiter"
5. *Ex ungue leonem*	–	„An der Tatze (erkennt man) den Löwen"
6. *Buffer*	–	„Polierer"
7. *Etym-shuffler*	–	„Etym-Mischer"
8. *Pot-boiler*	–	„Topffüller"
9. *Inversion-flipper*	–	„Inversions-Neutralisator"
10. *Line counter*	–	„Vers-Zähler"
11. *Stress scanner*	–	„Versfuß-Ermittler"
12. *Trope and figure press*	–	„Tropen- und Figurenpresse"
13. *Image strainer*	–	„Image-Filter"
14. *Personification plane*	–	„Personifikations-Hobel"
15. *Metaphor shifter*	–	„Metaphern-Versetzer"
16. *Symbol popper*	–	„Symbol-Aufspalter"
17. *Procrustes' Bed*	–	„Prokrustesbett"
18. *Modifier drill*	–	„Einschränkungswort-Sämaschine"
19. *Guillotine*	–	„Guillotine"
20. *Weaver's shuttle*	–	„Weberschiff"
21. *Bulldozer*	–	„Schuttramme"
22. *Four senses slicer*	–	„Vier-Bedeutungen-Zerschneider"

Die Kunstgriffe der Textanalyse werden bildhaft dargestellt, um somit die didaktischen Vorteile eines sogenannten „elaboration coding" (der Einsatz von Bildern, um das Erinnerungsvermögen zu stärken)[2] auszunutzen.

1. Zunächst kann der Leser mit dem *scalpel* an den Text herangehen; wie ein Chirurg entnimmt er dem Text ein Stück Sprache und fügt mit den *pincers* ein anderes Stück an dieser Stelle ein. So kann man z. B. in Emily Dickinsons „I like to see it lap the miles" das Verbum *lap* durch das üblichere *eat* ersetzen.

The Railway Train (1891)

I like to see it [eat] lap the Miles–
And lick the Valleys up–
And stop to feed itself at Tanks–
And then – prodigious step

Around a Pile of Mountains–
And supercilious peer
In Shanties – by the sides of Roads–
And then a Quarry pare

To fit it's sides
And crawl between
Complaining all the while
In horrid – hooting stanza-
Then chase itself down Hill–

And neigh like Boanerges–
Then – prompter than a Star
Stop – docile and omnipotent
At it's own stable door–

Im Gegensatz zum Chirurgen kann der Literaturkritiker seine Instrumente auf diese Art erproben, ohne dem Patienten schwerwiegenden Schaden zuzufügen; er kann seine Operationen rückgängig machen, wenn ihm das Resultat der Transplantation nicht zusagt. Dies ist im angegebenen Beispiel der Fall: *eat* ist weniger anschaulich als *lap*, denn es enthält nicht die Vorstellung, daß ein Tier etwas mit der Zunge aufschleckt. Der übliche Ausdruck wäre eigentlich *lap up*, er würde jedoch das iambische Reimschema der 1. Zeile stören. Die Operation am Text mit *scalpel* und *pincers* haben dem Leser also
a) die besondere Konnotation von *lap* und
b) das Metrum des Verses (vierhebiger Jambus)
bewußt bzw. bewußter gemacht.

2. Die Übersetzung eines Textes in eine andere Sprache ist in gewisser Hinsicht eine besondere Art der Operation mit *scalpel* und *pincers*. Hierbei werden die Wörter dem Text entnommen – einzeln oder gebündelt – durch

---

[2] Siehe Baddeley, A. D.: **The Psychology of Memory**. New York, 1976, S. 348.

einen ähnlichen Ausdruck der anderen Sprache ersetzt. Wie jeder Literaturkritiker weiß, kann diese Übersetzung *en gros* den paraphrasierbaren Inhalt des Textes weitgehend erhalten und dennoch beinahe alles, was dem Text literarischen Wert verleiht, zerstören:

Die Eisenbahn

Ich sehe ihr gerne zu, wie sie Meilen auffrißt
und Täler aufleckt,
wie sie anhält, um sich an den Tanks zu füttern,
wie sie dann gewaltig

einen Haufen Berge umläuft,
hochmütig in Schuppen späht am Straßenrand
und dann einen Felsen schält,
um seine Seiten anzugleichen,

wie sie da hindurchkriecht
mit fortwährendem Klagen
in greulichen, heulenden Strophen
und sich dann den Berg hinunterjagt

und wie sie wiehert wie ein Donnerroß,
dann, schneller als ein Stern,
fügsam und allmächtig
vor der eigenen Stalltür anhält.

Wie immer wieder betont wird, ist die Übersetzung die eingehendste Form der Literaturkritik. Ähnlich wie bei der Paraphase und der Zusammenfassung eines Textes werden auch bei dieser Art der Umsetzung essentielle Eigenschaften des Ausgangstextes dem Leser dadurch bewußter gemacht, daß sie in der Übersetzung nicht mehr (unverfälscht) erscheinen. Auch unsere Übersetzung des Dickinson-Gedichts deutet an, welche Eigenschaften das Gedicht besaß, weil sie durch die Übersetzung verdorben wurden oder verloren gingen.

Gerade dem deutschen Anglisten fallen selbstverständlich deutschsprachige Einlagen in englischen Texten auf. Man kann sich nun fragen, wie diese Einlagen auf Englisch lauten würden; es ergäbe sich dann z. B. aus dem Vierzeiler in T. S. Eliots *The Waste Land:*

    Frisch weht der Wind
    Der Heimat zu
    Mein irisch Kind,
    Wo weilest du?
die Strophe:
    Fresh blows the wind
    In the direction of home.
    My Irish child,
    Where are you staying?

Welchem Schüler oder Studenten man die Übersetzungsaufgabe auch aufgibt – es kommt immer etwas mehr oder weniger Unangemessenes, ja Lächerliches dabei zustande. Die Operation *Übersetzung* liefert somit eine überzeugende Antwort auf die Frage nach dem Sinn des *code-switching* in literarischen Texten.

3. Eine ähnliche Funktion übt der *line drill* aus. Mit ihm sollen vermeintliche Sprünge im Gedankengang eines Autors überbrückt werden. Man mag sich z. B. fragen, warum Tristan auf das „irisch Kind" wartet; durch Einfügung einiger klärender Zeilen kann diese Verständnislücke gefüllt werden:

Frisch weht der Wind
Der Heimat zu.
Die Segel sind gespannt,
Eigentlich könnten wir also
Bereits jetzt abfahren
Aber du fehlst mir noch,
Mein irisch Kind ...

Der Unterschied im literarischen Wert der einzelnen Zeilen ist offensichtlich. Wird der *line drill* mit Saatgut des Schülers oder auch des Lehrers aufgefüllt, geht das Gedicht an der Operation offensichtlich zugrunde. Sie macht aber die Eigenart des Originaltextes weitaus schneller einsichtig als manche Textanalyse und „Interpretation" herkömmlicher Art.

4. Die *abstraction ladder* ist ein weiteres Werkzeug des instrumentalen Didaktikers. Wie mit *scalpel* and *pincers* entnimmt er dem Text ein Wort oder auch einen wichtigen, nicht explizit genannten Begriff und versucht sodann, ihn in Beziehung zu anderen, abstrakteren bzw. konkreteren Begriffen zu setzen.

Als Beispiel mag Emily Dickinsons Lokomotive dienen. Sie scheint keine konkrete, besondere Lokomotive zu sein, z. B. mit dem Namen *Bessie* oder *Lok No. 483*. Aber sie ist eine spezielle Art von Transportmittel, die wiederum den Klassen Maschinen, Zivilisationsprodukte etc. zugehört. Die Stufen der *abstraction ladder* werden also von verschiedenen Begriffen in der Reihenfolge ihres Abstraktionsgrades besetzt.

wealth
capital investment
product of civilization
manufactured goods
technological marvel
machine
means of travel
locomotive
Lok 862

Hieraus wird deutlich, daß sich die Lokomotive auf einem relativ niedrigen Abstraktionsniveau befindet – wie übrigens auch manches andere, auf das das Gedicht Bezug nimmt. Dies ist der Punkt, in dem sich *The Railway Train* von vielen anderen Werken der Dichterin unterscheidet und der es eher für den Fremdsprachenunterricht geeignet erscheinen läßt: *The Railway Train* enthält eine Reihe mehr oder weniger konkreter Bilder und vermittelt so einen suggestiven sinnlichen Eindruck, die andere Dickinsongedichte, wie z. B. *Remorse is Memory Awake* oder *Success is Counted Sweetest*, nicht aufweisen.

5. Gelegentlich kann man die zentralen Eigenschaften eines Werkes dadurch herauskristallisieren, daß man mehrere Werkzeuge an lediglich ein Wort oder eine Zeile ansetzt. Die Bearbeitung des Ausdrucks „lap the miles" z. B. kann zu einer umfassenden Interpretation des Gedichtes führen, denn eine seiner Eigenarten besteht darin, daß von der ersten bis zur letzten Zeile ein Eisenbahnzug mit Eigenschaften von Tieren und Menschen belegt wird. Diese Art der Interpretation nennt man die *ex ungue leonem*-Methode: An der Tatze erkennt man den Löwen – das Einzelelement repräsentiert das Ganze. Insofern erscheint es unerheblich, welche Passage des Werkes einer detaillierten Analyse unterzogen wird. Für den einfühlsamen, gewissenhaften Literaturkritiker lassen sich am einzelnen Teil autorenspezifische, künstlerische, vielleicht geniale Eigenschaften des Ganzen erkennen und darstellen.

In seinem Essay *The Taxi-Cab Driver Test for 'Fiction'* schlug Wyndham Lewis einen derartigen Zugang zur Romaninterpretation vor.[3] Aber die Erfahrung lehrt, daß diese Methode nicht immer dem Werk gerecht wird; denn in literarischen Texten mag man Passagen herausgreifen, die nicht für das Gesamtwerk repräsentativ sind. Aber auch in diesem Falle hat die Methode ihren Wert, da sie zu der Frage überleitet, inwiefern die untersuchte Textstelle *nicht* repräsentativ ist.

6. Einige Werkzeuge des Instrumentalismus eignen sich besonders zur Bearbeitung des Stils eines Textes. Wir benutzen z. B. den *buffer*, um dem Stil höheren Glanz zu verleihen. Besondere Arten des *buffers* sind der *etym-shuffler* und der *pot-boiler*. Der *etym-shuffler* übersetzt den Text in eine Sprache, die etymologisch z. B. dem Lateinischen oder Französischen näher steht als dem Angelsächsischen. Aus dieser Operation ergibt sich dann folgendes:

> I enjoy observing it devour the kilometres,
> And palpate with its lingual organ various
> > elongated depressions in the terrestrial crust
> And intermit to regale itself at containers
> > of potable fluids . . .

---

[3] In: **Discussion of the Novel**. Edited with an Introduction by R. Sale, Boston, 1960, S. 86–90.

Der pot-boiler hingegen entfernt poetische Eigenschaften der Sprache, er popularisiert und vulgarisiert:

> I do get a kick out of oggling it as it
>   guzzles up the miles,
> And gobbles up the potholes ...

Es versteht sich von selbst, daß *buffer, etym-shuffler* und *pot-boiler* dem Sprachlehrer ausgezeichnete Möglichkeiten bieten, seinen Schülern Denotationen und Konnotationen von Wörtern bewußt zu machen, sie auf Sprachregister und sprachliche Angemessenheit sowie auf Inhalte und Themen hinzuweisen.

7. Stil ist aber nicht nur eine Frage der Wortwahl, sondern auch der Syntax. Die Syntax der Dichtung weicht traditionsgemäß von der Alltagssprache ab, insbesondere hinsichtlich der Wortfolge. Die Textstellen, an denen der Dichter von seiner dichterischen Freiheit Gebrauch gemacht hat, werden durch den Einsatz des *inversion flipper* kenntlich gemacht. Dieses Werkzeug ortet ungewöhnliche Wortfolgen und stellt sie um, so daß normales Englisch entsteht. In Zeile 8 heißt es dann nicht mehr „a Quarry pare" sondern „And then pare a Quarry".

Im Zuge des Lokalisierens und Neutralisierens der Inversion wird dem Leser bewußt, daß das Wort *pare* für den Halbreim mit *peer* zwei Zeilen vorher benötigt wurde. Hieraus ließe sich vielleicht auch die Unstimmigkeit im Gebrauch des Bildes erklären: „a Quarry pare" – weder Züge noch Pferde „schälen" Steinbrüche.

8. Stil ist ferner eine Frage der äußeren Form und der rhetorischen Mittel. Es gibt eine Reihe von Werkzeugen, die bei der Formbestimmung eines Werkes, insbesondere von Gedichten, behilflich sind. Der Einsatz des *line counter* bringt zutage, daß *The Railway Train* aus der merkwürdigen Anzahl von 17 Zeilen besteht. Merkwürdig ist auch die Beobachtung, die mit Hilfe des *stress scanner* gewonnen wird. Der Einsatz dieses Instruments ermittelt eine alternierende Abfolge von vier- und dreihebigen Versen; die 3. Strophe, die aus fünf anstatt aus vier Zeilen besteht, enthält hingegen zwei kurze zweihebige Verse. *Line counter* und *stress scanner* bringen also gemeinsam zutage, daß sich an dieser Stelle quasi ein metrischer Unfall ereignet hat, möglicherweise bei der Abschrift des Autorenmanuskriptes; eine etwas längere 4-hebige Zeile

> To fit its sides and crawl between

wurde vielleicht irrtümlich in 2 Zeilen aufgespalten, woraus sich bei Emily Dickinson seltene Unregelmäßigkeit ergeben hat.

9. Zum Werkzeugkasten des Instrumentalisten gehört auch die *trope and figure press*, die die im Text verwendeten Tropen und rhetorischen Figuren herauspreßt und kenntlich macht:

trope and figure press

periphrasis

synecdoche

antonomasia

figura
etymologica

emphasis

epiphora

polyptoton

Zu derselben Werkzeugart gehören auch *image strainer*, *personification plane*, *metaphor shifter* und *symbol popper*. Der *image strainer* ist ein weniger gewaltsames Werkzeug und läßt sich auch von Schülern der Mittelstufe leichter anwenden als die *trope and figure press*, die ohne Einübung im Erkennen rhetorischer Mittel nicht funktionieren kann.

Der *image strainer* entfernt die im Text verwendeten Bilder und macht den Verlust, der durch diese Operation entsteht, bewußt:

I like to see it going fast
Over land, through valleys,
Or stopped to take on water
Or steaming around some

Obstructions in its way . . .

Der *personification plane* läßt sich ähnlich verwenden. Er hobelt alle die sprachlichen Elemente im Text weg, die unbelebten Objekten – z. B. einer Lokomotive – menschliche Eigenschaften verleihen.

Der *metaphor shifter* akzeptiert den rhetorischen Trick, die Lokomotive implizit mit einem Tier zu vergleichen, verändert jedoch den *tenor* der Metapher:

And yelp like Boanerges
...
...
At it's own Kennel door –

Der Austausch von „Pferd" durch „Hund" als *tenor* der Metapher verdeutlicht die Angemessenheit der Wahl, die Emily Dickinson getroffen hat.

Noch nützlicher ist der *symbol popper*, mit dem die Hauptgegenstände des Werkes – hier die Lokomotive – quasi ausgekocht werden, um schließlich einen ganzen Strom möglicher Bedeutungen des Symbols hervorzubringen. Nicht jedem Leser müssen sämtliche Deutungen dieses Symbols einsichtig sein.

Symbol popper:

vigour
energy
power
animation
mobility
speed
travel
masculinity
libido
the demonic
threat

unpredictability
self-contradiction
sinuousness
divinity
tension
joy
possibility
pure will
extravagance
exuberance
potency
dynamism
agility
suppleness
emotion
what the intellect cannot comprehend
completeness
beauty
animality
the demiurge tamed
domesticated animal
industrial revolution
apocalyptic beast

Auch hierbei handelt es sich um eine Übung, die nicht lediglich durch Lehrer demonstriert, sondern von den Schülern selbst im Unterricht durchgeführt werden soll. Überdies ist die Auslegung eines Symbols ein Unternehmen, das besser von einer Gruppe als von einem einzelnen durchgeführt werden kann; denn ein Symbol hat ja nicht nur *eine* Bedeutung, sondern eine kaum aufzählbare – vielleicht unendliche – Reihe von Bedeutungen. Dies zu verdeutlichen, ist ein Ziel der Übung. Überdies zeichnet sich der *symbol popper* auch durch seine sprachdidaktische Funktion aus. Allerdings verlangt der *symbol popper* ein Abstraktionsvermögen, das sich erst auf der Oberstufe richtig entwickelt und in der Fremdsprache artikulieren läßt. Auch an der Universität werden dann noch Symbole im Text gesucht und gefunden, die bei nüchterner Betrachtung gar nicht feststellbar wären. Die Methode gestattet dem Lehrer aber gerade durch eine üppige Produktion von Möglichkeiten u. a. die relative Subjektivität der Symbolfindung zu thematisieren.

10. Die letzten beiden Werkzeuge, die hier noch vorgestellt werden sollen, stehen für die zahlreichen Operationsmöglichkeiten, die eher für Studenten als für Schüler geeignet sind: *Procrustes' Bed* and *modifier drill.*

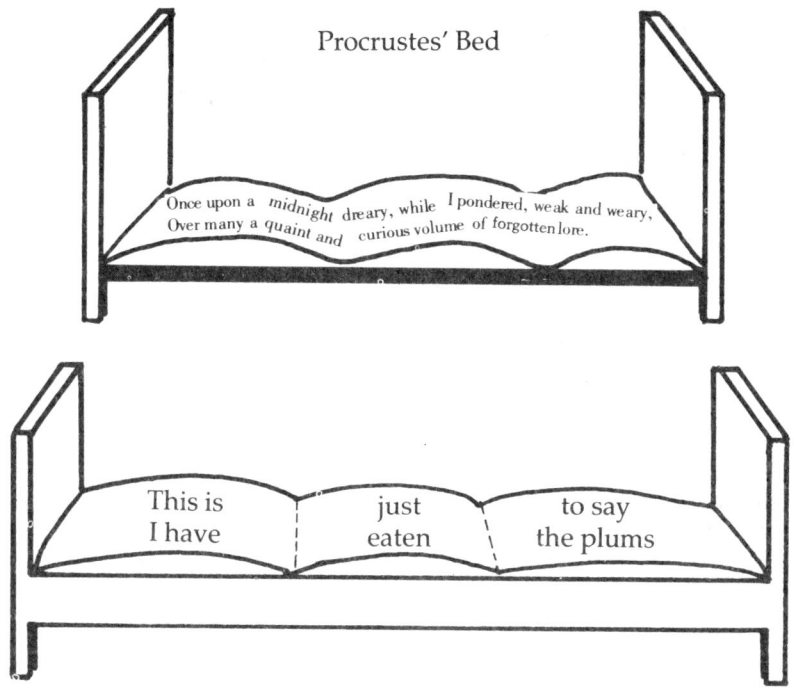

Procrustes' Bed

Once upon a *midnight* dreary, while I pondered, weak and weary,
Over many a *quaint and* curious volume of forgotten lore.

This is just to say
I have eaten the plums

Das *Procrustes' Bed* erstrebt eine genaue Umsetzung des Textes in Zeilen gleicher Länge:

> I like to see it lap the distant miles.
> And hungry lick the fertile valleys up.
> Stopping to feed itself at water tanks:
> and then, grandly prodigious, go & step
>
> Around a pile of jagged mountainsides,
> And then, haughtily supercilious, peer
> In dirty houses by the sides of roads:
> And then a quarry for pink marble pare

Das *Procrustes' Bed* kann ausgefüllt werden, indem man den *modifier drill* einsetzt.

Der *modifier drill*, ähnlich dem bereits vorgestellten *line drill*, fügt allen Substantiven und Verben passende Adjektive und Adverbien bei. Das Resultat ist in unserem Falle eine vielleicht verbesserte, sicherlich aber längere Fassung des Gedichts:

I like to see it lap the distant miles,
And lick the green and fertile valleys up,
And stop to feed itself at water tanks;
And then, grandly prodigious, step

Around a great pile of jagged mountains,
And, haughtily supercilious, peer
In dirty shanties by the side of gravel roads;
And then a stone and sand quarry pare

To fit its heaving sides and slowly crawl between,
Wildly complaining all the while
In horrid hooting stanza;
Then merrily chase itself down hill

And loudly neigh like Boanerges;
Then, prompter than a distant star,
Stop, docile and omnipotent,
At its own unpainted stable door.

Wird der *modifier drill* von unbegabten Kritikern bedient, so zeigt sich eine Tendenz zum Klischee, zum Einfügen abgegriffener Füllworte mit ausschließlich ornamentaler Funktion. Die wenigen Adjektive, die Emily Dickinson verwendet, sind hingegen sehr aussagekräftig:

prodigious
supercilious
horrid, hooting
prompter
docile and omnipotent

Diese Adjektive erweisen sich als ungewöhnlich, als frisch und unerwartet, und die große Aussagekraft, durch die sich jedes einzelne auszeichnet, zeugt von der Ökonomie der Mittel, mit der die Dichterin vorgegangen ist. Indem der *modifier drill* das Gedicht mit nutzlosem Randwerk umgibt, verweist er also auf eines der zentralen Charakteristika eines Kunstwerkes.

11. Aus Platzgründen kann nur noch ein kurzer Blick auf weitere Instrumente im Werkzeugkasten des instrumentalen Literaturkritikers geworfen werden. In einer Ecke lauert die *guillotine:* Sie hackt den Kopf bzw. den Titel eines Werkes ab und gibt Anlaß zu der Frage, ob Werktitel überhaupt eine Funktion erfüllen. Immerhin scheinen sich einige Herausgeber des Dickinsongedichtes diese Frage auch schon gestellt zu haben.

12. In einer anderen Ecke des Werkzeugkastens findet sich der *weaver's shuttle,* der neue Zeilen zwischen die ursprünglichen einfügt.

To fit its sides and crawl between
        And scratch its sides on maple trees
Complaining all the while in horrid...

Auch dieses Instrument bietet dem Schüler die Möglichkeit, vermeintliche Leerstellen im Text nach eigenem Gutdünken zu füllen, und dem Lehrer die Möglichkeit zu erklären, wieso das ursprüngliche Gewebe durch diese Operation eher verliert als gewinnt.

Dem Instrumentalisten steht auch noch der *bulldozer* zur Verfügung: Dieses Werkzeug entfernt ganze Passagen eines Werkes und demonstriert dadurch, welche Funktion diese für das Gesamtwerk erfüllen. In unserem Gedicht könnte man z. B. die 3. Strophe zur Seite schieben und untersuchen, welchen Zweck der darin angesprochene Landschaftsteil erfüllt.

Schwieriger zu handhaben ist der *four senses slicer*. Er reduziert das literarische Werk auf eine „wortwörtliche", eine „allegorische", eine „moralische" und eine „anagogische" Interpretation:

– der Zug als Zug
– der Zug als Psyche unterwegs auf der Lebensreise
– der Zug verpflichtet auf Werte wie Tatkraft
  und Selbstkontrolle und schließlich
– der Zug als Analogie zur Befindlichkeit der Seele
  im Paradies,

vollkommen im Einklang mit dem Endzustand metaphysischer Stasis, „docile and omnipotent".

„four senses" slicer

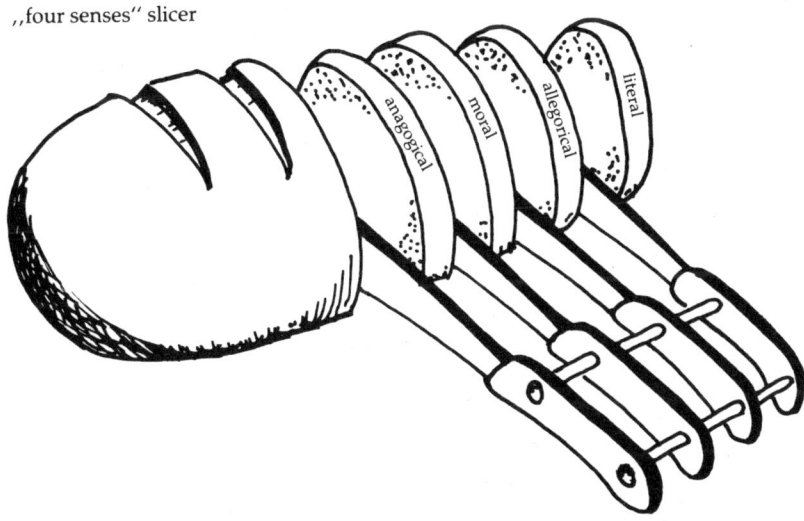

Es gibt noch zahllose andere Werkzeuge im Arbeitsraum des instrumentalen Literaturkritikers, so zum Beispiel den *stanza stapler*, den *caesura zipper*, den *locution collator*, den *mode sorter*, den *metre stretcher*, den *myth projector* und viele andere mehr, die bereits verwendet werden oder noch erfunden werden müssen. Keines dieser Werkzeuge ist sehr wirksam, wenn es isoliert eingesetzt wird. Zusammen mit anderen Werkzeugen jedoch kann jedes einzelne seinen Beitrag zur Enthüllung unerwarteter Qualitäten eines Werkes leisten und fundamentale Dichtungsprinzipien bewußt machen. So ruft uns z. B. der *image perculator* in Erinnerung, daß nicht der Inhalt, sondern die Form einer Aussage von zentraler Bedeutung ist, und der *modifier drill* unterstreicht die Werte der Exaktheit und der poetischen Ökonomie.

Die instrumentale Literaturkritik ist nicht so neuartig, wie es zunächst den Anschein haben könnte. Sie arbeitet mit Begriffen und Kategorien, die in der Literaturkritik allgemein bekannt sind: der Wert eines Bildes, die Häresie der Paraphrase, der unendliche Bedeutungsumfang eines Symbols etc. Das Besondere am Instrumentalismus ist, daß er auf einer besonderen Art von Erkenntnisvorgang *(discovery procedure)* aufbaut: Ein Phänomen wird verändert in der Absicht, hierdurch die Eigenschaften seines ursprünglichen Zustandes herauszukristallisieren.

Es wird oft übersehen, daß eine reduktionistische Tendenz so gut wie allen Arten der Textanalyse inhärent ist. Die instrumentale Literaturkritik erhebt den Reduktionismus zum Prinzip. Sie reduziert Texte bewußt auf ihre Paraphrase oder Übersetzung, auf ihre Titel oder ihre *Images* und gesteht damit ein, daß Literaturkritik nicht umhin kann, dem Kunstwerk Gewalt anzutun. Besitzt der Text literarischen Wert, wird er sich allen Veränderungsversuchen zum Trotz in seiner ursprünglichen Form behaupten. In jedem Fall jedoch führt die vielgestaltige, aktive Bearbeitung des Textes zu den verschiedensten Einsichten über das Werk und bringt Textvertrautheit und -verständnis mit sich, die in diesem Ausmaß zuvor nicht vorhanden waren.

Lehrende wie Lernende werden somit eingeladen, Hand an das Werk zu legen. Der Lehrende gewinnt eine Methode für die Unterrichtsvorbereitung, zur Zerlegung des Lehrinhaltes bzw. zur Gliederung des Unterrichts. Der Schüler wird aktiv an den Operationen beteiligt. Er lernt dadurch weitaus mehr als einige Techniken der Interpretation. Der Instrumentalismus stellt eine geeignete Methode zur Verlebendigung des Literaturunterrichts und insbesondere zur Schüleraktivierung dar.

Helmut Meyer, Vechta

Ansichten und Exempel
einer reformierten Textpropädeutik

Didaktische und methodische Aspekte des englischen Essays
zwischen Kollegstufe und Hochschule

1. Medien und Texte

Neuere und neueste Veröffentlichungen zeigen, daß sich auch an den Hochschulen der Bundesrepublik Deutschland Strömungen verstärken, die die Ausbildung der Neuphilologen enger als bisher am Berufsfeld der Schule orientieren möchten[1] und bereit sind, die traditionellen Lehrziele und Lerninhalte einer Revision zu unterziehen. Dem Lehrziel der kommunikativen Kompetenz entsprechend, werden als Lerninhalte in stärkerem Maße als bisher sogenannte literarische Zweck- und Gebrauchsformen wie Brief, Protokoll, Reportage, Anzeige und Essay, mithin *Texte* im weitesten Sinne, mit den Werken der kanonisierten Literatur konkurrieren.[2]

Da sich Lehrziele und Lerninhalte im Regelkreis bewegen, gebührt in diesem Rahmen den modernen Unterrichtsmedien, speziell dem Sprachlabor, aber auch dem Rundfunk und dem Fernsehen, ein gesicherter Platz. Allerdings sollten sich der schulische wie der akademische Unterrichtsbetrieb davor hüten, in Verabsolutierung kybernetischer Modelle die allseits angestrebte verbale Interaktion vorrangig den Medien zu übertragen und die Arbeit mit Texten aus dem Kernbereich in die Randbezirke der Sprachvermittlung abzudrängen. Die herausfordernd in einer Wochenzeitung geäußerte Behauptung eines renommierten Lehrstuhlinhabers, nur zehn bis fünfzehn Prozent aller Abiturienten, die an seiner Universität ein Anglistik-Studium betrieben, seien in der Lage, langsam und sorgfältig ausgesprochenen englischsprachigen Lehrveranstaltungen zu folgen[3], stimmt bedenklich:

> Die Mißachtung der Literatur ist mehr oder weniger Teil fast aller Richtlinien für den Englischunterricht. Der Gedanke, daß gerade die Lebensähnlichkeit der Literatur, der starke Anteil der gesprochenen Sprache verschiedener Schichten, der weite Interessenkreis und Erfahrungsreichtum, kurz

---

[1] Vgl. Finkenstaedt, Th.: „Anglistik und Berufsbezogenheit". **Die Neueren Sprachen** 73, 1974, 15.

[2] Vgl. Plett, H. F.: „Text und kommunikative Differenz". **Die Neueren Sprachen** 73, 1974, 31.

[3] Otten, K.: „Im Grunde ist alles tot". **Die Zeit** 17, 19. 4. 1974, 56.

das Schöpferische, für den Fremdsprachenunterricht nicht nur Bereicherung darstellt, die dieser Unterricht bitter nötig hat, sondern geradezu eine fundamentale Notwendigkeit für jeden ist, der die Sprache außerhalb der englischen Sprachgemeinschaft erlernen will, dieser Gedanke findet keinen Eingang in die technisierte Isolierstation unserer „modernen" Fremdsprachenpädagogen.[4]

Sicherlich wurden diese Worte nicht *sine ira et studio* geschrieben, und die Gegenpolemik blieb nicht aus.[5] Die Kontroverse beweist aber zweierlei: einmal, daß es derzeit um die sprachliche Performanz der Gymnasialabsolventen in der Bundesrepublik Deutschland nicht zum besten steht; zum anderen, daß eine Renaissance des literarischen Unterrichts alten Stils hier mit Sicherheit keine Abhilfe schaffen könnte. Soll eine wirklich durchgreifende Verbesserung der Leistungen in den modernen Fremdsprachen erzielt werden, so wird man vielmehr die Motivation der Lernenden verstärken müssen.[6] Das kann nur über die Erarbeitung von Texten geschehen, die bei der Zielgruppe eine persönliche Betroffenheit auslösen und so direkt zum intellektuellen wie verbalen Engagement herausfordern.

2. Textwissenschaft und Textdidaxis

Text und *Kommunikation* gewinnen in der *Textwissenschaft,* mit der die Reform des traditionellen Literaturstudiums eingeleitet wurde, eine neue Identität, als deren Hauptmerkmale die Begriffe *Objektivierbarkeit* und *Lehrbarkeit* gelten können und die mit dem Zentralproblem der *Textdidaxis*[7] einen ganz neuen Arbeitsansatz fordern. Die vorliegenden Betrachtungen zur Didaktik des Essays verstehen sich als ein solcher Versuch: *Nomen est omen.*[8]

---

[4] Ebda.

[5] Vgl. u. a. Bludau, M. et al.: „Nostalgie ist gefährlich". **Neusprachliche Mitteilungen** 27, 1974, 193–196.

[6] Vgl. Meyer, H.: „Theoreme einer aktualisierten Textpropädeutik – Gedanken zur Konzeption eines schulorientierten literaturwissenschaftlichen Grundkurses im Rahmen reformierter neusprachlicher Lehrerstüdiengänge". **Neusprachliche Mitteilungen** 28, 1975, 11.

[7] Plett, H. F.: „Das Studium der Textwissenschaft: Thesen und ein Studienmodell". **Die Neueren Sprachen** 70, 1971, 360–361.

[8] Bislang gibt es erst eine allgemeine, nicht von vornherein an bestimmte Autoren gebundene literaturdidaktische Studie zum Essay, die freilich – anders als die vorliegende Arbeit – ausschließlich auf gymnasiale Bedürfnisse, speziell auf die Bedingungen einer noch nicht reformierten Oberstufe, zugeschnitten ist: Ahrens, R.: „Der moderne anglo-amerikanische Essay. Methodischdidaktische Überlegungen zu seiner Verwendbarkeit in der gymnasialen Oberstufe". **Der Fremdsprachliche Unterricht** 5, 1971, Heft 19, 14–30. Der Aufsatz vermittelt einen informativen, wenn auch skizzenhaften Überblick über die Gattungsgeschichte, nennt die bekanntesten Autoren und stellt in der Form von Kurzporträts eine Reihe ihrer nach Auffassung des Vf. für den Oberstufengebrauch besonders geeigneter Essays in Schuleditionen vor, wobei besonderer Wert auf inhaltliche Momente und Aussagemodi gelegt wird (vgl. besonders 17–20.). Im Gegensatz zum vorliegenden Aufsatz, der lernzieltaxonomisch verfährt, wählt Ahrens einen inhaltlich-thematischen Ansatz („Politik", „Nationalismus", „Philosophie", „Psychologie" etc.), der naturgemäß zur Stoffülle verleitet und damit jene ganzheitliche Operationalisierbarkeit erschwert, um die sich eine in ihren Verfahren hochschulorientierte Textpropädeutik bemühen muß. Das bei Ahrens aufgestellte Lernziel der „Einführung in die zunächst fremde geistige Welt eines anderen Volkes und Kulturkreises" (30) entspricht nicht dem kommunikatorischen Ansatz des modernen Sprachunterrichts und des Sprachstudiums generell, weil hier Andersartiges vor Verwandtem betont wird.

Einerseits geht es dabei um die Vermittlung eines praktisch allen Philologien gemeinsamen Beschreibungsrepertoires[9] unter Einbezug psychologischer, sozialer und historischer Dimensionen, andererseits um allgemein-anthropologische Aspekte wie Problembewußtsein, Kritikvermögen und sprachliche Sozialisation. Zur textlichen Kommunikation kann es überhaupt nur kommen, wenn der Lernende in der Fremdsprache über die bloße Rezeption hinaus selbst verbal aktiv wird und auf Stimuli antwortet, d. h. wenn die im Textkode stillgelegte Sprache durch das interpretierende Gespräch, die Diskussion, reaktiviert wird. Eine recht verstandene Textdidaxis muß sich darum bemühen, das Produkt in Produktiviät zurückzuverwandeln[10] und damit jenen Prozeß in Gang zu setzen, der in der Methodik Transfer und in der Kybernetik Transinformation genannt wird.[11] Nicht umsonst übernehmen die Textarbeit und das interpretierende Gespräch in der modernen Lehrerausbildung einen beträchtlichen Anteil bei der Aneignung sprachpraktischer Fähigkeiten[12], d. h. auch universitäre Übungen und Seminare werden zunehmend einsprachig durchgeführt.

3. Dekodierung und Unterrichtspraxis

Die theoretische Ausgangsbasis ist somit abgesteckt. Umstrittener dürfte die curriculare Verwirklichung der angesprochenen Theoreme sein, weil hier auch unter den Verfechtern der neuen Textdidaxis vielfach noch Unsicherheit herrscht. Immerhin fordern fast alle Didaktiker neben einer möglichst flexiblen und sensibilisierten Handhabung erprobter Formen auch konkret den Mut zum Wagnis und zur Experimentierbereitschaft.[13] In diesem Sinne soll im folgenden ein konkretes Projekt vorgestellt werden. Zielgruppe des literaturdidaktischen Versuchs sind jene Altersjahrgänge, die sich entweder gerade anschicken, ein Philologiestudium an einer Hochschule aufzunehmen oder sich im Rahmen der reformierten gymnasialen Oberstufe schwerpunktmäßig auf ein solches Studium vorbereiten. Der Kurs selbst, zu dem hier Anregungen und Überlegungen angeboten werden, versteht sich als eine textpropädeutische Lehrveranstaltung, die den bislang immer noch problematischen Übergang aus dem Sekundarbereich in den tertiären Bildungsbereich erleichtern möchte und dazu beitragen will, die Lehrinhalte und Arbeitsformen der Kollegstufe mit denen

---

[9] Vgl. Iser, W.: „Postscriptum zu einem Studienmodell". – In Standop, E. (Ed.): **Anglistische Studienreform: Probleme – Pläne – Perspektiven.** Bad Homburg, 1970, S. 102; Weinrich, H.: „Zur Veränderung der Sprach- und Literaturwissenschaft an den Universitäten der Bundesrepublik". **Die Neueren Sprachen** 71, 1972, 212.

[10] Wackwitz, G.: „Texte im Fremdsprachenunterricht". **Zielsprache Deutsch** 1, 1970, 23.

[11] Vgl. Wäber, G.: „Der Text im Mittelpunkt des modernen Fremdsprachenunterrichts". **Zielsprache Deutsch** 2, 1971, 65–68.

[12] Esser, J. et al: „Bemerkungen zum Studienmodell Standop auf dem Hintergrund der BAK-Schriften 5, 6 und 7". – In Standop, E. (Ed.): **Anglistische Studienreform: Probleme – Pläne – Perspektiven.** Bad Homburg, 1970, S. 146.

[13] Vgl. Ahrens: a. a. O., 14.

des ersten Studienjahres so zu koordinieren, wie das dem Studienmodell Harald Weinrichs vorschwebt.[14]

Als Textgrundlage der folgenden Überlegungen zum Phänomen des Literarischen im Rahmen einer so konzipierten gymnasialen oder universitären Unterrichtsreihe soll der britische Essay dienen. Die an sich willkürliche nationalsprachliche Beschränkung erscheint in diesem Falle geboten, um die gesamte Bandbreite essayistischer Aussageweisen in repräsentative Beispiele fassen zu können, wobei die didaktischen Schlüsse selbst auch für andere moderne Fremdsprachen gelten sollen. Wenn im folgenden ausschließlich aus deutschen Editionen englischer Essays zitiert wird, so deshalb, weil es unrealistisch wäre, die sprachlichen Schwierigkeiten in einem textpropädeutischen Grundkurs – ganz gleich ob in der Kollegstufe oder im ersten Studienjahr – zu unterschätzen. Im Interesse einer möglichst umfangreichen Lesepraxis empfiehlt es sich, die zumeist sehr guten einsprachigen Anmerkungen, Zusatzinformationen und Arbeitsanregungen dieser Ausgaben in das Unterrichtsgespräch einzubeziehen. Derart kommentierte, textlich freilich unveränderte Ausgaben stellen im Rahmen eines Studiums zwar nur eine Zwischenstufe zur Originaledition dar, andererseits sollte man jedoch nicht übersehen, daß der Lehrgegenstand eines propädeutischen Seminars nicht allein vom Stoff, sondern erst vom Stoff in Verbindung mit der Methode gebildet wird, die man deshalb als einen integrierenden Bestandteil des Lehrguts bezeichnen muß.[15]

4. Essayistik und Propädeutik

Der Essay als literarisches Genre wird deshalb gewählt, weil man heute davon ausgehen kann, daß junge Menschen im allgemeinen nicht mehr über die Fähigkeit verfügen, *längere* zusammenhängende Texte zu lesen und zu verstehen[16] und diese Fertigkeit erst angelegt und entwickelt werden muß. Zudem bietet sich hier die Gelegenheit, ein Klischee abzubauen. In den Schulen, aber auch an den Hochschulen, wird der Essay anderen literarischen Formen und namentlich der Kurzgeschichte gegenüber zurückgesetzt[17], weil er traditionell als „zu trocken" gilt.[18] Tatsächlich repräsentiert er als Gattung jene Art „Brücke zwischen Literatur und Sachkunde"[19], die ästhetisch motiviert, ohne

---

[14] Weinrich: „Zur Veränderung", a. a. O., 213.

[15] Fink, E. O.: „Das literaturwissenschaftliche Proseminar als Vermittler zwischen Schule und Universität". **Die Neueren Sprachen** 69, 1970, 401.

[16] Ross, W.: „Literatur im Fremdsprachenunterricht". **Neusprachliche Mitteilungen** 19, 1966, 2.

[17] Vgl. Kracht, W.: „Bedeutung des Essays im Oberstufenunterricht". **Neusprachliche Mitteilungen** 20, 1967, 147 und 150; Haferkamp, B.: „Bacon und Lamb als Essayisten". **Praxis des neusprachlichen Unterrichts** 17, 1970, 392.

[18] So z. B. bei Loebner, H.-D.: „Gedanken über eine zeitgemäße Textauswahl für den Englischunterricht der Sekundarstufe II". **Der Fremdsprachliche Unterricht** 7, 1973, Heft 26, 34–35.

[19] Hüllen, W.: „Sprachunterricht – Sachunterricht – Literaturunterricht. Ein Beitrag zur Diskussion um die englische Lektüre auf der Oberstufe. – In Flechsig, K.-H. (Ed.): **Neusprachlicher Unterricht** II. Weinheim 1970, S. 373.

den Ungeübten durch einen zu esoterischen Erwartungshorizont zu verunsichern, wie das vielfach in literarischen Grundkursen zu beobachten ist, die sich sofort mit relativ komplizierten Spezialproblemen anderer Kurzformen wie der Lyrik, des Kurzdramas oder der *short story* befassen. Ebenso bescheiden wie dezidiert bemerkt der Essayist Arthur Benson: „The confessed aim of the essayist is to make people interested in life and in themselves and in the part they can take in life . . .‟[20] Wer Literatur und Leben ganzheitlich auffaßt, muß diese Zielsetzung auch auf die Textdidaxis selbst übertragen, die sich – anders als die reine Literaturwissenschaft, jedoch ebenso wie der Essay – mit dem *Vermittelten* zu befassen hat, der vergesellschafteten Welt.[21]

Vielleicht hat auch die dem Essay wesenseigene Offenheit und Definitionsfeindlichkeit dafür gesorgt, daß die gesamte Gattung in den anglistischen Studienführern der sechziger Jahre überhaupt nicht berücksichtigt wurde.[22] Auch einer der jüngsten Leitfäden für Neuimmatrikulierte erwähnt den Essay nur randläufig[23] – ein sicherlich nicht nur aus text*didaktischer* Sicht ungerechtfertigtes Versäumnis.

5. Hermeneutik und Beschreibungsmodi

Seiner jahrhundertealten Tradition zum Trotz ist der Essay in seinem literaturwissenschaftlichen Stellenwert auch heute noch umstritten. Während Berger ihn als die „höchste Kunstform‟[24] preist, gesteht Lukács ihm nicht einmal eine begrenzte gattungsmäßige Eigenständigkeit zu. Der Essay habe, so die Begründung, die Entwicklung aus einer primitiven, undifferenzierten Einheit mit Wissenschaft, Moral und Kunst noch nicht hinter sich gebracht.[25] Terminologisch lassen sich beide Auffassungen rechtfertigen, wie der folgende Definitionsansatz Haferkamps zeigt:

Der Essay stellt ein kürzeres Prosawerk über Personen, Dinge oder Ideen dar. Natur, Künste und Wissenschaft, auch der Alltag mit seinen unscheinbaren Dingen und Wundern, können darin eine Rolle spielen; sein Stil kann von epigrammatischer Klarheit, von Humor oder von Gefühl geprägt sein; immer betrachtet er das Problem aus den verschiedenen Blickwinkeln, ist so persönlich und provozierend, daß er den Leser zum Mitschaffen und

[20] „The Art of the Essayist". – In Krog, F. (Ed.): **A Treasury of Famous English Essays from Francis Bacon to Winston S. Churchill.** Frankfurt, ⁹1971. Hirschgraben Best.-Nr. 681, S. 8. Bensons geschicktes und inhaltlich wie formal gelungenes Plädoyer in eigener Sache mag jenen als erste Einführung in den Problemkreis der Essayistik dienen, die lieber definitorisch arbeiten, während die vorliegende Arbeit aus didaktischen Gründen einen induktiven Ansatz wählt.

[21] Adorno, Th.: „Der Essay als Form". – In **Noten zur Literatur I.** Berlin/Frankfurt, 1958, S. 42.

[22] Müller-Schwefe, G.: **Einführung in das Studium der englischen Philologie.** Tübingen, 1962; Haas, R.: **Anglistikstudium und Englischunterricht.** Heidelberg, 1963.

[23] Borgmeier, R.: **Das Studium der Anglistik.** Paderborn, 1970, S. 94 und 96.

[24] Berger, B.: **Der Essay.** Bern, 1964, S. 3.

[25] Lukács, G.: **Die Seele und die Formen.** Berlin, 1911, S. 29.

Weiterdenken anregt, ihm den geistigen Gehalt zum individuellen Erlebnis macht.[26]

Dieses Zitat mag für viele ähnliche Abgrenzungsversuche stehen. Universaler intellektueller Anspruch und strukturelle Amorphie verschmelzen im Essay zu einer eigengesetzlichen Bauform, bei deren Beschreibung auch bewährte kategoriale Differenzierungsmerkmale wie *begrifflich, biographisch, literarisch, kulturkritisch, ironisch* und *satirisch* versagen, weil sie sich *ad infinitum* weiteraufspalten und vervielfältigen ließen. „The English Essay has a multitude of forms and manners, and scarcely any rules and regulations" – dieser Globalformel, mit der der Herausgeber einer der wohl repräsentativsten englischen Essay-Anthologien sein Buch einleitet, ist definitorisch nichts wirklich Substantielles hinzuzufügen.[27]

Klassische wie moderne englische Essays folgen, was ihre morphologische Subjektivität angeht, einhellig den bekannten Maximen Montaignes, dessen *Essais* Hugo Friedrich als das zu ihrer Entstehungszeit „persönlichste Buch . . . in der Weltliteratur"[28] bezeichnet hat und die die Formlosigkeit zum Bauprinzip erhoben. Hier, in der streng gattungsterminologischen Amorphie des Essays, liegt der besondere Reiz eines textdidaktischen Ansatzes, der sich auf die Erarbeitung nachvollziehbarer Beschreibungsmodi beschränkt und den Leser anhält, wie ein Detektiv selbst dem kritisch experimentierenden Geist des Essayisten nachzuspüren und dessen Bewegungen zu analysieren, sich mithin nicht als bloßer Rezipient, sondern als kritischer Begleiter des Autors zu verstehen und im Text nicht den hehren Selbstzweck, sondern eher den Denkanstoß und den Sprechanlaß zu sehen: „Die literarische Interpretation als die dem Gegenstand angemessene wissenschaftliche Methode wird als literarische Erkenntnis didaktisch."[29] Ein textpropädeutischer Kurs, in dem dieses Verfahren praktiziert und eingeübt wird, arbeitet zwangsläufig konkret, projektorientiert und offen, wie es der Eigenart des Essays entspricht. Das Lehrverfahren wird sich dabei an fünf dem Wesen des Essays entstammenden Leitbegriffen orientieren, die in den folgenden Unterkapiteln in thematischer Bündelung zunächst jeweils an einem Textbeispiel aus dem Kommunikationsbereich der Kunst- und Sprachbetrachtung vorgestellt und anschließend an Hand weiterer Belege umfassender untersucht und aspektgerecht dokumentiert werden sollen. Dieses Verfahren erscheint geeignet, die formale Vergleichbarkeit der Betrachtungsblickwinkel zu sichern.

---

[26] Haferkamp: **a. a. O.**, 393.

[27] Williams, W. E. (Ed.): **A Book of English Essays.** Harmondsworth, [11]1964, S. 11.

[28] Friedrich, H.: **Montaigne.** Bern/München, [2]1967, S. 197.

[29] Hoffmann, W.: **Literatur in Wissenschaft und Unterricht: Eine didaktische Untersuchung.** Braunschweig, 1969, S. 172.

5. 1 Das Experiment

... it is past doubt that men have in their mind several ideas, such as are those expressed by the words whiteness, hardness, sweetness, thinking, motion, man, elephant, army, drunkenness, and others. It is in the first place then to be inquired, how [they come] by them.[30]

John Lockes Essay experimentiert mit der Sprache, um Aufschlüsse über das Wesen des Menschen zu gewinnen. Sie spiegelt seines Erachtens am ehesten dessen wahre Natur. Andere Essayisten greifen dieses Verfahren auf. Dabei wird die auktoriale Diktion durch das dem Genre eigene *understatement*, z. B. als „these scribblings of mine"[31], heruntergespielt. So entsteht der Eindruck, als interessierten allein der Akt und der Gegenstand der Recherche, nicht jedoch ihre eigentliche Niederschrift. Dennoch gewinnt der Essay seine Erkenntnisse über die menschliche Natur, ihre Wesensmerkmale und ihre positiven wie negativen Möglichkeiten durch das heuristische Verfahren der Selbstprüfung, so daß jede Aussage über andere ein Stück Selbstenthüllung bleibt:

As I am one of that sauntering tribe of mortals who spend the greatest part of their time in taverns, coffee-houses, and other places of public resort, I have thereby an opportunity of observing an infinite variety of characters, which, to a person of a contemplative turn, is a much higher entertainment than a view of all the curiosities of art or nature.[32]

Wenn also der Essay ein Experiment ist, bei dem ein Gegenstand – wie hier die *condition humaine* – hin und her gewendet, befragt, betastet, geprüft, durchdacht und in Teilaspekte zerlegt wird, so ist er doch nichts anderes als der ehrlichste Ausdruck eines kritischen Geistes, „dessen Lust am Experimentieren einfach eine Notwendigkeit seiner Seinsart, seiner Methode ist."[33] Er ist, alles in allem, ein Selbstversuch, der den Autor zwar Mühe und Überwindung kostet, ihm aber zugleich auch Befriedigung und innere Bestätigung verschafft:

It is a hard and nice subject for a man to write of himself; it grates his own heart to say anything of disparagement, and the reader's ears to hear anything of praise for him.[34]

Robert Lynd etwa, der sich – wie eingangs Locke – die Frage nach dem Ursprung menschlicher Ideen und Erfahrungen vorlegt, scheut sich nicht, bei

[30] Locke, J.: „An essay concerning human understanding". – In Gloyer, H. (Ed.): **From Locke to Hume. Selected Essays of the Eighteenth Century.** Braunschweig, 1965. Westermann **Our English Texts** Best.-Nr. 11 519, S. 5. Der in Klammern gesetzte Passus wurde, weil die leichte Verkürzung des Zitates das erforderlich machte, vom Vf. morphologisch angeglichen.

[31] Street, G. S.: „Fog". – In Weber, A. (Ed.): **Modern English Essays.** Paderborn, o. J. Schöninghs **Englische Lesebogen** Best.-Nr. 408 005, S. 27.

[32] Goldsmith, O.: „National prejudices". – In **From Locke to Hume.** S. 28.

[33] Bense, M.: „Über den Essay und seine Prosa". **Merkur** 1, 1947/48, 420.

[34] Cowley, A.: „Of Myself". – In Schütze, J. (Ed.): **Twelve English Essays from Bacon to Chesterton.** Frankfurt/Berlin/München, ³1971. Diesterwegs **Neusprachliche Bibliothek** Best.-Nr. 4039, S. 11.

dieser Gelegenheit eine seiner Hauptschwächen einzugestehen, die Vergeßlichkeit:

> I can read *Hamlet* itself and *The Pickwick Papers* as though they were the work of new authors and had come wet from the press, so much of them fades between one reading and another.[35]

Aber jede preisgegebene Erfahrung verwandelt sich im Essay in eine frische, originelle Erkenntnis, und diese Metamorphose bestätigt die Effektivität des experimentellen Prinzips: „This ignorance, however, is not altogether miserable. Out of it we get the constant pleasure of discovery."[36] So erfüllt sich der Experimentalcharakter des Essays letztlich nicht in einer definitorischen Festlegung des Untersuchungsgegenstandes selbst, sondern in der Enthüllung aller thematisch relevanten Umstände[37], und wenn sich Leigh Hunt über die Unannehmlichkeiten des winterlichen Frühaufstehens beklagt, so beschreibt er zwar durchaus ureigene Qualen beim Verlassen des warmen Pfühls, strebt dabei aber augenscheinlich zugleich einen emotionalen Identifikationsprozeß mit seinem Leser an, zu dem es ja wohl schließlich auch kommt – selbst heute noch, in der Ära der Zentralheizung:

> To get out of this state into the cold, besides the inharmonious and uncritical abruptness of the transition, is so unnatural to such a creature, that the poets, refining upon the tortures of the damned, make one of their greatest agonies consist in being suddenly transported from heat to cold, – from fire to ice.[38]

„Jedes literarische Werk", so Weinrich, „enthält das Bild seines Lesers."[39]

5. 2 Die Momentaufnahme

> A painter, if he has any genius, understands the truth and unity of design, and knows he is even unnatural, when he follows nature too close, and strictly copies life. For his art allows him not to bring all nature into his piece, but a part only. However, his piece, if it be beautiful, and carries truth, must be a whole by itself, complete, independent, and withal as great and comprehensive as he can make it.[40]

Dieser Essay des Earl of Shaftesbury erforscht den kreativen Moment, der – selbst nur Ausschnitt und Fragment – das Ganze einer stets subjektiv aufgefaßten Wahrheit zu umgreifen und zu spiegeln vermag. Demnach folgert die

---

[35] „The Pleasures of Ignorance". – In **Modern English Essays.** S. 70–71.

[36] Ebda., S. 69.

[37] Vgl. Bense: **a. a. O.**, 422.

[38] „On Getting Up On Cold Mornings". – In **Twelve English Essays.** S. 41.

[39] Weinrich, H.: „Für eine Literaturgeschichte des Lesers". **Merkur** 21, 1967, 1032.

[40] Anthony Earl of Shaftesbury: „From: Sensus Communis: An essay on the freedom of wit and humour". – In **From Locke to Hume.** S. 14.

zweite Leitidee, die eine didaktische Analyse des Essays aufzudecken hätte, unmittelbar aus dessen Experimentalcharakter. Wenn ein Kritiker die Gedankenbewegung des Essays als „den Geist in seinem beständigen Auf-dem-Wege-Sein" definiert, als „die Form, die diese unablässige Bewegung einzufangen versucht"[41], so ist damit das dem Essayisten eigentümliche Streben angesprochen, Momente zu fokussieren und – wie sonst nur der Lyriker – Augenblicke zu verewigen. Diesen Prozeß soll ein Zitat aus Gilbert Keith Chestertons *A Piece of Chalk* veranschaulichen, einem Essay, in dem der Autor seine laienhaften Zeichenversuche in einer rustikal-reizvollen Umgebung beschreibt:

When a cow came slouching by in the field next to me, a mere artist might have drawn it; but I always get wrong in the hind legs of quadrupeds. So I drew the soul of the cow; which I saw there plainly walking before me in the sunlight; and the soul was all purple and silver, and had seven horns and the mystery that belongs to all the beasts.[42]

Die heitere Selbstbeobachtung, mit der der Essayist seinen mißlungenen zeichnerischen Kommunikationsversuch belächelt, erweist sich als so ungezwungen und beiläufig, daß dem Leser fast entgeht, mit welcher Perfektion sich Chestertons graphisches Monstrum in ein imaginäres Zauberwesen verwandelt, in dem sich der rein deskriptiv nicht faßbare Reiz dieses ländlichen südenglischen Morgens zu einem poetischen Augenblick verdichtet.

Ein zweites Beispiel aus demselben Essay kann die Transfiguration trivialer Realitäten in lyrische Visionen weiter verdeutlichen. Inmitten des kreativen Rausches, der ihn erfaßt hat, vermißt der malende Dilettant plötzlich ein Stückchen schlichter weißer Kreide, sieht sein gesamtes künstlerisches Vorhaben schon auf das äußerste gefährdet, entdeckt aber schließlich schlagartig, daß er ja selbst auf einer immensen Kreidemasse steht:

And I stood there in a trance of pleasure, realizing that this Southern England is not only a grand peninsula, and a tradition and a civilization; it is something even more admirable. It is a piece of chalk.[43]

Der flüchtige Augenblick, in dem sich eine Scheinbanalität in eine originelle Erkenntnis verkehrt, verwandelt sich unversehens in eine unverlierbare Glückserfahrung. „Der Essay . . . will nicht das Ewige im Vergänglichen aufsuchen und abdestillieren, sondern eher das Vergängliche verewigen."[44]

5.3 Die Interaktion

In seinem Essay *On Actors and Acting* berichtet William Hazlitt über Mimen und deren gemeinhin gebrochenes Verhältnis zur Realität:

[41] Iser, W.: **Walter Pater: Die Autonomie des Ästhetischen.** Tübingen, 1960, S. 24.
[42] In **Twelve English Essays.** S. 61–62.
[43] Ebda., S. 63.
[44] Adorno: **a. a. O.,** S. 25.

Their life is a voluntary dream; a studied madness. The height of their ambition is to be *beside themselves*. To-day kings, to-morrow beggars, it is only when they are themselves, that they are nothing.[45]

Der Autor vertritt dabei die These, daß eigentlich jeder Mensch nur in angenommenen Identitäten, in der Maske von Fremden, vor den Augen anderer und durch das ritualisierte Wechselspiel der Worte und Gesten jene Identität finden könne, die seine an sich existentielle Isolation ihm stets aufs neue zu rauben drohe. In diesem Sinne verbünden sich im Essay Autor und Leser zu einer intellektuellen Maskerade. Tatsächlich sind es das permanente Kontaktangebot, der Aufruf zur Solidarisierung sowie die Provokation zum Protest, die Essays verschiedenster Thematik und Herkunft über alle formalen Unterschiede hinweg als strukturverwandte Texteme ausweisen. „There is only one thing more foolish than going to hear a lecture and that, of course, is giving a lecture"[46] – das ist eine deutliche Absage an den dozierenden Monolog und eine drängende, wenn auch immanente Einladung zum vertrauten Zwiegespräch und zur klärenden Diskussion. Nicht umsonst dient diese Herausforderung zur persönlichen Stellungnahme dem mit *Lectures* betitelten Essay John B. Priestleys ausgerechnet als *Einleitung,* wie denn überhaupt die treffsichere, antithetische Formulierung als ein Merkmal des essayistischen Auftaktes gelten kann.[47] Der Autor will seine Leser zur Parteinahme und zur geistigen Mitarbeit förmlich nötigen. Kommunikation im Essay ist – textdidaktisch gesprochen – soziale Interaktion aller an der Produktion und Rezeption einer literarischen Vorlage Beteiligten. William Butler Yeats hat in seinem Essay *Emotion of Multitude* diese Wechselbeziehung durch einen Hinweis auf Shakespeares *Lear*-Handlung veranschaulicht, in der der Dichter mit dem Doppelmotiv der undankbaren Kinder die ersten Glieder einer schier endlosen Assoziationskette schmiedet, die sein Publikum seither, je nach Zeit, Stand, Erfahrung, Phantasie und Belieben, verlängert hat:

We think of King Lear less as the history of one man and his sorrows than as the history of a whole evil time. Lears's shadow is in Gloster, who also has ungrateful children, and the mind goes on imagining ofter shadows, shadow beyond shadow till it has pictured the world.[48]

Die Eigenart des Motivs und seiner Darbietung lösen eine kommunikative Kettenreaktion auf seiten des Publikums aus, deren Kontrolle weder intendiert noch überhaupt möglich ist und die deshalb als gänzlich unmanipuliert bezeichnet werden darf.[49] Der literarische Gegenstand, der diesen Prozeß in Gang

[45] In **Twelve English Essays**. S. 36.

[46] Priestley, J. B.: „Lectures". – In Voigt, I. (Ed.): **British Essays**. Bielefeld, o. J. Cornelsen-Velhagen & Klasing Best.-Nr. 5623, S. 34.

[47] Vgl. Haferkamp: **a. a. O.**, 398.

[48] In **British Essays**. S. 25.

[49] Vgl. den Essay „Words and Behaviour" von Aldous Huxley. – In **Modern English Essays**. S. 34: „Words form the thread on which we string our experiences."

setzt, ist dabei – für sich genommen – von ebenso sekundärer Bedeutung wie die Entstehungszeit des Textes. Aldous Huxley bemerkt dazu ironisch:

> Where Homer wrote of horses and the tamers of horses, our contemporaries write of trains, automobiles, and the various species of wops and bohunks who control the horse-power.[50]

Entscheidend für den spezifisch essayistischen Kommunikationsprozeß ist das Phänomen, daß sich in ihm das aus der Literaturanalyse geläufige Dreiecksverhältnis von Produzent, Produkt und Konsument besonders eng gestaltet, wobei die Eckpunkte der Figur stets ihrem geometrischen Zentrum zudrängen und in kulturkritischen Essays bisweilen nahezu Deckungsgleichheit erzielen, so wie sich das in Thomas Stearns Eliots *Definition of Culture* beobachten läßt:

> The term *culture* has different associations according to whether we have in mind the development of an *individual*, of a *group* or *class*, or of a whole *society*. It is part of my thesis that the culture of the individual is dependent upon the culture of a group or class, and that the culture of a group or class is dependent upon the culture of the whole society to which that group or class belongs.[51]

Autor, Adressat und Betrachtungsgegenstand finden sich hier auf der Suche nach der eigenen Identität in einem variablen Konvergenzpunkt. Doch das ist ein Extremfall. In aller Regel bemüht sich der Essay eher um jene schöpferische Spannung, die aus der Divergenz der Ansätze rührt, ihre potentielle Vereinbarkeit vorausgesetzt. Wenn Priestley das literarische Porträt eines Aquarellmalers zeichnet, so deshalb, weil er weiß, daß er zwar selbst dessen naives Schaffensglück niemals teilen könnte, weil er aber zugleich den unwiderstehlichen Drang verspürt, seinem Publikum die erstaunliche Existenz einer derartigen Reinheit inmitten einer kommerzialisierten Zeit vorzustellen und es so zum Nachdenken anzuhalten:

> His art is such that he may remain as simple as a child and yet create fine work; and, indeed, I cannot help feeling that water-colour demands a simple, unsophisticated soul, filled with happy wonder and content to mirror the beauty of the world, without asking questions and tormenting itself; it is a form of art that might have come out of Eden, and perhaps has never left it.[52]

Die persönliche Betroffenheit, die diese Zeilen auslösen, ist ein aktives Echo des Lesers und erklärt sich aus dem kommunikatorischen Grundkonzept des Essays: „Nichts läßt sich herausinterpretieren, was nicht zugleich hineininterpretiert wäre."[53]

---

[50] Huxley, A.: „Subject-Matter of Poetry". – In: **Modern English Essays.** S. 52.
[51] In **British Essays.** S. 30.
[52] „The Artist". – In **Modern English Essays.** S. 60–61.
[53] Adorno: **a. a. O.,** S. 12.

5. 4 Die Hinterfragung

If *Hamlet* is to be interesting to a really modern reader, it must first be translated into the language of Marx or of Freud, or, better still, into a jargon inconsistently compounded of both.[54]

Wenn diese ironische Randbemerkung zum modernen Kulturbetrieb ausgerechnet von einem ‚Systemüberwinder' wie Bertrand Russell stammt, so mag das überraschen und dadurch zeigen, wie der Essay dem Abbau von Klischees und Vorurteilen dienen kann. Wie der Philosoph Russell, so steht eigentlich jeder Essayist als Typ zwischen den Klassen und als Zeitgenosse zwischen den Zeiten. Sein Ort ist dort, wo sich die offenen oder stillen Revolutionen vollziehen, jene Umschichtungsprozesse, die die Zukunft vorbereiten.[55] Dementsprechend muß ein textdidaktischer Ansatz, der dem Essay gewidmet ist, sich vor allem auch mit dessen kritischem Charakter auseinandersetzen und die eindrucksvolle Bandbreite seiner Distanzierungstechniken aufzeigen. Wenn Charles Lamb in *The Convalescent* vom Kranken behauptet: „He changes *sides* oftener than a politician"[56], so ist das bereits eine zwar noch bildhaft kaschierte, darum in ihrer Ironie jedoch nicht minder wirkungsvolle Kritik an den gesellschaftlichen Verhältnissen nicht nur des 19. Jahrhunderts. Die Spöttelei hat einen durchaus ernsthaften Hintergrund. Aldous Huxley, ein Autor der Moderne, vertritt das gleiche Anliegen wesentlich direkter, wenn er die Sprachkosmetik geißelt, die lebendige Menschen durch totes Material ersetzt: „In place of ‚cavalrymen' or ‚foot-soldiers' military writers like to speak of ‚sabres' and ‚rifles'."[57] Die kritische Sprachphilosophie, mit der der Autor diese Manipulationsmechanismen motiviert, fordert zur Diskussion heraus:

... language is, among other things, a device which men use for suppressing and distorting the truth. Finding the reality of war too unpleasant to contemplate, we create a verbal alternative to that reality, parallel with it, but in quality quite different from it.[58]

Selbst vor der geheiligten Schwelle der Nationalsprache macht der Essay nicht halt; sein innerstes Formgesetz ist nun einmal die Ketzerei.[59] Max Beerbohm zögert nicht, der eigenen Muttersprache Züge semantischer und syntaktischer Absurdität zuzuschreiben und ihr (mitsamt einem Großteil ihrer Autoren) Sprödigkeit und Präzisionsmangel vorzuhalten: „English is an immensely odd

---

[54] Russel, B.: „On Being Modern-minded". – In Auerbach, R. (Ed.): **Bertrand Russel: Unpopular Essays.** Frankfurt/Berlin/München, ⁴1970. Diesterwegs **Neusprachliche Bibliothek** Best.-Nr. 4084, S. 15.

[55] Vgl. Bense: **a. a. O.,** 420.

[56] In **Twelve English Essays.** S. 31.

[57] „Words and Behaviour". – In **Modern English Essays.** S. 36.

[58] Ebda., S. 35.

[59] Vgl. Adorno: **a. a. O.,** S. 49.

and irregular language", "it is accounted very difficult by even the best foreign linguists", "even among native writers there are few who can so wield it as to make their meaning clear without prolixity."[60]

Die kritischen Aussagemodi des Essays beschränken sich freilich keineswegs auf die Bereiche der Politik, der Sprache und des eigenen Idioms. Auch die britische Nation selbst wird nicht verschont: ihre historische Entwicklung, ihre wesentlichen soziologischen Gliederungen, der Geist und die Praxis ihrer politischen Institutionen. Der Essay als eine in weiten Bereichen durchaus expositorisch angelegte Spezies bietet hervorragende Möglichkeiten, Abiturienten oder Studienanfänger mit diesen kritisch gefilterten landeskundlichen Fragestellungen zu befassen, ohne *rein* literarische Formen wie den Roman, die Kurzgeschichte oder das Drama unter dem Druck sachfremder curricularer Zwänge in diesem Sinne ihren ästhetischen Bestimmungen zu entfremden – eine leider immer wieder geübte Praxis, vor der Hüllen zu Recht warnt.[61] In seinem Essay *Remarks on the English, by the Indian Kings* aus dem *Spectator* geht Joseph Addison[62] von der Fiktion aus, vier indische Könige hätten anfangs des 18. Jahrhunderts eine Rundreise durch Großbritannien unternommen, und er sei über einen Mittelsmann in den Besitz eines Schriftstückes gelangt, in dem die Exoten ebenso unbefangen-naiv wie kritisch ihre Eindrücke von Land und Leuten schildern: Beschreibungen bekannter Bauwerke wie St. Paul's Cathedral und amüsante Mutmaßungen über deren Entstehung wechseln mit Impressionen von monströsen "Tiergattungen" in Menschengestalt namens *Whigs* und *Tories,* die nach den Auskünften parteigängerischer englischer Dolmetscher beachtliche – und natürlich jeweils verschiedene – Teile der britischen Bevölkerung drangsalieren und kujonieren, Menschen übrigens, deren Haartracht nicht weniger barbarisch ist als die Gesinnung ihrer Peiniger, "a monstrous bush of hair, which covers the heads, and falls down in a large fleece below the middle of their backs, and with which they walk up and down the streets."[63] Und da nach Adorno die schlechtesten Essays nicht weniger konformistisch sind als die schlechten Dissertationen[64], sei hier noch ein Zitat aus einem in jeder Hinsicht besonders nonkonformistischen Essay von Dorothy Sayers angeführt, dem man auch fast dreißig Jahre nach seiner Niederschrift und im Zeitalter der damals gar nicht absehbaren EG uneingeschränkte Aktualität attestieren darf:

> Everybody – even the British themselves – must have noticed the effect produced by this country upon the more staid and serious peoples of the continent – and, indeed, of any continent: it is precisely that mixture of

---

[60] "On Speaking French". – In **Twelve English Essays**. S. 55.
[61] A. a. O., S. 372–373.
[62] In **From Locke to Hume.** S. 23–27.
[63] Ebda., S. 26.
[64] Adorno: a. a. O., S. 15.

startled recoil, affronted dignity, nervous irritation, reluctant amusement and apprehension about what is going to happen next which characterises the person who has walked through a harmless-looking door and received a bucket of water on his head.[65]

Gerade in derartig kritischen Passagen beweist der Essay seine gattungsspezifischen Qualitäten und seinen künstlerischen Rang: „Es kennzeichnet . . . die Literatur, daß sie nicht affirmativ ist, und wenn immer sie Bestehendes oder Gegebenes bestätigt, wird sie trivial."[66]

5. 5 Die Stilschulung

The canvas grinned in helplessness before me. The spell was broken. The sickly inhibition rolled away. I seized the largest brush and fell upon my victim with Berserk fury.[67]

Die strategische Metaphorik und die militärisch knappe Syntax dieses Zitats enthüllen hinlänglich das immanente Selbstverständnis seines Autors, des malenden Essayisten, Staatsmannes und Soldaten Sir Winston Churchill. Stilistische Mustertexte dieser Art fordern den Didaktiker geradezu heraus, sich dem Problem der Motivation im Literaturunterricht offen zu stellen und es dadurch – um in Churchills Bild zu bleiben – zu „entschärfen". So stellt sich die Frage, weshalb derartig situative Möglichkeiten einer exemplarischen Stilschulung auch heute noch allenfalls sporadisch in das Unterrichtsgeschehen einbezogen werden, da doch schon an der Schwelle der sechziger Jahre sonst eher kontrovers eingestellte Kritiker die einhellige Auffassung vertraten, die überwiegende Lektüre von *short stories*, speziell amerikanischer Herkunft, berge die Gefahr des stilistischen *unteaching*[68] und bedürfe des ausgleichenden Einflusses durch andere Textformen. Nun sind die stilbildnerischen Qualitäten des Essays in diesem Sinne niemals umstritten gewesen, und dementsprechend gesichert müßte eigentlich sein curricularer Stellenwert sein. Es steht außer Zweifel, daß seine Lektüre, schon auf Grund der auch in den Anthologien deutscher Verlage zumeist recht hoch zu veranschlagenden Schwierigkeitsdeterminanten *Steilheitsgrad* und *Wortdichte,* die sprachlichen Kenntnisse und Fertigkeiten der Schüler in den Abschlußklassen der Kollegstufe und in den Anfangssemestern der Hochschule wirksam fördert. Zudem eignet sich der Essay auf Grund der ihm eigenen markanten Formulierungen besonders dazu, auch anspruchsvolle Satzbaumuster einzuschleifen. Die meisten der in diesem Aufsatz verwendeten Zitate dürften diese These hinreichend belegen (vgl. z. B.

[65] Sayers, D. L.: „The Gulf Stream and the Channel". – In **Modern English Essays.** S. 13.

[66] Iser: „Postscriptum", 2. 106.

[67] Churchill, W. S.: „Painting as a Pastime". – In **A Treasury.** S. 41.

[68] Vgl. u. a. Schröder, A.: „Zur Lektüreauswahl im Englischen". **Die Neueren Sprachen** 57, 1958, 552–566; Schrey, H.: „Noch einmal: Zur Lektüreauswahl im Englischen". **Die Neueren Sprachen** 58, 1959, 134–138; Schröder, A.: „Zur Lektürenauswahl im Englischen. Eine Antwort". **Die Neueren Sprachen** 58, 1959, 275–277.

Leigh Hunt, *On Getting Up On Cold Mornings*). Der englische Essay, der hinsichtlich seiner sprachlichen Präzision höchsten Anforderungen zu genügen sucht und praktisch alle Stilebenen und Wortfelder von der Literatur und der bildenden Kunst über die Philosophie bis hin zu den Alltäglichkeiten des Lebens abdeckt, dient in hervorragender Weise der funktionalen Erziehung und Fortbildung[69], fördert als Textvorlage den Spracherwerb in fortgeschrittenen Lernstadien und schult als Diskussionsgrundlage die Sprechfertigkeit von *non-native speakers.*

Der Essay ist aber nicht nur in der praktischen Stilschulung von Bedeutung; auch auf dem kognitiven Sektor eröffnet er zahlreiche Möglichkeiten, an Hand praktischer Beispiele in Grundbegriffe der Rhetorik, Metaphorik und Topik einzuführen. Formulierungen wie „all *beauty is truth*"[70] oder „the end of history is the establishment of truth"[71] kennzeichnen als Aphorismen die lockere Reihung der Gedanken des Essays im Sentenzenstil und seine Neigung, eher auf glättende Übergänge als auf den Überraschungseffekt zu verzichten. Francis Bacons Essay *Of Studies* liebt die Triade: „Crafty men contemn studies, simple men admire them, and wise men use them."[72] Charles Lambs Essay *The Convalescent*[73] kann der Demonstration des Paradoxons dienen, ein ganzes Wortfeld vorstellen („regal solitude", „to lord", „kinglike", „servant", „errand", „monarchal prerogatives", „ministry", „pristine", „scene of regalities") und die der offenen Form eigene vagabundierende Gedankenbewegung veranschaulichen: „If there be regal solitude, it is a sick bed. How the patient lords it there; what caprices he acts without control! how kinglike he sways his pillow – . . ." – das sind die herrschaftlichen Triumphstunden eines Mannes, der sich schließlich – ‚leider' wieder genesen – als „the lean and meagre figure of your insignificant Essayist" von seinen Lesern verabschiedet.[74]

Nicht minder interessant ist es zu zeigen, wie eine Antimetabole mit einer idiomatischen Wendung verschmilzt, wenn G. K. Chesterton von seinem mißglückten Versuch berichtet, weidende Kühe zu zeichnen:

> But though I could not with a crayon get the best out of the landscape, it does not follow that the landscape was not getting the best out of me.[75]

Und wer Gestalt und Funktion von Bild, Metapher und Vergleich augenfällig darlegen will, der braucht unter diesem Aspekt nur den folgenden Satz Charles Lambs zu analysieren, der sich aller dieser rhetorischen Figuren gleichzeitig

---

[69] Vgl. Kracht: a. a. O., S. 150.
[70] Anthony Earl of Shaftesbury: „From: Sensus Communis: An essay on the freedom of wit and humour". – In **From Locke to Hume.** S. 4.
[71] Belloc, H.: „On the Method of History". – In **Modern English Essays.** S. 62.
[72] **British Essays.** S. 9.
[73] **Twelve English Essays.** S. 31–35.
[74] Ebda., S. 31 und 35.
[75] „A Piece of Chalk". – In **Twelve English Essays.** S. 62.

bedient, um den krassen Egoismus Kranker selbst mitfühlenden Freunden gegenüber zu demonstrieren:

> He has put on his strong armour of sickness, he is wrapped in the callous hide of suffering, he keeps his sympathy, like some curious vintage, under trusty lock and key, for his own use only.[76]

Wie ein auf den 20. April 1710 datierter Beitrag Richard Steeles für die von ihm edierte moralische Wochenschrift *The Tatler* mit dem Titel *The region of liberty*[77] zeigt, in dem der Ich-Erzähler im Rahmen einer Traumallegorie den Göttinnen *Liberty, Eloquence, Commerce* und einer Fülle anderer Gestalten begegnet, kann der Essay sogar in diese so spezielle literarische Darstellungsform einführen, die für junge, literarisch noch ungeschulte Leser auf Grund unseres Weltbildes einer besonders einfühlsamen propädeutischen Vorstellung bedarf. Eine spätere Lektüre etwa des *Roman de la Rose*, von *Piers Plowman* oder der *Faerie Queene* kann durch ein Studium dieses kurzen Essays formal nachhaltig vorbereitet und erheblich erleichtert werden.

Abschließend sei noch auf Jonathan Swifts *A Meditation upon a Broomstick* hingewiesen, einen Essay, dessen Komik rein stilistisch begründet ist, weil seinem denkbar banalen Gegenstand ein geradezu gewaltiger semantischer und syntaktischer Aufwand gewidmet wird:

> This single stick, which you now behold ingloriously lying in that neglected corner, I once knew in a flourishing state in a forest; it was full of sap, full of leaves, and full of boughs, but now in vain does the busy art of man pretend to vie with nature, by tying that withered bundle of twigs to its sapless trunk; it is now at best but the reverse of what it was, a tree turned upside down, the branches on the earth, and the root in the air; it is now handled by every dirty wench, condemned to do her drudgery, and, by a capricious kind of fate, destined to make other things clean, and be nasty itself; at length, worn out to the stumps in the service of the maids, it is either thrown out of doors, or condemned to the last use of kindling a fire.[78]

Der Besen – Emblem des Baumes, der auf seiner Krone steht; der Mensch – Krone der Schöpfung – Metapher dieses Besens: „When I beheld this, I sighed, and said within myself: Surely mortal man is a broomstick!"[79] Beide sind essayistische Topoi der ‚verkehrten Welt' und der *condition humaine* schlechthin.

6. Zusammenfassung

Fünf didaktische Orientierungsmarken kennzeichnen demnach einen propädeutischen Kurs, der sich mit dem Essay befaßt:

---

[76] „The Convalescent". – In **Twelve English Essays**. S. 32.
[77] **From Locke to Hume**. S. 18–22.
[78] **British Essays**. S. 10–11.
[79] Ebda., S. 11.

1. der Nachvollzug fremder Gedanken
2. die Beschreibung subjektiver Erkenntnisse
3. der Versuch ihrer Objektivierung durch die Diskussion und das persönliche Engagement der Textrezipienten
4. die kritische Positionshinterfragung *aller* am Produktions- und Rezeptionsprozeß beteiligten Personen, Stoffe und Motive
5. die angemessene sprachliche Darstellung dieses Gesamtprozesses und die analysierende Darstellung der im Kodierungsvorgang verwendeten stilistischen Mittel.

Textproduzenten und Textrezipienten entwicklen sich in diesem Verfahren in mehrfacher Hinsicht zu Partnern: sie experimentieren, sie zweifeln, sie spielen, sie kommunizieren – und sie tun dies genau dort, wo die Gewichte der Meinungen noch unbestimmt sind, im Schnittpunkt von Vergangenheit und Zukunft, von Idee und Realisation, von Esoterik und Deftigkeit. Und so versteht sich denn auch der Essay: ‚Kleinkunst' mit dem Drang zur Perfektion.

Once I planned to write a book of poems entirely about the things in my pocket. But I found it would be too long; and the age of the great epics is past.[80]

---

[80] Chesterton, G. K.: ,,A Piece of Chalk". – In **Twelve English Essays.** S. 61.

Helmut Meyer, Vechta

Englischsprachige Essays
in deutschen Schulausgaben

1. Textauswahl

Kein Zweifel, die Dominanz reiner Sachtexte im Englischunterricht der Sekundarstufe I entspricht dem derzeitigen fachdidaktischen Diskussionsstand. Der rechtfertigt jedoch nicht zugleich die verbreitete Praxis, unmittelbar nach dem Übergang in die Sekundarstufe II zum literarischen *back-lash* anzusetzen, den Begriff *Schullektüre* zu *short story* zu verkürzen und damit ohne Not andere Varianten und mögliche Unterrichtsmodelle zwischen den Extremen auszuklammern. Eine dieser möglichen Alternativen soll hier kritisch vorgestellt werden, denn immerhin bieten die deutschen Schulbuchverlage derzeit acht verschiedene Essay-Editionen[1] für die Englischkurse der gymnasialen Oberstufe an. Damit ließe sich problemlos über 87 verschiedene Essays von 59 namentlich genannten und zwei anonymen Autoren verfügen – ein breites Angebot, das jedoch nur unzureichend wahrgenommen wird. Auf der Suche nach denkbaren Gründen für das schulisch schwache Interesse am englischsprachigen Essay vermittelt schon eine kleine Synopse der in den acht Anthologien am häufigsten abgedruckten Autoren erste Erkenntnisse: B. Russell ist mit fünf Essays vertreten, J. Addison und A. Huxley werden viermal berücksichtigt, H. Belloc, D. Hume, Ch. Lamb, J. Locke, R. Steele erscheinen dreimal, F. Bacon, G. Chesterton, O. Goldsmith, R. Lynd, H. L. Mencken, J. B. Priestley, P. B. Shelley und J. Swift finden sich jeweils zweimal. Das Übergewicht des literarischen bzw. philosophischen *establishment* läßt sich angesichts der übrigen, nur einmal präsenten Essayisten kaum verleugnen. A. Huxley, H. L. Mencken und J. B. Priestley allein vermögen den Eindruck der Historizität nicht maßgeblich zu schwächen, und wenn derselbe Essay O. Goldsmiths (*National Prejudices*) in gleich drei verschiedene Editionen aufgenommen wird (CVK, DIESTERWEG 2, WESTERMANN) und sich auch F. Bacons *Of Studies* immerhin zweimal findet (CVK, DIESTERWEG 2), so zeugt das dafür, daß den deutschen Schulbuchverlagen in ihren Auswahlstrategien dem englischen Essay gegenüber eben jene Experimentierfreudigkeit abgeht, die diese literarische Gattung vor anderen Textsorten auszeichnet. Dieser Widerspruch zehrt an der Motivation der Schüler, die im Englischunterricht mit Essays arbeiten und durch sie aktiviert werden sollen.

Eine reihende Auswahl, die in ihrer Gesamtheit *in nuce* die Formtraditionen der englischen Essayistik von den Anfängen bis zur Gegenwart in historischer Perspektive spiegeln will, mißversteht die Aufgaben einer Schullektüre. So begibt sich die Anthologie von WESTERMANN, die diese Konzeption verfolgt, wesentlicher didaktischer Möglichkeiten, denn sie versucht, literarische und literaturästhetische Begrifflichkeiten und Ordnungsschemata zu vermitteln, wo es gälte, die Schüler über eine motivierende Textauswahl anzuregen, die Essays selbst zu befragen, angeschnittene Themen fortzuentwickeln, offen zu diskutieren. Ohnehin beweist schon die alphabetische Auflistung einiger geläufiger Umschreibungen, wie glatt sich der Essay terminologischen Festlegungen entzieht: *anecdote, article, causerie, ephemera, fantasy, feuilleton, impressions, miscellany, paper, satire, reverie.* HIRSCHGRABEN argumentiert schulbezogener und fordert, der Essay solle in erster Linie anregen und bereichern und nur in zweiter Linie literarhistorische Kenntnisse vermitteln (*Einführung,* S. 6), aber auch diese didaktische Überlegung ließ lediglich den zaghaften Versuch zu, die Schulung der kommunikativen Kompetenz an die Vermittlung literaturpropädeutischer Kenntnisse anzubinden. Auch SCHÖNING 2 löst sich nur unzureichend aus dem Schatten der Literaturwissenschaften. Die Tatsache, daß der Essay – wie in England – auch in den Vereinigten Staaten als „bevorzugte literarische Gattung" gilt (*Einführung,* S. 4), liefert allein keine hinlängliche didaktische Begründung für das Ansinnen, die Schüler der Sekundarstufe II mit Namen wie B. Franklin, Th. Paine und A. Hamilton zu befassen. Letztlich bleibt, analysiert man die Zielvorstellungen der Anthologien, als gemeinsamer Nenner nur der landeskundliche Ansatz: DIESTERWEG 1 präsentiert „three rather constructive essays" als einen Beitrag zur philosophischen und politischen Bildung „by reason of their author's [Russell's] typically English advocacy of common sense and toleration" (*Foreword,* S. 3); SCHÖNINGH 1 möchte dem Leser weite Gebiete englischen Lebens nahebringen, ihm englische Wesensart erschließen, seinen Blick weiten, Kenntnisse vermitteln und zu Erkenntnissen führen (*Einführung,* S. 4–5); SCHÖNINGH 2 bemüht sich, merklich vager, nur noch um gewisse Eindrücke von der thematischen Vielfalt der essayistischen Kunstform (*Einführung,* S. 4). CVK scheut Zielangaben ganz und begründet den literarhistorisch-landeskundlichen Mischcharakter der vorgelegten Anthologie allein vom Adressatenmodell her: der Essay sei „flexible and adaptable to contemporary spirit so that there is no reason to expect a decline of its importance as long as writers seek to express their thoughts" (*Introduction,* S. 7). Inhaltlich bemüht sich die Lektüre um einen umfassenden Wirklichkeitsausschnitt in subjektiver Spiegelung: Bildung, Literatur, Vorurteilsforschung, Gesetzgebung. Auch sie verfolgt letztlich ein formales Lernziel, dem sich die inzwischen zu den *classics* zählende englische PENGUIN-Edition[2] schon im Jahre 1951 verpflichtete, und das dort als „a sense of moral purpose" figuriert, „a zeal to edify and clarify our thoughts upon a thousand different themes" (*Introduction,* S. 15).

Es überrascht, daß keine deutsche Schuledition den englischen *approach* zu einem eigenständigen didaktischen Ansatz fortentwickelt hat, wie sich das anböte. Nach wie vor fehlt, was den Essay anbelangt, ein Arbeitsheft, das ein konsequent konzipiertes Kursprogramm für den Englischunterricht der Sekundarstufe II bereitstellt, eine Sammlung jenseits der üblichen Florilegien mit Beiträgen, die sich primär unter dem Aspekt der Vertextungsstrategie erörtern ließen. Eine solche Lektüre könnte durchaus eine differenzierte, analytische Begegnung mit den mannigfaltigen Spielarten schriftstellerischer Wirklichkeitserfahrung und -bewältigung ermöglichen. An Texten mangelt es nicht. Anstatt die Schüler vergeblich nach einer ,,gültigen Formel" fahnden zu lassen, sollte man sie zu J. B. Priestleys lächelnder Erkenntnis führen, ,,that the essay is the kind of composition produced by an essayist".

Anachronistischer noch als verkrampfte Definitionsversuche nehmen sich Strömungen aus, die dem Essay eine Existenzkrise andichten möchten, bizarr besonders dann, wenn derartige Mutmaßungen ausgerechnet in der Einleitung einer einschlägigen Schulausgabe angestellt werden: ,,the political and social unrest of our age is not favourable to a kind of literature which deals with the trifles of everyday life" (DIESTERWEG 3, *Introduction*, S. 7). Dem Urheber dieser Diagnose dürfte entgangen sein, daß die Familienserien jeglicher Couleur sich mit eben diesen *trifles* befassen und gerade deshalb in Großbritannien, den Vereinigten Staaten und auch in der Bundesrepublik zu den beliebtesten Standardprogrammen der Medien zählen. Es scheint wohl auch so etwas wie ,,a self-defeating prophecy" zu geben . . .

2. Texteinleitung

Die Einleitungen einiger der besprochenen Schulausgaben sind in einem doppelten Sinne ,,Kapitel für sich", wenden sie sich doch in erster Linie an die Schüler, nicht an deren Lehrer. Es obliegt ihnen, anfängliche Hemmungen zu überwinden, die Scheu vor der Sprachbarriere zu mindern und Skepsis in Neugierde, Erwartung vielleicht, zu verwandeln. Wie aber soll ein Vorwort einstimmen und motivieren, wenn es eher einen Humanisten anspricht, weil es faktenbeflissen und dazu z. T. auch noch auf deutsch ,,Bildungsgüter" ankündigt? HIRSCHGRABEN verweist auf die fast vierhundertjährige Geschichte der Gattung und stempelt den Essay als ,,unnachahmlich[es], charakteristisches Erzeugnis britischer Geisteshaltung" ab, in seiner Thematik ,,so unerschöpflich wie das Leben selbst", ein ,,Spiegel für Lebensgefühl und Betrachtungsweise der Briten" (*Einführung*, S. 5–6).

DIESTERWEG 2 geht von der Renaissance aus und addiert über F. Bacon, A. Cowley, R. Steele und J. Addison hinaus eine Fülle von Namen und literaturgeschichtlichen Einzelheiten, die sich schließlich in einem resignierten ,,more names could of course be given" (*Introduction*, S. 6) erschöpfen. Doch es gibt auch Gegenbeispiele. SCHÖNINGH 1 konzentriert sich unverzüglich auf die Gegenstände und Erscheinungsformen der tatsächlich abgedruckten Essays und beschränkt den einleitenden Abriß auf eine phänomenologische Sicht der

Moderne. Dieser Vorspann wird bei den Sechzehn- bis Achtzehnjährigen am ehesten den gerne zitierten „geneigten Leser" finden. Die englischen *Introductions* bzw. *Forewords* passen sich – eigentlich eine Selbstverständlichkeit – dem einsprachig geführten Unterricht an, wobei allerdings ein ideengeschichtlich-biographischer Abriß der Essayistik, so wie ihn WESTERMANN den jungen Lesern zumutet, deren Kapazität deutlich überfordert, sprachlich ebenso wie intellektuell. Hätte sich der Verf. nur selbst an den Merkmalen jenes Stilideales orientiert, das er J. Addison und R. Steele zuschreibt: „efforts to be intelligible to all and, at the same time, to be entertaining to the average reader" (*Introduction*, S. 3). Doch auch bei CVK fallen die einleitenden Bemerkungen zu abstrakt aus. Mit bloßen Namen wie J. Addison, R. Steele, D. Defoe, O. Goldsmith, Ch. Lamb, W.Hazlitt, L. Hunt und Th. de Quincey werden Schüler wenig anzufangen wissen. Statt mit bloßen Nennungen zu verwirren, hätte die Verf. besser ihre Abschlußthese vorangestellt und an Hand bündiger, motivverwandter Belege aus zeitverschiedenen Texten erhärtet und kommentiert: „Like other literary types, the essay changes and reappears in new forms characteristic of each age" (*Introduction*, S. 7). Ein derartiges Informationsverfahren veranschaulicht und führt unmittelbar in die Textauswahl ein, deren Prinzipien es beiläufig offenlegt. Zudem erweist es sich erfahrungsgemäß nicht nur als effektiver; es ist auch ehrlicher, weil es den fast schon erwachsenen Schüler, der ja angesprochen werden soll, offen zu engagieren sucht. Kurzbiographien, wie sie auch DIESTERWEG 3 in der Einleitung abdruckt, könnten in den Anhang verwiesen werden, wo man sie am ehesten sucht. Sinnvolle Einstiegshilfen bieten Perspektiven, die die historische Dimension des Essays an dessen *aktuellen* Stand anbinden: Der Hinweis, daß die heute noch erscheinenden Periodika *Harper's Magazine* und *The Atlantic Monthly* seit mehr als 120 Jahren im wesentlichen Essays publizieren (DIESTERWEG 3, *Introduction*, S. 4–5), weckt Interesse und verlangt nach Klärung. Die eigentliche Arbeit mit den Texten kann beginnen.

3. Texteinordnung

Mit Ausnahme von DIESTERWEG 1 erheben alle derzeit verfügbaren deutschen Schulausgaben englischsprachiger Essays den mehr oder minder deutlichen Anspruch, als repräsentativ gelten zu können: „Diejenigen [Essayisten], die in dieser Sammlung zu Wort kommen, mögen für die übrigen stehen" (SCHÖNINGH 2, *Einführung*, S. 4). Eine derartige Absichtserklärung läßt sich weder numerisch noch biographisch oder auch nur thematisch einlösen. Enzyklopädisch anmutende Listen gestehen das indirekt auch ein: „Natur, Landschaft, Geschichte, Volkscharakter, Freundschaft, Gemeinschaft, Staat, Sprache, Dichtung, die Künste, die Wissenschaften, unsere Existenz" (SCHÖNINGH 1, *Einführung*, S. 4). Ein Herausgeber muß klare Prioritäten setzen. Gerade deshalb aber befremdet es, wenn die in der Kritik einmütig als die bedeutendsten Essayisten der in den achtziger Jahren des 19. Jahrhunderts geborenen Generation eingestuften Autoren T. S. Eliot, V. Woolf und D. H.

Lawrence überhaupt nicht in den Schulausgaben vertreten sind, wenn man einmal von dem Eliot-Essay „Definition of Culture" (CVK, S. 30–32) absieht. Es sollte den Verlagen nicht schwerfallen, hier zeitgemäßer zu verfahren.

Die thematische Bündelung der Essays bei HIRSCHGRABEN („Of Arts and Refinements", „Of England in Various Moods", „Of Pastimes, Pleasures, and the Great Miracle") und sinngemäß auch in den beiden SCHÖNINGH-Ausgaben folgt dem Vorbild englischer Anthologien und begünstigt einen problemorientierten Unterrichtsstil, wie ihn die reformierte Oberstufe fordert. Wortfelder, Zusammenhänge und Vergleiche strukturieren sich organisch vor, während es bei der in den übrigen Ausgaben praktizierten chronologischen Reihung der Beiträge dem Zufall oder der Geschicklichkeit des Lehrers überlassen bleibt, mögliche Beziehungen zu entdecken und unterschiedlich zu erschließen. Der Praktiker wird von einer Schulausgabe einschlägige didaktische Vorarbeiten erwarten, die ihm, ohne ihn zu binden, Ansätze aufzeigen, die den stofflichen Einstieg erleichtern. Generell fällt auf, daß die PENGUIN-Auswahl, die seit 1942 vielfach wiederaufgelegt wurde, wohl alle deutschen Schulausgaben nachhaltig beeinflußt und vorgeprägt hat und mit dem Schatten ihres Erfolges die Initiativen der deutschen Verlage und Herausgeber über Gebühr gelähmt zu haben scheint. Insgesamt lassen sie, was die britische Literatur anbelangt, mit M. Beerbohm, W. S. Churchill, T. S. Eliot, Th. Huxley, B. Russell, D. Sayers, G. Street und W. B. Yeats lediglich acht Autoren zu Worte kommen, die in der seit nunmehr einem Vierteljahrhundert unveränderten Edition von W. E. Williams enthalten sind. Dagegen werden zwölf der bei PENGUIN berücksichtigten Autoren auch in die deutschen Schulausgaben übernommen, häufig sogar mit mehr als einem Beitrag. Ohne dabei einem falschen Aktualitätsdruck nachzugeben, müßte man hier mehr Mut und Originalität entwickeln. In diesem Zusammenhang stimmt es immerhin zuversichtlich, daß sich gerade die jüngsten deutschen Editionen (CVK und SCHÖNINGH 1) auch als die unabhängigsten erweisen. Dennoch reicht das derzeitige Angebot an neueren und neuesten Texten nicht aus. Essays wie *Dull London* von D. H. Lawrence, *Shooting an Elephant* von G. Orwell oder *The Master* von H. M. Tomlinson – um nur einige Titel zu nennen – sollten unbedingt auch als Schullektüren zur Verfügung stehen. Sie und die Schüler verdienen es. Schließlich heißt es in der Einleitung von DIESTERWEG 3 programmatisch: „. . . the modern essay has adapted to the times, and the problems of our days have become the subject of the twentieth-century essayist" (S. 7).

4. Textbearbeitung

Unstreitig unterliegen Schulausgaben nicht den wissenschaftlichen Ansprüchen, denen sich kritische Editionen stellen müssen. Dennoch sollten auch sie philologisch verläßlich sein. Wenn HIRSCHGRABEN, wie auf S. 6 der Einleitung beiläufig eingeräumt wird, alle Essays englischen Anthologien entnimmt, so muß das befremden; gehört es doch zu den primären Obliegenheiten eines Herausgebers, von den Quellen auszugehen und Möglichkeiten zufälliger Verfälschungen auszuschalten. Welche Auswirkungen eine laxe Praxis auf diesem Sektor zeitigen kann, veranschaulicht ein Textvergleich des Essays *National Prejudices* von O. Goldsmith in den Ausgaben DIESTERWEG 2 und CVK einerseits sowie WESTERMANN andererseits. Während die beiden erstgenannten Editionen gemeinsam den Text der PENGUIN-Edition übernehmen, geht die WESTERMANN-Fassung auf eine Goldsmith-Gesamtausgabe von 1801 zurück. Dabei zeigt sich, daß sich bei CVK und DIESTERWEG 2 dem Original gegenüber nicht nur 36 Abweichungen in der Interpunktion und zusätzliche dem auktorialen Text unterlegte Anführungszeichen und Minuskeln finden, sondern überdies auch etliche sinnentstellende Substitutionen. So tritt für Goldsmiths „confidence" das Substantiv „conscience" ein; aus „what need I suppose" wird „why need I suppose"; „I drew down my reckoning" erscheint als „I threw down my reckoning". Auch unmarkierte Einfügungen und Auslassungen fallen auf. Derartige Fahrlässigkeiten verärgern und sind geeignet, deutsche Schulausgaben fremdsprachiger Texte generell in Mißkredit zu bringen. Und noch ein letzter Punkt verdient Erwähnung: Wenn ein älterer Text modernisiert wird – wofür gute Gründe sprechen –, so sollte dies allerdings konsequent geschehen. Man kann nicht, wie CVK und DIESTER-WEG 2 das leichthin tun, die Partizipialform „lopt off" durch „lopped off" ersetzen, die Schüler dann aber wieder gänzlich unberaten mit einem grammatischen Archaismus wie „we are now become" befassen.

Schließlich ist es auch zweifelhaft, ob man einzelne Kapitel in sich geschlossener Werke wie *The American Language* von H. L. Mencken oder *12 Million Black Voices* von R. Wright einfach zu Essays „umfunktionieren" darf, wie das etwa in SCHÖNINGH 2 geschieht, denn die Authentizität des Originals verlangt den Kontext. Der Verweis auf ähnliche Praktiken im anglo-amerikanischen Sprachraum (SCHÖNINGH 1, *Einleitung*, S. 5) verfängt nicht, wenn man dem Essay zugleich die Eigenständigkeit einer literarischen Gattung zuerkennt.

5. Texterschließung

Auch noch in der Oberstufe dienen englische Schullektüren in erster Linie der Fortentwicklung und Festigung sprachlicher Fertigkeiten. Nicht alle Editionen setzen hier die nötigen Akzente. So bedienen sich zwar sämtliche hier untersuchten deutschen Essay-Anthologien einheitlich der internationalen Lautschrift, doch bemessen die Ausgaben SCHÖNINGH 1 und 2 den Umschriftteil im Vokabular zu knapp. Viele unbekannte Wörter werden die Schüler auf ihre Aussprache hin in Lexika kontrollieren müssen. Das behindert den Lesefluß und erschwert die Sinnentnahme. Eine optimale Aussprachekontrolle ermöglichen dagegen von *native speakers* besprochene Tonbandaufnahmen englischer Essays, so wie sie für die HIRSCHGRABEN-Ausgabe unter der Kennziffer

Tb 142 bei den Landes-, Stadt- und Kreisbildstellen, aber auch im Handel, als Ergänzung des eigentlichen Lektüreheftes erhältlich sind. Intonation, Lerneifer und Leistungsprofil lassen sich mit Hilfe derartiger Tonbänder gleichermaßen günstig beeinflussen, und so bleibt zu wünschen, daß bald auch andere Verlage zusätzlich zu den Schullektüren angemessen abgestimmte *software* anbieten. Bestimmte Essays, wie etwa D. Sayers *The Gulf Stream and the Channel* (SCHÖNINGH 1, S. 13–22) oder W. S. Churchills *Painting as a Pastime* (HIRSCHGRABEN, S. 40–44) ließen sich eindrucksvoll auch durch frei vertonte Diareihen illustrieren – eine für Lehrer wie Schüler neuartige Möglichkeit, gemeinsam und in Eigenregie nichtkommerzielle Lehr- und Lernmaterialien zu erstellen und zu erproben. Auch die Aktivierung und Erweiterung des Wortschatzes, die in der HIRSCHGRABEN-Einleitung zu Recht als eine besonders wichtige Aufgabe des Oberstufenunterrichts hervorgehoben wird (S. 6), könnte so über Kollokationen und Wortfelder locker und effektiv betrieben werden, da sich die kommunikativen Zusammenhänge situativ ergäben, gleichsam als Nebenprodukte der Programmerstellung. Die *Study Helps* im Anhang von HIRSCHGRABEN verlören im Rahmen eines derartigen Ansatzes ihren vorwiegend rezeptiven Charakter, wie denn überhaupt mitgedruckte Arbeitsanleitungen eher anregen als abprüfen sollten. Endlich wäre es erstrebenswert, im Vokabelteil der Ausgaben – und das gilt für alle hier besprochenen Lektüren – über die rein kognitiv konzipierten Wort- und Ausdrucksdefinitionen hinaus knappe Beispiele anderer Kontextualisierungsmöglichkeiten anzubieten, eventuell auch im Sinne angefügter Lückentexte. Ein solches Verfahren könnte den Sprachumsatz der Schüler wirkungsvoll steigern.

Im direkten Vergleich fallen die Vokabularien quantitativ wie qualitativ recht unterschiedlich aus. O. Goldsmiths Essay „National Prejudices", der sich in drei deutschen Schulausgaben findet (CVK, S. 15–18; DIESTERWEG 2, S. 27–30; WESTERMANN, S. 28–31), mag aus Gründen der Vergleichbarkeit hier nochmals als Belegtext dienen. Immerhin beschränkt sich die vom älteren Sprachstand her sehr anspruchsvolle WESTERMANN-Fassung auf 58 Worterläuterungen, während die modernisierten Versionen von CVK mit 68 und DIESTERWEG 2 gar mit 81 Definitionen und Erklärungen aufwarten. Das bedeutet im Falle WESTERMANN sicherlich eine Überforderung der Schüler. Wie fragwürdig aber auch der allen gemeinsame definitorische Ansatz als solcher sein kann, mögen zwei Textproben zeigen. Das Substantiv *prejudice* erscheint bei DIESTERWEG 2 einsprachig als „opinion formed without examining the facts", bei CVK mit deutscher Interferenz als „opinion formed beforehand (Vorurteil)" und bei WESTERMANN als „preconceived opinion, bias"; das Adjektiv *surly* umschreibt DIESTERWEG 2 mit „bad-tempered, unfriendly", wobei CVK diesen „Synonymen" noch „ill-natured" zusetzt, während WESTERMANN mit „ill-humoured, gloomy, gruff, impolite" zu dem Paradoxon greift, ein unbekanntes Wort durch derer zumindest zwei zu „erklären". Einen ausreichend sicheren Sprachgebrauch gewährleistet jedoch keiner der drei genannten Umschreibungsversuche. Bei der Organisation einschlägiger Lehr- und Lernprozesse zeigen sich eindeutig nachvollziehbare Kontextsätze wie „race-hatred is based on *prejudice*" oder „costumers prefer nice shop-assistants to *surly* ones" dem rein kognitiven, definitorischen Ansatz überlegen. Sie werden leichter memorisiert und ebnen den Weg zum weiteren Transfer. Auch moderne Schulausgaben lassen sich noch immer zu häufig von überkommenen philologischen Gepflogenheiten leiten, wo sie vom neuesten fachdidaktischen Diskussionsstand getragen werden sollten.

Ein gleiches gilt auch für die fünfseitigen „Suggestions for Discussions and Written Work", mit denen CVK als immerhin einzige deutsche Essay-Ausgabe zusätzliches Arbeitsmaterial anbietet. Die Schüleraufgabe „Write an essay contradicting Lamb" im Anschluß an dessen Essay *That Enough Is as Good as a Feast* schafft leider keine kommunikative Situation, wie sie der Englischunterricht benötigt. Welcher Schüler hielte sich schon für einen ebenbürtigen Diskussionspartner des Autors auf dessen ureigenem Feld? J. B. Priestleys *Lectures* verführt den Herausgeber dann zu einem noch gewagteren Höhenflug: „Give a lecture about ‚Lectures'. Try to be as funny as Priestley!" Es wäre sicherlich aufschlußreich einmal zu erfragen, wie viele Lehrer sich spontan dieser Aufgabe gewachsen fühlten . . . Einige gezielte Verständnisfragen und die Anleitung zum fremdsprachigen Transfer auf die naheliegende Schülersituation wären Anforderung (und Anregung) genug. Es kann nicht Aufgabe einer fremdsprachigen Schullektüre sein, im Vorfeld der Literaturwissenschaft zu operieren, Stilanalysen zu betreiben und in literarhistorische Dimensionen einzuführen.

Bei CVK und DIESTERWEG 1, 2 und 3 vertiefen knappe biographische Anmerkungen und Kommentare zu einzelnen in den Essays angesprochenen Ereignissen, Orten, Personen oder Publikationen das Textverständnis. Das ercheint sinnvoll. Gesonderte Autorenbiographien dagegen, wie sie WESTERMANN, SCHÖNINGH 2 oder ähnlich auch HIRSCHGRABEN anbieten, werden in den meisten Fällen überblättert, denn kaum ein Schüler wird durch Vermerke wie „he befriended Rousseau" die Essays des Philosophen D. Hume besser verstehen lernen. Nicht die Fülle der Fakten, sondern ein behutsamer Umgang mit den Texten selbst weckt und fördert das Interesse der Schüler am englischsprachigen Essay. Und einmal motivierte Schüler können – wie ihre Lehrer auch – weitere Details ohnehin direkt in jenen Lexika nachschlagen, denen die Herausgeber das Gros ihrer Informationen entnommen haben: *The Oxford Companion to English Literature* und *The Oxford Companion to American Literature*. Origineller ergänzen den Text visuelle Stimuli. Ihre anregende Wirkung sollte nicht unterschätzt werden, wie denn überhaupt dem graphischen *lay-out* der Lektüren seitens der Verlage wesentlich mehr Aufmerksamkeit und Sorgfalt gewidmet werden müßte. Die drei kleinen Federzeichnungen G. Vollmers zu typischen Szenen einiger Essays der HIRSCHGRABEN-Ausgabe sorgen gewiß für erheblich mehr Neugierde und damit Lernbereitschaft als das halbe Dutzend Porträtphotos ausgewählter Autoren in den Editionen SCHÖNINGH 1 und 2, das zusammen mit den zwei bzw. drei klischeehaften Szenenphotos eher irritiert als illustriert. Vorbildlich präsentiert sich auch der Umschlagentwurf des Verlages HIRSCHGRABEN, der von W. Dohmen stammt und den Betrachter mit einer Tuschzeichnung des malenden Autors und Staatsmannes W. S. Churchill lockt. Die Lektüre seines Essays *Painting as a Pastime* gerät damit unversehens zum *must*. WESTERMANN und DIESTERWEG 1, 2 und 3, die ganz auf Illustrationsmaterialien verzichten, begeben sich ohne Not wesentlicher Chancen, die die Mediendidaktik im Bereich der modernen Fremdsprachen heute schon im Anfangsunterricht konsequent und erfolgreich zu nutzen weiß. Auch hier sollten sich die Herausgeber von Schullektüren recht bald auf das heute Mögliche besinnen.

6. Schlußperspektive

Zusammenfassend bleibt zu wünschen, daß den Englischlehrern der reformierten Oberstufe bald eine durchgängig didaktisch konzipierte Essay-Sammlung zur Verfügung gestellt wird,

- die nicht in erster Linie von Vorgaben der Literaturwissenschaft, sondern von den Lernzielen der Kurse bestimmt wird;
- die nicht chronologisch oder thematisch, sondern textdidaktisch konzipiert ist;
- die in der Essayistik keine spröde Gattung, sondern einen elastischen *approach* sieht;
- die in ihrer Auswahl und in ihrer Aufarbeitung nicht primär Wissen vermitteln, sondern gesprächsstrategische Modelle einüben will: Zergliederung, Hinterfragung, Raffung, Interaktion und Überzeugungskunst.

Literaturverzeichnis

[1] **Deutsche Schulausgaben:**

Auerbach, Richard (Ed.): Bertrand Russell: Unpopular Essays. Frankfurt/M. [5]1971. Diesterweg Best.-Nr. 4084, 49 Seiten, 3,– DM. [Abkürzung im lfd. Text: DIESTERWEG 1]

Gloyer, Hans (Ed.): **From Locke to Hume – Selected Essays of the 18th Century.** Braunschweig 1965. Westermann Best.-Nr. 151 519, 81 Seiten, 4,80 DM. [Abkürzung im lfd. Text: WESTERMANN]

Krog, Fritz (Ed.): **A Treasury of Famous English Essays from Francis Bacon to Winston S. Churchill.** Frankfurt/M. [9]1971. Hirschgraben Best.-Nr. 681, 61 Seiten, 2,80 DM. [Abkürzung im lfd. Text: HIRSCHGRABEN]

Schütze, Johannes (Ed.): **Twelve English Essays from Bacon to Chesterton.** Frankfurt/M. [3]1971. Diesterweg Best.-Nr. 4039, 93 Seiten. [Dieser Titel wird im Verlagsprogramm 1977 nicht mehr aufgeführt. Abkürzung im lfd. Text: DIESTERWEG 2]

Schütze, Johannes (Ed.): **Twelve American Essays from Benjamin Franklin to Martin Luther King.** Frankfurt/M. [3]1972. Diesterweg Best.-Nr. 4144, 114 Seiten, 4,80 DM. [Abkürzung im lfd. Text: DIESTERWEG 3]

Voigt, Inge (Ed.): **British Essays.** Bielefeld, o. J. Cornelsen, Velhagen & Klasing Best.-Nr. 5623, 56 Seiten, 3,80 DM. [Abkürzung im lfd. Text: CVK]

Weber, Alfons (Ed.): **Modern English Essays.** Paderborn, o. J. Schöningh Best.-Nr. 43 005, 121 Seiten, 4,– DM. [Abkürzung im lfd. Text: SCHÖNINGH 1]

Weber, Alfons (Ed.): **Modern American Essays.** Paderborn, ²1974. Schönigh Best.-Nr. 43 006, 144 Seiten, 4,60 DM. [Abkürzung im lfd. Text: SCHÖNINGH 2]

² **Englische Vergleichsausgabe:**

Williams, W. E. (Ed.): **A Book of English Essays.** Harmondsworth, ¹⁵1973. Penguin ISBN 0 14 02. 0099 1, 378 Seiten, 50p. [Abkürzung im lfd. Text: PENGUIN]

Peter Stummer, München

Zur feministischen Prosa:
eine Bestandsaufnahme

I.

Auch der noch vor rund zehn Jahren examinierte Lehrer las zwar u. U. als Schullektüre Parkinson und Packard, aber während seines Studiums war er vorwiegend mit Wordsworth und Whitman in Berührung gekommen. Das hat sich in den letzten Jahren etwas geändert. Von der früher oft beklagten Exklusivität der Höhenkammliteratur kann heute in den neusprachlichen Studiengängen der Universitäten kaum mehr die Rede sein. Die Diskussion um die Zielvorstellungen des fremdsprachlichen Unterrichts[1] ließ keineswegs das Ausmaß erkennen, in dem sich inzwischen Lehrangebote aus den Bereichen von *Popular Fiction*, Kurzprosa, Literaturkritik, Literaturverfilmung und vor allem von nicht-fiktionaler Prosa durchgesetzt haben. Ein Blick in die *Augsburger Informationen*, etwa für das SS 1976, belegt das generell für die Anglistik recht anschaulich, auch wenn die Unterschiede im einzelnen von Universität zu Universität immer noch beträchtlich sein mögen. Allerdings sah man sich in der Zwischenzeit bereits wieder veranlaßt, angesichts der bedauerten Einbrüche von EGS und Fachdidaktik vor einer allzu starken Ausweitung des Gegenstandsbereiches der fremdsprachlichen Textwissenschaften im tertiären Bildungssektor und zumal in der Lehrerbildung zu warnen.[2]

Das Beispiel der feministischen Literatur verdeutlicht, so will mir scheinen, die Notwendigkeit einer mittleren Position in der Eingrenzung des Gegenstandsbereiches. Einschlägige literarische Kunstwerke aller Gattungen sind ohne die Kenntnis der entsprechenden – oft kontroversen – Aufklärungsliteratur nicht adäquat rezipierbar. Fiktionen und Fakten bedingen sich gegenseitig. Bei problemorientierter Fragestellung interessiert nicht nur das diachronische Verhältnis eines Werkes zu seinem Vorläufer, sondern eben auch sein synchrones zu ähnlich ausgerichteten nicht-ästhetischen Texten. Konkret heißt das, daß etwa Dramen von Jellicoe, Hare und Pinter oder Romane von Highsmith, Mortimer, Plath, Drabble, Lessing, Shuttle und Taylor in Verbindung mit der Entwicklung von *Women's Lib* gesehen werden müssen. Damit wird auch für

---

[1] Bludau, M. et al., **Neusprachliche Mitteilungen** 26, 1973, 194–198. Otten, K., **Die Zeit**, 19. 4. 1974. Hüllen, W. et al., **Zielsprache Englisch**, 1974, 16–26. Bludau, M., et al., **NM**, 27, 1974, 193–196.

[2] Neumeister, S., **Neusprachliche Mitteilungen**, 29, 1976, 29–32.

den ausschließlich literarisch Interessierten die Notwendigkeit einer Bestandsaufnahme in diesem Sektor offenkundig.

Vor diesem Hintergrund und angesichts der Tatsache, daß in den Vereinigten Staaten in jüngster Zeit an den Universitäten zahlreiche Kurse auf dem Gebiet der *Women's Studies* eingerichtet worden sind, wird man im terminologischen Bereich Köck nicht folgen können, wenn er *women's novel* und *romantic novel* synonym im Sinne von „trivialem Frauenroman" verwendet.[3] Der Frauenroman neuerer Prägung ist vielmehr unterschiedlich konventionell oder unkonventionell ästhetisierte „schöne Literatur" eines weiblichen Autors unter dem Aspekt der zum Ausdruck gebrachten *female awareness*. Analog zu einer so definierten Primärliteratur artikuliert sich zunehmend eine entsprechend ausgerichtete Sekundärliteratur. Als Wegbereiter hat hier wohl Kate Millett mit ihrer feministischen Kritik von Lawrence, Miller, Mailer und Genet zu gelten.[4] Mittlerweile ist ihre negative Kritik jedoch weitgehend einer konstruktiven Alternative gewichen, wie etwa die Bücher der Verfasserinnen Kaplan, Zeman, Spacks, Showalter oder der Herausgeberin Cahill beweisen. Diese feministisch motivierte Wissenschaftsprosa ist im Folgenden vernachlässigt. „Feministische Prosa" bezieht sich somit, jenseits aller dogmatischer Festlegung, auf pointiert oder engagiert antipatriarchalisches Schrifttum.

Nach der textwissenschaftlichen und der terminologischen Vorklärung gilt es, den Zeitpunkt der Bestandsaufnahme und den Zeitraum, den sie abdecken soll, zu begründen. Vordergründig war es 1975, das Jahr der Frau, das profilierte Vertreter veranlaßte, in der Presse entsprechende Ährenlese zu halten.[5] Auf den ersten Blick schien der Durchbruch tatsächlich geschafft. Einschlägige Fragestellungen hatten auch in der von Männern verfaßten Literatur ihren Niederschlag gefunden. Sind z. B. bei Vonnegut nur mitunter einschlägige Anklänge – von der Art:

> The women all had big minds because they were big animals, but they did not use them much for this reason: unusual ideas could make enemies, and the women, if they were going to achieve any sort of comfort and safety, needed all the friends they could get.
>
> So, in the interest of survival, they trained themselves to be agreeing machines instead of thinking machines. All their minds had to do was to discover what other people were thinking, and then they thought that, too.[6] –

zu finden, so stellen die Kurzgeschichtenbände von Dahl und Sillitoe den direkten Bezug zum Thema bereits im Titel her. Überdies bringen alle drei Autoren ihre Werke 1975 als Taschenbücher heraus. Beide Feststellungen

---

[3] Köck, „Frauenroman" a. a. O., S. 361.

[4] Millett, **Politics,** Part III.

[5] von Arnim, **Die Zeit;** Schwarzer, **Der Spiegel;** Borneman, **Warum.**

[6] **Breakfast of Champions** /1973/ Panther ed. 1975, S. 130–131.

erweisen sich aber bei genauerer Betrachtung als Indizien dafür, daß eine Phase relativ radikaler Impetuosität in Sachen Feminismus von einer Phase der Reflexion und der Retrospektive abgelöst worden ist.

In den ausgehenden zwanziger Jahren unseres Jahrhunderts war Ähnliches schon einmal zu beobachten. Damals führte die Rückbesinnung in der Frauenfrage im Zuge der Depression zu einem Nebeneinander von historischem Rückblick, sexualpsychologischer Forschung und literarischem Engagement, wie stellvertretend für viele andere die Werke von Wieth-Knudsen, Havelock Ellis und Virginia Woolf belegen mögen. Analoge Tendenzen zur Retrospektive sind heute seit 1973 auszumachen. Übereinstimmend damit läßt sich der Höhepunkt feministischen Schrifttums der jüngsten Vergangenheit auf die Jahre 1970/71 festsetzen. Schließlich brachten die Jahre 1969/71 im Sog der allgemeinen Aufbruchseuphorie die große Flut der feministischen Publikationen, wobei wohl Figes, Greer, Millett und Mitchell mit die größte Breitenwirkung erzielten. Durch die Assoziation von Radikalität mit Militanz und Terror brachte das Jahr 1971 allerdings auch die ersten namhaften Reaktionen hervor. Unter der wohlwollenden Ägide von Konrad Lorenz bemühten Lionel Tiger und Robin Fox die Verhaltensforschung, und in Norman Hills bezeichnenderweise *The Violent Women* überschriebener Auswahl versuchte Joan McKenna die politische Diffamierung:

A girl who has approved violence in the struggle for civil rights or against the war in Vietnam is unlikely to object to it in the service of women's liberation.[7]

Und es ist sicherlich kein Zufall, daß auch Wandors Dokumentation feministischer Anstrengungen in Großbritannien eben diesen Zeitraum von 1969 bis 1972 umfaßt. Danach wurde Emanzipation allmählich wieder etwas, von dem man sich gerade als Frau, wie zu Zeiten Emma Goldmans (1869–1940) vorsichtig als einem „reckless life of lust and sin, regardless of society, religion, and morality" zu distanzieren hatte. Was Wunder, daß Hauser ein paar Jahre später in der Zeitschrift *Petra* die Frage stellen kann: „‚Emanzipiert' – inzwischen ein Schimpfwort?"[8]

Diese Formen der Gegenbewegung fanden nach 1975 größere Resonanz, als die Bücher von Stassinopoulos, Morgan und Conran in Taschenbuchform auf den Markt kommen. Die Titel allein sind schon hinreichender Ausdruck der „Tendenzwende": *The Female Woman, The Total Woman, Superwoman*. Angesichts unerwünschter Konkurrenz auf dem schrumpfenden Arbeitsmarkt durch die berufstätige Frau setzt nach 1975 die verstärkte Diskriminierung der sogenannten Karrierefrau ebenso ein wie die in großem Stil organisierte Rehabilitation der Nur-Hausfrau z. B. durch das *Martha Movement* der Jinx Melia in den USA.[9]

---

7 McKenna, „Women's Lib", a. a. O. S. 105.
8 Hauser, **Petra**, 5, 1976, 9.
9 „The New Housewife Blues" **Time**, 14. 3. 1977; Egginton, **Observer**, 1977.

Ist damit das Ende der zu erfassenden Periode hinreichend markiert, so gilt es noch den Anfang genauer zu fassen. Eine Gegenüberstellung der frühen mit der späteren „Gallionsfigur", von Simone de Beauvoir mit Alice Schwarzer, macht deutlich, daß der Zeitraum etwa eine Generation umfaßt. *The Second Sex* hatte denn auch 1953 in den USA, kaum groß zur Kenntnis genommen, bereits angekündigt, was dann 1963 mit ungleich größerer Breitenwirkung von Betty Friedan, der „Mother Superior to Woman's Lib" (Paul Wilkes von der *New York Times*), der öffentlichen Diskussion recht gewinnträchtig anheim gegeben wurde. Zwar haben Myrdal und Klein schon 1956 die Belastung der Doppelrolle ins Bewußtsein gehoben, aber noch 1960 versucht man – ganz in der Defensive – in England eine *Romantic Novel Association* ins Leben zu rufen.

Nach 1960 jedoch setzt unübersehbar die produktive Phase ein. BBC III sendet 1962 Sylvia Plaths „Three Women: Poem for three Voices". 1961 dreht Pietro Germi seinen Film *Scheidung auf Italienisch*, 1963 läßt er ihm mit gleicher Tendenz *Verführung auf Italienisch* folgen. Ebenfalls 1963 wird nach gut einem Menschenalter Vanbrughs *The Provoked Wife* wiederaufgeführt. 1962 erscheint Penelope Mortimers Roman *The Pumpkin Eater,* und Virginia Woolfs Pamphlet *A Room of One's Own* wird 1963 wiederaufgelegt. Die Propagandaschriften werden Legion, und man beginnt sich für die ureigenste Tradition zu interessieren.[10] Just in dem von uns untersuchten Zeitraum, von 1953 bis 1975, so sei der Kuriosität wegen vermerkt, stellen die Statistiker das zahlenmäßige Gleichziehen der weiblichen Raucher mit den männlichen sowie ein starkes Aufholen der Frauen auf dem Gebiet der Leichtkriminalität fest.

Im Laufe der vehementen Diskussion während der Dekade 1963 bis 1973 zeichnet sich mit abflauendem Elan und verfliegender „victim's rage" (E. Queen) mehr und mehr das Bestreben ab, dem in der Zwischenzeit deutlich gewordenen Fehlen eines historischen Bezuges zu Vorläufern abzuhelfen. Man schickt sich an, die eben verstrichenen zehn Jahre zu dokumentieren, und man ist mit unterschiedlicher Gründlichkeit bestrebt, die Verbindungslinien zur meist verschütteten eigenen Tradition aufzuzeigen.

II.

In der schulischen Praxis zählt neben der Information v. a. auch die Verfügbarkeit. Ich will daher im folgenden vier Anthologien vorstellen, deren erklärtes Ziel es u. a. ist, die oben umrissene Bestandsaufnahme zu erleichtern.

Leslie B. Tanner (ed.): *Voices from Women's Liberation* [1970]. New York: New American Library, 1971 (= Signet Book, W 4420) 445 S.; $ 1.50.

Miriam Schneir (ed.): *Feminism: The Essential Historical Writings.* New York: Random House, 1972 (= Vintage Book, V-738) 360 S.; $ 2.45.

---

[10] Flexner, **Century.**

Robin Morgan (ed.): *Sisterhood Is Powerful: An Anthology of Writings from the Women's Liberation Movement.* New York: Random House, 1970 (= Vintage Book, V-539) 602 S.; $ 2.45; Wildwood House £ 1.50.

Alice S. Rossi (ed.): *The Feminist Papers: From Adams to de Beauvoir* [1973]. New York: Bantam Books, Inc., 1974 (= Bantam Sociology Y 8266) 716 S.; $ 1.95.

Der Zugriff auf die nicht-fiktionale feministische Prosa wird im pädagogischen Alltag von unterschiedlicher Motivation getragen sein. In einem Fall wird man von George Eliot, George Meredith, Thomas Hardy oder Virginia Woolf ausgehen, oder auch von Penelope Mortimer, Margaret Drabble, Doris Lessing, Elaine Feinstein. Sind es nicht die Romane, so können in einem anderen Fall auch Dramen von Pinter, Hare, Delaney oder Texte von Emily Dickinson[11] und Sylvia Plath der Ausgangspunkt sein. Umgekehrt wird häufig genug das explizite Adressateninteresse auf die Problemstellung gerichtet sein. Dann steht die Sachprosa im Vordergrund. Als Einstieg in den Problemkreis bieten sich zwei Möglichkeiten an. Die eine Möglichkeit besteht darin, sich am Diskussionsforum von Zeitschriften zu orientieren[12], die andere in dem Versuch, u. U. auch nicht so tiefschürfende Äußerungen zu einem Teilaspekt des Themas – Rollenfixierung, Frauen in den Medien, in Comics[13] – als Aufhänger für die kritische Diskussion zu benutzen, um dann zur Klärung zu authentischen Texten überzugehen.

Bei der folgenden Besprechung der vier Anthologien benutze ich ein fünfgliedriges Analyseschema zur Diskussion der vier Taschenbücher:

1. Absicht der Herausgeber,
2. Abriß der Gliederung,
3. Vielschichtigkeit der Auswahl,
4. Bewertung des Inhalts,
5. praktische Verwendbarkeit.

III.

Historisches Defizit: Tanner, Schneir

Leslie Tanner arbeitet in New York als Graphikerin. Ihr Buch ist aus den praktischen Schwierigkeiten der Alltagsarbeit in *Lower East Side* entstanden. Die Textauswahl spiegelt die Bestände der *New York Public Library.* Hrsg. kritisiert denn auch erstaunliche Fehlanzeigen (z. B. Sarah Grimkés Briefe). Die erklärte Absicht, den aktiven Frauengruppen an der Basis Textmaterial zugänglich zu machen, hat inzwischen ihren praktischen Wert weitgehend

---

[11] Zur Lyrik s. a. Bernikow, **World.**

[12] **Vorgänge,** No. 8, 1974; **Das Argument,** No. 22, 23, 24, 35; **Kursbuch,** No. 17, 35, 47; **Psychology Today,** Sept./Oct., 1973.

[13] Groombridge, **His and Hers;** King/Stott, **Images;** Fritz, „Supermanns Töchter", McAlhone, „Women's Lib", multiple choice questionnaire.

verloren und ist nur noch von historischem Interesse. Drei Abwehrgesten erfolgen: *no bandwaggon enterprise, no biographies, no editing.* Für die erste wird das Argument des praktischen Nutzens der reinen Textverfügbarkeit in Anspruch genommen. Grundlage der zweiten ist das Argument, nicht einer unangebrachten Führercharismatik Vorschub leisten zu wollen. Die dritte Defensivgeste soll gegenüber den „men-made rules of professionalism" als Provokation erscheinen.

Die Verbindung zur Vergangenheit stellt Hrsg. sehr geschickt her. Sie druckt nämlich die Einleitung der *History of Woman Suffrage* (1881) verbatim als Einführung ab. In ihrem eigentlichen Vorwort bringt sie dann deren gänzlich ungebrochene Aktualität überzeugend zur Geltung. Mit Seitenhieben auf die etablierten Medien skizziert sie die Anfänge einer Frauenpresse für den Zeitraum 1840–1880. Die Darstellung der Zeitspanne 1880–1920 bleibt dem Beitrag von Shulamith Firestone überlassen. Die Textauswahl gliedert sich in drei Teile: *Voices from the Past. Observations on Women by Women. Voices from the Present.* Ein quantitativer Vergleich verdeutlicht die Akzente. 90 Seiten der Vergangenheit stehen rund 300 Seiten der Gegenwart gegenüber. Dazwischen, als Prellbock im Stil der geflügelten Worte, jeweils 16 kurze Zitate von damals und heute, zwar mit Autorenangabe, aber ohne Quellenhinweis. Damit muß das Ansinnen, ein breites Spektrum aus Vergangenheit und Gegenwart anbieten zu wollen, für die Vergangenheit als zu hoch gegriffen gelten. Denn nur das Allerwichtigste ist vertreten: Abigdail Adams, Frances Wright, Mary Wollstonecraft. Hinzu kommt, daß diese Auszüge sehr kurz sind, häufig gravierende Auslassungen aufweisen und nahezu ausnahmslos aus der *History of Woman's Suffrage* stammen. So hat beispielsweise einer der drei Briefauszüge von Grimké lediglich neun Zeilen. Irreführend ist auch, bei Wollstonecraft statt 1792 nur das Erscheinungsjahr der amerikanischen Ausgabe der *Vindication* (1833) anzugeben. Inhaltlich gut gewählt sind die Beiträge von Mott, Anthony, Stanton, Stone, Truth, Kelley zur Ehe, zur unbezahlten und zur unterbezahlten Arbeit. Die Beiträge zum weiblichen Soldaten erweisen sich erst unter dem Eindruck jüngster Entwicklungen als weitsichtig.

Die Überschriften *Manifestos; Myths; Families; High School; Consciousness Raising; Radical Feminism; Theoretical Analyses; Rap; Analyses of the Movement; Organizations; Journals and Newspapers* sollen die Dokumentation der Gegenwart strukturieren. Auch in diesem Sektor ist eine Quelle überrepräsentiert, nämlich *Women: a journal of liberation* (1969); neben ihr kommen jedoch noch sieben andere Zeitschriften zu Wort. Formal ist das Bild vielfältiger. Interviews stehen neben Manifesten, Flugblätter finden sich neben engagierten Zeitungsaufsätzen und umfangreicheren Abhandlungen. Nicht alltäglich ist dabei eine *Mock Funeral Oration.* Überhaupt ist das Bemühen spürbar, auch Randgruppen innerhalb der Bewegung zu erfassen, Schwarze, Juden, Lesben und alte Menschen.

Unter „Mythen" kommen die fundierten längeren Ausführungen von Koedt (Orgasmusfrage), Pappas (Naturdiskussion), Reed (Inferioritätssyndrom) zu stehen. Besonders die ersten beiden sind gut dokumentiert und argumentieren überzeugend. Die Aussagen zur Familie fallen jedoch überraschenderweise sehr mager aus. Auch die Bewußtseinsbildung erstreckt sich nur auf die Institution Ehe und die Geschlechterrollen. Lesenswert sind die Psychologiekritik von Weisstein und die Überlegungen von Benston, die sich mit Mandel und Mitchell auseinandersetzt und die Industrialisierung des privaten Sektors „Hausarbeit" reflektierend durchspielt. Die Rubrik *Rap* spiegelt höchstens die Einrichtung der *rap sessions* wider, ergiebig ist sie nicht. Die Kritik des Protestes gegen die *Miss America*-Wahl (S. 132) hätte noch am ehesten die Bezeichnung „Analyse der Bewegung" verdient. Jones und Brown propagieren hingegen ihre Theorie, statt das Funktionieren anderer Theorien zu analysieren. Insgesamt verdichtet sich der Eindruck, daß das Buch seine Existenz dem programmatischen Enthusiasmus der ausgehenden sechziger Jahre verdankt und recht rasch entstanden ist. Speziell unter dem Aspekt der angegebenen pragmatischen Zielsetzung vermag lediglich ein Beitrag zufriedenzustellen. Denn Woods „Anleitungen zum öffentlichen Sprechen" (S. 142 ff.) leisten tatsächlich praktische Argumentationshilfe in der alltäglichen Auseinandersetzung.

So stehen schließlich der Verwendung nicht unerhebliche Einwände entgegen. Zum einen ist die Quellengrundlage doch recht dünn, zum anderen erscheint die Präsentation ungünstig. Ausführungen zur Ehe z. B. sind über mehrere Rubriken verstreut und nicht unter dem entsprechenden Stichwort abrufbar. Damit sind der persuasiven Umsetzung ziemlich enge Grenzen gesteckt. Auch scheint mir der Nachweis einer Kontinuität in der Frauenfrage mit der Äquivalenz Woman=Negro // Woman=Nigger für Vergangenheit und Gegenwart überstrapaziert, zumal die Analogie doch zugegebenermaßen von begrenztem Erkenntnisgewinn und sehr beschränktem taktischem Wert ist.

Angelpunkt des Vorgehens von Miriam Schneir ist wie bei Tanner das Verhältnis von Geschichte und Bewußtsein. Schneirs erklärtes Ziel ist es, der Frauenbewegung Identität und Gruppenbewußtsein durch Tuchfühlung mit den eigenen Klassikern zu verschaffen. Dies sei umso notwendiger, so stellt sie in der Einleitung nicht ganz zu unrecht fest, als in der neueren Diskussion „a shocking ignorance of the history of one half the human race" konstatiert werden müsse. Da man den Frauen die Tradierung der Dokumentation ihrer Emanzipationsbestrebungen vorenthalten habe, hätte sich auch kein längerfristiges Wir- und Zusammengehörigkeitsgefühl herausbilden können. Daher müsse dem *New Feminism* der *Old Feminism* in seinen wichtigsten Dokumenten nahegebracht werden.

Ähnlich wie Kate Millett faßt Hrsg. die Zeit 1930–1960 als eine Art Gegenreformation auf und ist daher bestrebt, in erster Linie die Zeit 1776–1929 darzustellen. Ihrer Meinung nach ist die Konzentration auf die Vereinigten Staaten nicht nur durch die eigene Herkunft, sondern auch auf Grund des Gewichts der amerikanischen Beiträge zum Vorantreiben der Gleichberechtigung der Frau gerechtfertigt. Letzteres ist gewiß bestreitbar. Uneingestanden ist demgegenüber die an sich durchaus zu vertretende Konzentration auf die Geschichte des Staates New York. Wie bei Tanner ist auch hier die Einflußsphäre der Hrsg. bestimmend.

Ihre Auswahl ist wesentlich von dem Bemühen getragen, der Tendenz gegenzusteuern, die Frauenbewegung des 19. Jahrhunderts auf den Kampf ums Stimmrecht zu reduzieren. Sie möchte daher Textmaterial zugänglich machen, das immer noch relevant ist, weil die entsprechenden Probleme nach wie vor ungelöst sind. Sie ordnet dieses v. a. den Problemkreisen „Ehe", „wirtschaftliche Abhängigkeit" und *selfhood"* zu. Die Auswahl umfaßt fünf Abschnitte: *18th-century rebels; women alone; an Amrican woman's movement; men as feminists; 20th-century themes.* Dabei wird die Aufteilung selbst nicht näher begründet. Den einzelnen Textauszügen sind jeweils kurze Charakterisierungen der Autoren und knappe Skizzen der Entstehungsumstände ihrer Äußerungen vorangestellt.

Zwei Dinge scheinen bei diesem Unternehmen bemerkenswert. Erstens: Es gelingt ansatzweise, die Perspektive des schreibtüchtigen Mittelstandes zu durchbrechen. Daneben werden andeutungsweise die fließenden Grenzen zu anderen Minderheiten neben den Frauen, wie den Negern, den Armen, den Arbeitern, aufgezeigt. Zweitens: Neben persönlichen Äußerungen stehen Auszüge aus offiziellen Dokumenten. So finden sich neben der obligaten *Seneca Falls Declaration* Dokumente der Textilindustrie von Lowell and Lawrence in Massachusetts, Auszüge aus den *Married Women's Property Acts* von 1848 und 1860 und Passagen aus dem Senatsbericht zur Frauen- und Kinderentlohnung (1908–1911) von 1920. Beide Elemente verdeutlichen, daß in der didaktischen Vermittlung feministische Prosa auch an Problemkreise wie „Quellen" und „Minderheiten" angeschlossen werden kann. Bereiche, die dem Lehrziel „historisches Bewußtsein" dienen. Dabei würde der zweite Fall besonders eingängig demonstrieren, daß Unterprivilegierung keine Funktion der kleineren Zahl zu sein braucht.

Im Hinblick auf Textsorten ist die Auswahl vielgestaltig. Neben den Dokumentationen sind erstaunlich viele Reden vertreten. Dazu kommen eine Reihe von Briefen und die üblichen Auszüge aus Artikeln und Büchern. Flugschriften und Pamphlete sind dagegen kaum vertreten. Insgesamt ist positiv zu werten, daß die Auswahl schichten- wie ethnisch-übergreifend konzipiert ist, und daß auch Protestakte (der Ehevorbehalt bei Stone-Blackwell) und Provokationen (das Bekenntnis zur freien Liebe bei Woodhull) aufgenommen wurden. Negativ wirkt sich dagegen der latente nationale Isolationismus aus. Wahrscheinlich hat auch der Verzicht auf frühe Vorstöße in der Frauenfrage – Astell, Defoe, Montagu, Paine – hierin seine Wurzeln. Überhaupt bleiben supra-nationale Verknüpfungen entweder sehr unklar oder sie erschöpfen sich in rein biographischen Verweisen. Der erste Vorwurf gilt v. a. für die Beiträge von Männern (Ibsen, Engels, Bebel, Veblen), die überdies zu lang sind. Der zweite Vorwurf bezieht sich mehr auf Personen wie George Sand, Ernestine Rose (Polen), Frances Wright (Schottland) und Emma Goldman (Rußland). Einseitig ist außerdem die Auswahl im zwanzigsten Jahrhundert. So bedeutsam der Durchbruch der *professional woman* für diese Zeit auch ist, die Beschränkung auf diesen Personenkreis rechtfertigt er nicht. Dem Auswahl-Vorbehalt entspricht ein thematischer: Sozialanthropologie und Geburtenkontrolle, Themen, die bei Tanner zu kurz kamen, überwiegen hier mit Äußerungen von Helen Sumner bis Margaret Sanger. Da muß Virginia Woolf wie eine Pflichtübung wirken. Aus informationspragmatischer Sicht ist die beigefügte Quellendokumentation zu begrüßen. Hrsg. bemüht sich, neben zugänglichen Neudrucken v. a. auch preiswerte Paperbacks anzugeben.

IV.

Sexismus-Geschichte: Morgan, Rossi

Was bei Tanner und Schneir weitgehend Lippenbekenntnis bleibt – Morgan und Rossi haben damit Erfolg. In Arbeitsteilung gelingt ihnen die historische Perspektive. Morgan stellt den Sexismus heute dar, Rossi den von gestern.

Titel wie Aufmachung von Robin Morgans Buch täuschen denn auch, was den erwarteten Tenor betrifft. Denn der Titel klingt nach Schlachtruf, und den Einband ziert groß das Weiblich-Sigel der Biologen, im Kreis von einer kleinen Faust gefüllt. Aber der Leser wird angenehm enttäuscht. Er findet weder verbal kurzgeschlossene Revolutionsattitüde noch selbstgefälligen Radikalenjargon. In ihrer 40seitigen Einleitung skizziert Hrsg. die konkreten Schwierigkeiten bei der Entstehung des Bandes. „This book is an action": offenbar ergaben sich eine Reihe davon nur aus männlicher Unüberlegtheit und Gedankenlosigkeit hinter der Fassade von Dünkel und eingebildeter Überlegenheit. So war z. B. ursprünglich der Titel „The Hand that Cradles the Rock" vorgesehen. Aber ein Autor reklamierte ihn für sich. Nun ist er lediglich dem Gedichtabschnitt in der Auswahl vorangestellt. Übrigens steckt hinter der Variation konventioneller Klischees persuasive Methode. Schließlich hatte man am 26. August 1970, anläßlich der fünfzigsten Wiederkehr des *Constitutional Amendment* zum Stimmrecht, den Slogan geprägt „Don't iron while the strike is hot" oder an anderer Stelle den Spruch der Zigarettenreklame „You've come a long way, baby" gezielt unterlaufen. Den Gesamtbereich der politischen Prosa, zu dem diese Verfahren gehören, habe ich an anderer Stelle ausführlich behandelt.[14]

Morgan will, wie ihre Kolleginnen, in die moderne feministische Bewegung einführen. Sie jedoch verleugnet nicht die Dichterin in sich und baut voller Absicht auf persönliches Erleben und private Erfahrung als jeweilige Ausgangsbasis. Ähnlich wie bei Tanner wird eine männlich doktrinäre „Superkonsistenz" abgelehnt und die Medienverzerrung unterlaufen. Tanners Irritationsressentiment wird hier zum überzeugenden Verfahren. Konsequent soll Grup-

---

[14] Stummer, „Sprache und Politik".

penbewußtsein aus der Konvergenz der verschiedensten Einzelerfahrungen entstehen. Jeder Beitrag bringt offen und unprätentiös das Verfasserinnen-Ich ein; zudem bietet das Buch im Anhang Kurzbiographien der Autorinnen. Damit deckt sich auch die Intention, von echten oder angeblichen Leitfiguren wie Mead oder Friedan abzurücken. Das höhere Reflexionsniveau ist auch daran abzulesen, daß in einer Art Rekrutierungsapologetik von Verfahren berichtet wird, wie der Mittelstandsdominanz abzuhelfen und Minderheiten einzubeziehen seien. So wird auf das Getön selbstversessener Revolutionsrhetorik verzichtet und darauf vertraut, das Bild des Sexismus entstehen zu lassen aus den Mosaiksteinchen der Erlebnisschilderungen aus den verschiedensten Bereichen, deren gemeinsamer Nenner weibliche Desillusionierung ist. Ausweis auch der formalen Komplexität ist die Einkleidung des Leser(-innen)-appells. In einem Prosagedicht-Brief wendet sich Hrsg. an „Jane, a sister underground". Doch dieser Sekundär-Adressat könnte auch ein Selbstgespräch signalisieren, eine Auseinandersetzung mit dem anderen Ich: „You a politico – I a feminist – we as women". Entsprechend wird die Dialektik von politischer Aufklärung und weiblicher Emanzipation gestaltet und weder dogmatisch entschieden noch doktrinär gepredigt. Die Sexismussonde dringt nicht nur in die vorgezeichnete Richtung von Rassismus und Kolonialismus vor, sondern ebenso in die von Liberalität, Reform und Radikalität. So zeigt die Auswahl ein echtes Spektrum, ohne schichtenspezifische Homogenität. Probleme des Alterns, der Schulbildung, des Berufslebens, der Religion stehen neben denen des Rassenvorurteils, unter dem Schwarze wie Braune zu leiden haben, und des Sozialvorurteils gegenüber den aus der Bahn Geworfenen.

Der Einleitung folgen 25 Seiten Geschichtsabriß. Dabei ist der Bogen weiter gespannt als ein bloßer Rückblick auf die Frauenrechtbewegung. Auch der vorgeschlagenen Periodisierung ist einiges abzugewinnen: Protestantenethik – Grenzlandgeist – Sezessionsmentalität – Weltkriegsstimmung. Die Entwicklung im 19. Jahrhundert wird erfreulich differenziert dargestellt, und auch der Ausblick auf England fehlt nicht. Die persönlichen Erlebnisse und Einsichten erscheinen unter fünf Rubriken, deren Überschriften das poetische Penchant deutlich bekunden: *The Oppressed Majority; The Invisible Woman; Go Tell It in the Valley; Up from Sexism; The Hand that Cradles the Rock.* Hinter einem Doppelpunkt erklären dann erst die entsprechenden Abstrakta den notwendigen Bezug.

Im einzelnen bringt Teil 1 Beiträge zur Alltagsrealität des Berufslebens. Darlegungen zur Doppelbelastung, zur Rechtsprechung, zur Kirchenreform schließen an Bekanntes an. Die Schlaglichter aus dem Sekretärinnenalltag, der Wohlfahrtsbespitzelung, der Karrierebenachteiligung sind in ihrer beklemmenden Wirkung gesellschaftskritischer als pauschale Anklagen. Bemerkenswert, daß trotz großer Belastung dem Pseudo-Protektionismus des Kavaliergehabes wiederholt (S. 39, 79) eine klare Absage erteilt wird.

94

Teil 2 ist psychologischen Fragestellungen gewidmet. Dem Umfang nach nimmt er fast ein Drittel des Buches in Anspruch. In ihm werden negative Frauenstereotype bloßgestellt, Erfahrungen mit dem Altern und mit den medienvermittelten „Leitbildern" geschildert, wird zur Vermarktung von Sex, zur Geburtenkontrolle, zur Mythenbildung in der Medizin und in der Psychologie kritisch Stellung genommen. Die innere Differenziertheit zeigt sich dabei etwa in den Stimmen zu Freud, die von Verriß (S. 209) bis Anerkennung (S. 225) und abwägender Würdigung (S. 232) reichen. Von fachlicher Kompetenz zeugen die Ausführungen von Weisstein, Sherfey und Shainess.

Teil 3 versucht, einen sich abzeichnenden Gesinnungswandel wiederzugeben. Frances Beal gelingt es dabei unter dem Aspekt „slaves of slaves" in beeindruckender Manier, an Sojourner Truth anzuschließen, wenn sie die Situation der schwarzen Frau schildert. Ähnlich überzeugend ist der Beitrag zur Situation der Chicana. Informativ zwar, aber eigentlich aus dem gesteckten Rahmen fallend, ist demgegenüber der Bericht zur Lage in China. Entbehrlich wollen mir auch die Berichte aus dem High School Sektor zur Fächerwahl, zur Zulassung, zur Koedukation erscheinen.

Teil 4 enthält kritische Ansätze zur Überwindung des Sexismus. Piercy weist das Kulisyndrom auch innerhalb radikaler Bewegungen nach. Kennedy analysiert die Unterdrückenpathologie. Sacks versucht, Alternativen auf anthropologischer Grundlage von Irokesen und Kongopygmäen abzuleiten. Die umfassendste Analyse aus recht radikaler Warte liefert Dunbar.

Teil 5 bringt unter der Überschrift *Poetry as Protest* sechzehn Seiten ästhetisierten Protests. Dieser wird, wie in der Einleitung dargelegt, interessanterweise als zumindest potentiell wirksam aufgefaßt. Meinem Empfinden nach werfen dabei Brittons „She wears/ her pain/ like an aging/ dress", Russos „I shall not allure you . . . I shall come bald" und Plaths „him . . . in whose shadow I have eaten my ghost ration" die poetischsten Schatten auf die zur Debatte stehenden Probleme. Allgemein verweist besonders dieser Abschnitt auf eine weitere Möglichkeit, die dringend benötigte Primärmotivation in der Schule aufzubauen. Erfahrungsgemäß lassen sich die vielen Fragen im Rahmen der Wirkungsdiskussion von „Literatur zwischen Ohnmacht und Zensur" dafür gut verwenden.

Im 40 Seiten umfassenden Anhang finden sich die wichtigsten Manifeste von NOW bis WITCH. Die beigegebene 15-seitige Bibliographie ist gut ausgewählt und verläßlich. Sie ist überdies praktisch zu benutzen, da sie die einschlägige Literatur jeweils unter dem passenden Stichwort anbietet. Eine gute Ergänzung wäre das handliche Heftchen von Rowbotham.[15]

Insgesamt also ein jenseits von revolutionärem Pathos in seiner unverfälschten Erlebnisechtheit beeindruckendes Buch. Die Annotierung aller Artikel durch

---

[15] Rowbotham, S., **Women's Liberation**, a bibliography. Zum 19. Jahrhundert in England s. Kanner, **a. a. O.**

Hrsg. ist gründlich und hinreichend. Auf einiges Beiwerk, wie den Katalog negativer Argumentationsklischees, acht Seiten Demonstrationsphotos (bis auf Florikas Photomontage) und die zwar nicht ungeschickt gewählten, aber nicht näher kommentierten und nicht belegten *Sexist Quotes,* hätte ohne große Verluste verzichtet werden können. Unter dem Gesichtspunkt der Textsortenvarianz ist der Band recht ergiebig: Analysen, Abhandlungen, Berichte stehen neben Tagebucheintragungen, sarkastischen Invektiven, Gedichten, Prosa-Gedichten, Katalogen, einer Parabel und einer propagandistischen Photomontage. Erfreulich auch, daß die Implikation der Gesamtauswahl im Buch selbst in Frage gestellt wird, wenn neben dem *feminine mystique* auch von dem *sisterhood mystique* (S. 445) die Rede ist.

Alice Rossi unternimmt es, den historischen Widerstand gegen den Sexismus nachzuzeichnen. Sie ist Professorin für Sozialanthropologie am Goucher College, Baltimore, Maryland, einer tertiären Bildungseinrichtung für Frauen. Nicht recht zufrieden mit der Resonanz ihrer Ausgabe des Klassikerpaares Mill-Taylor[16], läßt sie das vorliegende Buch von 1970 bis 1973 langsam aus einer Einheit von Engagement, Forschung und Lehre entstehen. Man merkt ihm die Sorgfalt und Gründlichkeit der Zusammenstellung an. Zusätzlich unternahm sie objektive Rezeptionsexperimente, wie den Vergleich der Textaufnahme mit oder ohne vorherige Hintergrundinformation. Wie ihre Untersuchungen ergaben, stießen die Schriften nach gründlicher Vorinformation über Autoren und Lebensumstände auf weit größeres Interesse als ohne derartige Vorbereitung. Sie konzipierte daher die Anlage ihres Buches entsprechend. Die ausgewählten Texte werden auf der Basis einer gründlichen Einführung in Biographie und Soziographie der Autoren präsentiert. Zwar fehlt die Solidaritätsvision keineswegs – „there is strength in the vision of a sisterhood that has roots in the past and extends into the future" –, aber die propagierte Emanzipation (ökonomisch, sexuell, ausbildungsmäßig, erzieherisch) ist umfassend in eine fundierte historische Perspektive eingebettet. Manche Digression kommt recht gelegen, wie etwa der Hinweis auf die Wortgeschichte von „Feminismus" mit dem Erstbeleg von 1895. Ebenso solide wie praktisch ist auch jene Übersicht (S. XV), die mit einem Blick einen Vergleich der Lebensspannen der Autorinnen zuläßt. Weiter zeigt da eine Karte das Einzugsgebiet von *Seneca Falls* (S. 243), machen soziometrische Intimitätsdiagramme (S. 276) persönliche Beziehungen deutlich, wird die Genealogie des Blackwell Clan ausgebreitet (S. 324) und werden die Verflechtungen mit dem *Religious Revivalism,* dem *Temperance Movement,* der *Moral Reform,* dem *Antislavery Movement* von seiten des *Woman's Rights Movement,* aufgeschlüsselt nach Autorinnen, deren Eltern und Ehemännern, im Schaubild verdeutlicht (S. 278). Von Vorteil ist darüber hinaus, daß die Verflechtung mit Europa keineswegs ausgespart wird, sei sie nun faktisch-biographischer (Wright, Martineau, Fuller, Goldman) oder

---

[16] Rossi, **Sex Equality.**

intellektuell-kausaler Natur (Wollstonecraft, Mill, Beauvoir, Woolf). In diesem Verständnis hebt Hrsg. auch eindrucksvoll auf personalisierbare Einflüsse ab, wie z. B. auf den von Finney *(Evangelism)* und Hicks *(Quaker)*. Ward und Freud werden mit Gilman in Beziehung gebracht, erstaunlicherweise aber nicht Edward Carpenter. Daneben wird das Arbeitsverhältnis von Kelley und Engels beleuchtet (S. 475), übrigens nicht sehr schmeichelhaft für letzteren; wird der Freundschaft Stanton–Anthony die von Brown–Stone an die Seite gestellt, wird die Wirkung Gilmans mit der von Friedan kontrastiert (S. 566). Überhaupt muß es als Verdienst angerechnet werden, daß Wirkungsbelege und Wirkungshypothesen historisch relativieren und methodologisch korrigieren, was ansonsten – vom Ansatz her – leicht hätte wie eine übertrieben biographische Ausrichtung aussehen können. In diesem Licht ist auch der Hinweis aufschlußreich, daß die Feministentradition im Umfeld der Aufklärung und der moralischen Kampagnen weit besser dokumentiert und tradiert sei als in ihrer späteren, mehr sozialistischen oder intellektualistischen Ausprägung. Diese vier Konzepte – Aufklärung, Moralfeldzug, Sozialismus, Intellektualismus – decken sich denn auch im wesentlichen mit den Organisationsprinzipien und der historischen Kategorisierung der Textauswahl.

Von ungefähr gleichem Umfang widmen sich nämlich Teil 1 dem Feminismus im Magnetfeld der Aufklärung und Teil 2 dem Feminismus im Bannkreis des moralischen Engagements. Beide zusammen machen etwa zwei Drittel des gesamten Buches aus. Unter 1 figurieren jene Autorinnen, deren Tätigkeit einem radikalphilosophischen Impetus entsprang und die, Analyse-orientiert, stark individualistisch am Schreibtisch erfolgte. Unter 2 erscheinen diejenigen, deren Aktivität mehr konkret sozialen Ursprungs ist – mit Status und Moral verknüpft, keineswegs nur positiv – und die deshalb die öffentliche, organisierte Aktion betreiben.

Teil 3 erfaßt den Zeitraum 1880–1910. Der Hintergrund der Beiträge ist urban und industriell bestimmt, die Perspektive säkularisiert und eher kosmopolitisch. Neu gegenüber 1 und 2 ist die Einbeziehung der Arbeiterfrau. Ausschlaggebend werden häufig das Klassenkonzept und der Entwicklungsgedanke. Die Mehrzahl der Beiträge beschäftigt sich mehr oder minder historisch oder soziopsychologisch mit der Institution „Familie" und dem Sozialphänomen „Ehe".

Teil 4 enthält die geringste Zahl an Beiträgen und vermag am wenigsten zu überzeugen. Er erstreckt sich auf die Zeit 1925–1955. Intellektuelle Komplexität bei gleichzeitiger enger Spezialisierung beschränkt den Ausblick auf den Bereich der akademisch arrivierten oder orientierten Frau. Zweifellos ist es wichtig, den stattgehabten Statusgewinn auf Grund eigener Verstandesleistung neben der eigentlichen Argumentation indirekt zu dokumentieren. Die bedauerliche Folge ist jedoch, daß alle Beiträge aus den Universitäten stammen oder aus dem Kulturbetrieb von Journalismus und Literatur kommen.

Hervorzuheben gilt es die gründlichen Einführungen, sowohl zu den vier Teilen als auch zu den einzelnen Beiträgen. Sie sind gut dokumentiert und enthalten zusätzliche Literaturverweise. Damit hängt auch zusammen, daß die alphabetische, unstrukturierte Bibliographie erst nach erfolgter Lektüre den größten Nutzen abwirft. Sie ist mehr Beleg und Nachweis denn eigenständige Dokumentation. Unter dem Aspekt der Rezeptionsproblematik ist der Hinweis auf das von der jeweiligen politischen Ausrichtung abhängige Aufnahmeschicksal der Mill-Taylor-Beziehung erfreulich anschaulich (Hayek –//– Laski). Im übrigen ist es durchaus erfrischend, daß trotz abgeklärter Distanziertheit gelegentlich persönliche Vorlieben zum Tragen kommen. So etwa das Gewicht, das auf Antoinette Brown gelegt wird, oder der persönliche Kontakt zu Suzanne LaFollette, die – 78jährig – von Hrsg. noch *face-to-face* befragt werden konnte.

Insgesamt ist für Rossis Band festzuhalten: Eine Textauswahl, die die Anzahl der Autoren etwas einschränkt, aber dafür gutgewählt Beiträge von Frauen *und* Männern in längeren Passagen besser zur Geltung kommen läßt. Eine schnelle Lektüre wird das sicherlich nicht erleichtern, ebenso wenig wie das Fehlen sowohl eines Namens- wie eines Sachregisters. Von größerer Tragweite ist ein systematischer Einwand: ein gut Teil der überaus anregenden Thesen findet sich über die einzelnen Einführungen verstreut. Sie hätten ihren Platz doch wohl besser zusammengefaßt in der Einleitung. Beispiele hierfür wären der Vorschlag zur Periodisierung mit den Höhepunkten 1850, 1910, 1970 (S. 616), die Hypothese von der Generationen-Oszillation zwischen *public* und *private* mit den „privaten" Konsolidierungsphasen 1870–1880, 1930–1940 und – so ist man versucht hinzuzufügen – ab 1975. Am deutlichsten signalisieren persönliche Retrospektiven, wie etwa die Autobiographie von Kate Millett, das Ende der unmittelbar produktiven Phase. Hinzu kommen gewisse gesellschaftspolitische Teilerfolge, wie der *Sex Discrimination Act* und der *Equal Pay Act* in Großbritannien aus eben diesem Jahr, oder auch die neuen Editionen von Klassikern, wie z. B. Kramnicks und Kellys Wollstonecraft Ausgaben. Das dritte Signal ist die hohe Zahl von kritischen Analysen und Resümees. Hierher gehört Betty Friedans kritischer Rückblick genauso wie Joseph Loseys Film *Romantic Englishwoman* (1975). Darüberhinaus wären die spezielleren Untersuchungen von Millum, Borer, Branca, Dawes, Janeway und Bullough in diesem Zusammenhang zu nennen. Eventuell läßt sich sogar Paul Ferris Kommentar zur neu eingerichteten Sendung im vierten Programm des BBC Hörfunks *The Better Half* als Indiz in diesem Sinne in Anspruch nehmen:

> If women are going to be treated as special cases and shepherded together for serious conversations, radio producers might as well try to sound as if they had heard of the 1970s and get some real feminist argument going. Hardly a breath of this troubles the air of BBC radio.[17]

Mag im Rahmen der verstreut vorgebrachten Hypothesen die Enkelinnentheorie im Hinblick auf die Abfolge *public-private-public* noch angehen (S. 621), so

---

[17] **The Observer**, 6. 3. 1977.

will es mir nur mit großen Einschränkungen gerechtfertigt erscheinen, als Hauptmovens feministischer Aktivität stattfindenden oder drohend bevorstehenden Statusverlust anzunehmen.

V.

Den zeitgenössischen Argumentationszusammenhang im Feminismus von, sagen wir, *childbearer – socializer – homemaker – „ogle-object" – labour force reserve*, können sicherlich auch einzelne Primärschriften liefern. So etwas Ähnliches wie eine Erfolgsbilanz liefert jedoch nur das Einbeziehen der historischen Warte der feministischen Bewegung. Dies ist der Sinn von Anthologien der vorgestellten Art. Hier liegt ihre eigentliche Berechtigung. Stark reduzierte Schulausgaben[18] mit ihrem aus mancherlei Gründen kaum zu vermeidenden *spoon-feeding approach* können diesen Zweck nur sehr begrenzt erfüllen. Erstaunlich allerdings, daß dieser Vorwurf von ministeriellen Gutachtern nicht erhoben worden ist. Sie störte vielmehr die thematische Bindung der Texte, nicht schlechthin versteht sich, sondern speziell bei diesem Thema; das Schülerinteresse würde zu schnell erlahmen. Ich vermag dem nicht zu folgen. Ich glaube vielmehr, daß u. U. eine zu weitgehende sprachliche Aufbereitung nach relativ starren Modellen ein Motivationshindernis darstellt, nicht aber die Themenorientiertheit als Auswahlprinzip der Textzusammenstellung. Für die eigene Hintergrundarbeit seien dem Lehrer unter Zeitdruck die Bücher von Morgan und Rossi in ihrer gegenseitigen Ergänzung empfohlen. Einzeltexte zur aufbereiteten Behandlung im Kurs- oder Klassenverband lassen sich auch Tanner und Schneir entnehmen. Auch Morgan ließe sich in einem Leistungskurs als Textbasis zugrunde legen. Den Einsatz von Rossi müßte man wohl auf selektive Gruppen- oder Einzelreferate beschränken.

---

[18] Stummer, **Women's Lib.**

Literaturverzeichnis

Arnim, G. von: „Was macht sie zur Feministin?". **Die Zeit**, 12, 12. März, 1976, 55.

Borer, M. C.: **Willingly to School. Social history of women and their education.** London: Lutterworth Pr., 1976.

Borneman, E.: „Warum die Frauenbewegung mich so deprimiert". **Warum, Zeitschrift für Psychologie**, Februar 1977, 35–37.

Brooks, G.: **Selected Poems.** New York: Harper & Row, 1963.

Branca, P.: **The Female Experience since 1750.** London: Croom Helm, 1976.

Bullough, V. L.: **The Subordinate Sex. A history of attitudes toward women.** New York: Baltimore, Penguin 1974.

Cahill, S. (Ed.): **Women and Fiction. Short stories by and about women.** New York: New American Library, 1975 (= Mentor Book, 451-ME 1445).

Chafe, W.: **The American Woman. Her changing social, economic, and political roles 1920–1970.** New York: OUP, 1972.

Conran, S.: **Superwoman, Every woman's book of household management.** [1975]. Penguin, 1977.

Dahl, R.: **Switch Bitch.** London: M. Joseph, 1974; Warner, 1975; Penguin, 1976.

Dawes, F.: **A Woman's Place. Women at work from 1830 to the present.** London: Wayland, 1976.

Drabble, M.: **The Waterfall.** [1969]. Penguin, ^{6}1975.

Egginton, J.: ,,YOU: Anti-feminist backlash". **The Observer** 28. August 1977, 22.

Ellis, H.: **Man and Woman.** New York: Houghton Mifflin, 1929.

Figes, E.: **Patriarchal Attitudes.** London: Faber, 1970.

Flexner, E.: **A Century of Struggle.** Cambridge: Harvard UP, 1959.

Friedan, B.: **The Feminine Mystique.** [1963]. Penguin, 1976.

dies.: **It Changed My Life.** London: Gollancz, 1977.

Fritz, H.: ,,Supermanns rasende Töchter". **Petra** 9, 1977, 160–164.

Greer, G.: **The Female Eunuch.** London: McGibbon, 1970; Paladin 3. Aufl. 1971.

Goldman, E.: **Living My Life.** New York: A. A. Knopf, 1931.

Hauser, H.: ,,,Emanzipiert' – inzwischen ein Schimpfwort?" **Petra** 5, 1976, 9.

Hare, D.: **Slag.** [1970]. London: Faber, 1971.

Highsmith, P.: ,,The Middle-class Housewife". In P. H.: **Little Tales of Misogyny** (1975). Dtsch. Diogenes Vlg. Zürich.

Hirsch, A. H.: **The Love Elite.** New York: Julian, 1963.

Janeway, E.: **Man's World – Woman's Place. A study in social mythology.** [1971]. M. Joseph, 1972; Penguin, 1977.

Jellicoe, A.: ,,The Rising Generation". [1960]. In: Durband, A. (ed.), **Playbill Two** (= Hutchinson educat., ^{2}1970).

Kanner, S. B.: ,,The Women of England in a Century of Social Change, 1815–1914: A select bibliography". In: Vicinus, M. (ed.), **Suffer and be Still.** Bloomington: Indiana UP, 1972, chap. 10.

Kaplan, S. J.: **Feminine Consciousness in the Modern British Novel.** Urbana: University of Illinois Press, 1975.

Kelly (Ed.): **Wollstonecraft: Mary, a Fiction, The Wrongs of Woman.** London: OUP, 1976.

King, J./Stott, M. (Eds.): **Is This Your Life? Images of Women in the Media.** London: Virago, 1977 (= Quartet Books).

Köck, W. K.: ,,Der englische Frauenroman". In: Rucktäschel/Zimmermann (Hrsg.), **Trivialliteratur.** München: Fink, 1976, S. 357–376.

Kramnick, M. (Ed.): **Wollstonecraft: Vindication of the Rights of Woman.** Penguin, 1975 (= Pelican Classics).

Lessing, D.: **The Golden Notebook.** [1962]. Panther, ^{3}1976.

McAlhone, B. (Ed.): ,,Women's Lib – what do you think?" **The Observer** 26. September 1976.

McKenna, J.: ,,The Women's Lib ,Soldiers'". In Hill, N. (Ed.): **The Violent Women.** New York: Popular Library, 1971, S. 75–115.

Menschik, J. (Ed.): **Grundlagentexte zur Emanzipation der Frau.** Pahl-Rugenstein Verlag, 1976.

dies.: **Feminismus. Geschichte, Theorie, Praxis.** Pahl-Rugenstein Verlag, 1977.

Millett, K.: **Sexual Politics. [1969].** London: Hart-Davis, 1971. Dtsch. Desch, 1971; dtv Nr. 973.

dies.: **Flying.** [1974]. Paladin, 1976.

Millum, T.: **Images of Woman. Advertising in Woman's Magazines.** London, 1975.

Mitchell, J.: **Woman's Estate.** Penguin, 1969.

Mitchell, J./Oakley, A. (Eds.): **The Rights and Wrongs of Women.** Penguin, 1976.

Moers, E.: **Literary Women.** London: W. H. Allen, 1977. Anchor Books, 1977.

Morgan, E.: **The Descent of Woman.** New York: Stein & Day, 1972. Dtsch. Econ Verlag, 1972.

Morgan, M.: **The Total Woman.** [1973]. London, 1975.

Mortimer, P.: **The Pumpkin Eater.** [1962]. Penguin, ^{5}1969.

Myrdal, A./Klein, V.: **Women's Two Roles. Home and work.** London: Routledge & Kegan, 1956.

Pinter, H.: ,,The Lover". [1963]. In: H. P., **The Collection & The Lover.** London: Methuen, ^{4}1971.

Plath, S.: „Three Women". [1962]. In Hughes, T. (Ed.): **Sylvia Plath winter trees.** London: Faber, 1971.

dies.: **The Bell Jar.** [1963]. London: Faber, 1966.

Riegel, R. E.: **American Feminists.** Lawrence: University of Kansas Pr., 1963.

Rossi, A. (Ed.): **Essays on Sex Equality by John Stuart Mill and Harriet Taylor Mill.** Chicago UP, 1970.

Rowbotham, S.: **Women's Liberation and Revolution: A Bibliography.** Bristol: Falling Wall Press, ²1973.

Rowbotham, S.: **Women, Resistance, and Revolution.** London: A. Lane, 1972.

Sanders, M. K.: „The New American Female". **Harper's,** July, 1963.

Schwarzer, A.: **Der „kleine Unterschied" und seine großen Folgen.** Fischer Verlag, 1975.

dies.: „Das Ewig Weibliche ist eine Lüge" [Beauvoir Interview]. **Der Spiegel** 15, 5. April 1976, 190–200.

Sherfey, M. J.: **The Nature and Evolution of Female Sexuality.** New York: Random House, 1972. Vintage Book, 1973.

Showalter, E.: **Literature of their Own.** Princeton UP, 1977.

Shuttle, P.: **Rainsplitter in the Zodiac Garden.** London: Marion Boyars, 1977.

Sillitoe, A.: **Men, Women and Children.** London: W. H. Allen, 1973; Star Book, 1975.

Spacks, P. M.: **The Female Imagination.** London: Allen & Unwin, 1976.

Stassinopoulos, A.: **The Female Woman.** [1973]. Fontana 1974.

Stummer, P. O.: „Das Verhältnis von Sprache und Politik zwischen Sprachpolitik und Interessenanalyse". **Deutsche Vierteljahresschrift für Literaturwissenschaft und Geistesgeschichte** 49, 1975, 748–755.

ders.: **Topical Texts: Women's Lib.** Stuttgart: Klett, 1975.

Taylor, E.: **Blaming.** London: Chatto & Windus, 1976.

Tiger, L./Fox, R.: **The Imperial Animal.** 1971. Dtsch. **Das Herrentier.** Bertelsmann, 1973.

Wandor, M. (Ed.): **The Body Politic. Writings from the Women's Liberation Movement in Britain 1969–1972.**

Weitz, S.: **Sex Roles. Biological, psychological, and social foundations.** London: OUP, 1977.

Wieth-Knudsen, K. A.: **Feminism. A sociological study of the woman question from ancient times to the present day.** London: Constable, 1928.

Woolf, V.: **A Room of One's Own.** London, 1928; Penguin ⁹1975 (= Modern Classics).

Zeman, A.: **Presumptuous Girls. Women and their world in the serious women's novel.** London: Weidenfeld & Nicolson, 1977.

Albert-Reiner Glaap, Neuß

From the Horse's Mouth
Questions from German Students
to Living British Dramatists

1. Drama: Communicative function and verbal dimension

Plays are written primarily not to be read, but to be acted and seen. Foremost in the playwright's thoughts is the audience to whom the actual performance is the yardstick to measure the play by. The true dimension of drama is space. People who read plays for study or pleasure know that the printed text is not anything like a performance. They must conjure up a three-dimensional picture of which the words on the pages before them are merely a flimsy part.[1]

A play is an act of communication between the playwright and the audience or the reader and bears upon it the marks of the dramatist's specific viewpoint and set of circumstances. However, the „message" conveyed is by no means irrefutable; a lot depends on the experience, the insight and the assumptions of those who have seen a performance or read the text of the play.

In this article I shall concentrate on a handful of contemporary plays that I have read and discussed with groups of students in a seminar. The discussion brought to light a number of moot points which made it necessary, in our opinion, to go behind the scenes and find out what went into the writing of the script. We made lists of the vital questions which were then sent to the playwrights with whom I had the chance to either have interviews or be in correspondence. The aim was to find out if and in what way the dramatists' answers can give a deeper insight into and help towards a more thorough understanding of their plays. Needless to say, one should be clear about the fact that statements made by dramatists cannot and should not be considered as substitutes for the reader's or the audience's personal view which is as much part of the interpretation process as the playwright's workshop.

2. Drama in the Seventies: Tendencies and representatives

In the mid-50s it was fairly easy to explain how one might understand the theatre; the yardstick was the „conventional-realistic-well made play"-formula. But since Osborne the English theatre has been in a period of transition.

---

[1] Hayman, R.: **How to read a play.** London, 1977, 11–16.

Terms like „Theatrical Revolution" and „New Drama" were coined which were meant to signal what people believed to be a new beginning in the development of the English drama. The so-called „Second Wave"[2] of the new drama was due to a number of innovations that are also somehow connected with the plays that will be discussed later on. One of the decisive innovations was the abolition of theatre censorship in 1968 which made it possible to tackle topics that the Lord Chamberlain would have kept from the British public. Another innovation resulted in the role of the director becoming more and more important. This was the chance for which directors like Berman and Marowitz had been waiting. They opened up new ways in the British theatre, specifically in the lunch-hour field. Most important, however, was the fact that „the theatre was no longer one coherent thing."[3] The term „New Drama" is misleading, and critics of our time point out that the playwrights who are listed under this heading have only little in common. They differ in as many ways as their predecessors. Names like Ayckbourn, Bond, Gray, Griffiths, Hampton, Stoppard, Storey and Whitehead prove the validity of such statements. These dramatists do not add up to anything like a school. Each of them is in his way a critic of the uneasy society of contemporary Britain and tries to engage the audience in a reconsideration of its own assumptions. This applies specifically to the three dramatists, whose plays will be discussed in this article: Trevor Griffiths, Ted Whitehead and Tom Stoppard.

3. Three Living British Dramatists: Topics and overall patterns

3. 1 Trevor Griffiths: The political argument and:
„I think all plays are persuasive".

Most important plays: *Occupations* (1970)
Sam Sam (1972)
The Party (1973)
All Good Men (1975)
Comedians (1975)

T. Griffiths is primarily known as a political writer. He was a member of the Labour Party for eighteen months but left the party because he disagreed with their selling arms to South Africa. Griffiths has, as he puts it himself, „very ambivalent feelings about the Labour Party, which I have worked out in various plays."[4] This applies particularly to his first stage play *Sam Sam*.[5] A further interesting feature is that the second act is reminiscent of Osborne's *Look Back in Anger*. It can thus help to delineate in what way the British theatrical scene has been extended and changed since the year of the so-called

---

[2] Taylor, J. R.: **The Second Wave. British Drama in the Seventies.** London, 1971.
[3] Taylor: **The Second Wave.** 14.
[4] Kerensky, O.: **The New British Drama.** London, 1977, 189.
[5] „Sam Sam", **Plays and Players.** Hansom Books, April 1972.

theatrical revolution (1956). O. Kerensky stresses the „deliberate references" to Osborne's play, „such as Sam's description of a dying father who had slaved away all his life in industry for very little reward, his violent quarrel with middle-class parents-in-law, and his passionate love-making with his wife immediately after a row reducing her to tears."[6]

Reading *Sam Sam* one cannot but wonder whether Griffiths intended to continue where Osborne had left off or merely alluded to Osborne in order to show how much he deviated from him. So I put this question to the playwright:

– What are, in your eyes, the most important similarities between *Sam Sam* and Osborne's *Look Back in Anger*?

+ I see mainly differences, though the form of the second act of *Sam Sam* is, in part, a parodic version of *Look Back in Anger*. The principal difference lies in the objectives of the two plays, and in their class dimensions. Osborne seems to concern himself with a particular generational voice saying „No" to received versions of the past. That voice is, in a sense, still to be heard in Sam II, but more selfmocking, self-aware, compromised. My first act, however, is the fundus for this second Sam: where he came from, where (sadly, ironically, painfully) much of him would want to go back to, rejoin. *Sam Sam* is essentially a play about class and its mystifications in late 20th century British society, while Osborne's, antithetically, is a serious attempt to de-class that society from without, as it were, as an act of will or rhetoric. Unsurprisingly, since it lacks a politics, Osborne's play ends in a sort of painful, regressive romanticism. Cf. the ending of *Sam Sam* etc.

The Party[7] is also a political play. Its title underlines the paradox of „a new revolutionary party being conceived in the midst of a middle-class social gathering."[8] Griffiths elaborates on the clash between intellectuals and workers which has presented grave problems to all Left-Wing parties. Neither the Paris événements in 1968, which served as a foil to the play, nor the dialectical debate of the party meeting in the play lead to the desired end result, the successful revolution. Here, as in most of his plays, Griffiths is successful in imparting provocative political messages. Critics claim that Griffiths' plays are sheer propaganda and that they lack dramatic entertainment. What seems to be more important is that some of his arguments and also scenes in his plays are by no means conclusive. I asked Trevor Griffiths for his comments.

– When reading your plays, one gets the idea that you are keen on giving your audiences food for thought and that you do not want to bring home to them a „specific message".

[6] Kerensky: **The New British Drama.** 189–190.
[7] **The Party.** Faber, 1974.
[8] Cf. Peter Ansorge's review of „Comedians" by T. Griffiths, **Plays and Players.** April 1975.

+ I think all plays are persuasive. Some aim to persuade to authorical views, stances, perspective: they invite the audience, if you like, to agree with the play's „findings". Mine are not entirely free of this, though I don't believe they work primarily in that area. They do, however, insist on the Leavisite interrogative assertion: „It's like this, isn't it". Mainly, though, they seek, beyond the audience's agreeement and evidence with enough dramatic force to engage an audience in a thoroughgoing critique of its own behavior and assumptions. A play like *The Party* does this explicitly; *Occupations*[9] more by implication, I think.

– The fact that my German students are fond of *reading* your plays seem to me to be due to the fact that problems are of primary importance and that theatricality is only of secondary importance. Does that hold water?

+ What can I say? A play on a page is one thing, on a stage another. Perhaps if your students can get to Peter Zadek's production of *Comedians*[10] in Hamburg later this year – and assuming it's a decent production – they'd be in a better position to judge whether I put „problems" before „theatricality". What I will say, however, is that I've no interest in theatricality for its own sake, as I'm uninterested in theatre for its own sake; so that, in my own work, I may be seeking a new definition of what is theatrical. (Vide Tagg's 20-minute speech in *The Party,* following hard upon Ford's 17-minute speech; Gramsci's long factory speeches in *Occupations* etc.). But I'd also ask your students to think again about the theatrical form of Act 1 of *Sam Sam*; or of Act II of *Comedians,* in both of which the audience is constantly being forced into changing its point of view – and therefore its perception – of what is taking place before it. Do these lack theatricality, even in the conventional sense of the term. I'd answer no, but maybe I'm prejudiced.

With regard to the fact that quite a few contemporary British dramatists (Ch. Hampton; Simon Gray; P. Nichols) were or still are teachers and/or wrote plays about teachers[11], I asked Trevor Griffiths how he sees the bearing that his former profession of a teacher has on his writing plays.

+ I'm not sure how my being a teacher for eight years has influenced the way I write plays. Mainly, I think, it's made me wary of dramatic authoritarianism and resistant to shortcuts, tricks and sleights-of-hand. I think I want my drama, as I want my education, to be „out front" where everyone can see it. I'm interested in persuading people (or educating them) only on the basis of their being wholly and consciously involved in the process.

---

[9] **Occupations.** Calder & Boyars, 1972.
[10] **Comedians.** Faber, 1976.
[11] Cf. Hampton, Ch.: **The Philanthropist.** (1970), Gray, S.: **Butley.** (1970) and **Otherwise Engaged.** (1975); Nichols, P.: **A Day in the Day of Joe Egg.** (1967).

3. 2 Ted Whitehead: *The social message and:*
„I hope my notes help to clarify some of the
uncertainties".

Most important plays: *The Foursome* (1971)
Alpha Beta (1972)
The Sea Anchor (1974)
Old Flames (1975)
Mecca (1977)

How much is to be gained from a playwright's own comments, can – in the case of Ted Whitehead – be illustrated in conjunction with *The Sea Anchor* and *Old Flames.*

The Sea Anchor[12] is a play „about the misery of sexual relationships, within and without marriage, in a society where there are no rules other than male/ female archetypes". Two couples, working-class Liverpudlians, are in Dublin waiting for their male friend Nick, who is trying to make the crossing on his own in a dinghy. Waiting for Nick provides a straightforward dramatic tension, but it also enables one to focus all the various relationships, as he is central to them. Each character contributes a different view of Nick, from which the audience can choose, and make their own composite. The symbolism is central in *The Sea Anchor,* and in order to verify details of our interpretation of the play, I put some questions to Ted Whitehead when I had an interview with him last year.

– Why is the play titled *The Sea Anchor?* What is the symbolic implication of the sea in this play? (There seem to be deliberate references to the early plays of Eugene O'Neill).

+ The play is called *The Sea Anchor* to suggest that all these people are shifting, drifting – even their apparent anchors drift.

The sheer vastness, unpredictability, and danger of the sea releases man from the crisis he encounters on land. „Makes you feel puny."

The play can also be considered as a bitter modern variant on legend: heroic Ulysses struggles through all sorts of dangers to return to his faithful wife Penelope, who resists all suitors. Here Nick is sailing away *from* a possess- ive wife, and fails to join his equally possessive mistress – who herself is profoundly bored with her husband on the other shore.

Growing up in a port, I was (and am) a great admirer of O'Neill's early sea plays, and though I didn't think about them, I would not be surprised if some of that atmosphere has rubbed off on me.

– What are the connotations of the word „freedom" which seems to be a

---

12 **The Sea Anchor.** Faber, 1975.

keyword in the play? – How does Nick's boat trip fit in with the overall pattern of the play? How do the other characters assert their freedom?

+ ,,Freedom" means that one feels, thinks and acts, i.e. lives, authentically – from the core of one's being – and not in accordance with modes of living prescribed by others. Nick is trying to escape the unbearable contradictions in his situation but is also making some obscure, complex attempt to do something ,,authentic".

The men, at least, find some degree of freedom at sea, where they escape all the usual pressures of conformity. ,,The sea is different from the land."

Sea and water also have symbolic meaning in *Old Flames*.[13] The action takes place on a houseboat which suggests a floating home. Here the water is seen as a cleansing or purging element.

In *Old Flames* the resentments of women against men are expressed on the stage. Edward is invited to a meal on Sally's houseboat. After his arrival three other women, key figures in his life – two wives and his mother – appear on the scene. In the dispute to follow the women complain about men in general and offer ,,new – almost unknown – possibilities of honest and fulfilling relationships with men which are unthinkable in a state of patriarchy, in which both men and women are largely innocent victims, or conspirators" (Whitehead). After the conventional first act the women literally make a meal of Edward, eat him in a parody of the communion service, and hurry away to catch the last bus. The ,,old flames" of the play are – in Whitehead's words – ,,the flames of possessive passion which are far from extinguished despite Edward's naive assertions and the women's cries of liberation".

After a thorough discussion of the play we came across a few uncertainties – with regard to theme, characters and structure – which we hoped the playwright himself would be able to clarify.

re theme:

– Do you consider *Old Flames* to be a play on the ,,war" between the sexes in the form of a parable? Do you want to point out that social structures will be destroyed if the most intimate relationship between men and women does not work?

+ Yes, it is a parable in realistic form, about the penalty paid for the distortion of our sexuality by a repressive culture.

As Doris Lessing said, women are beginning to feel ,,betrayed". Many of them feel that the villain of the piece is ,,the male". But the intention of the play is to suggest that the villain is the patriarchal culture in which both women and men connive.

---

[13] **Old Flames.** Faber, 1976.

I believe that we are all facing a huge historical swing away from patriarchy and that this is reflected in the confusions in our most intimate relationships.

− Do women in the play dispose of Edward in the way of cannibalism? Or should the fable part of the play be considered a grotesque parody on the communion service?

+ The play attempts to be both specific and universal, i.e. to be both naturalistic and mystic. However, Edward is *not* cannibalised − he is sacrificed. The fable part is a parody on the communion service. We eat the Saviour. These women eat the destroyer. The most intimate relationship would be for *them* to have the man in them, even − if bodily − he is not there any more. To affirm the imagery of the communion service they wash down the meal with a glass of blood.

re characters:

− What types of womanhood do the different women represent? Why are the women Roman Catholics?

+ The women represent a spectrum of repression by age: from the near-total repression of the old woman to the comparative freedom of the youngest.

The mother and Diane are RC, while the others are not. The RC church is seen as representing traditional values in an extreme form, and the degree of religious interest is seen as the degree of sexual repression.

− What is the essential characteristic of the male characters?

+ The essential characteristic of the male characters is that they have all been indoctrinated to idealise women as „Madonna figures", and cannot reconcile this with physical sexual relations. When the woman reveals her sexual appetites the man's faith is shattered. Furthermore, they are all men who need a variety of sexual relationships for fulfilment, and cannot accept the hypocrisy of society's dominant double standard. These conflicts cause neurotic tensions which they escape from into drink and male camaraderie.

I believe these contradictions are inherent in our culture and are reconciled with varying degrees of success by different males.

re structure:

− Does the conventional opening of the play serve the purpose of preparing the reader for the surprises to come?

+ The intention was to lure the audience into a conventional play and then hit them with direct unstructured experience. Also to set up an erotic game and then reveal the savage realities underneath.

Thus the play consists of two acts, each of them a self-contained entity. In the first act all the characters appear on the stage, the framework is realistic; one gets the impression that the conventional well-made play has been rejuvenated. There is the romantic Romeo-type of lover, there is wine, there are flowers – everything that a Shaftesbury Avenue audience would expect of a play. In the second act, however, Whitehead conveys his social message. He attacks „the Madonna image with its implications of the spiritual essence of women, and asserts their physical nature – which women have been conditioned to deny, or at least to conceal (except from the doctor!)" (Whitehead).

By giving detailed information and by having his readers look behind the scenes and find out what went into the making of his plays, Ted Whitehead has been a great help towards a better understanding of his plays. „I hope", he says in one of his letters, „my notes help to clarify some of the uncertainties". He willingly imparts his own views and perspective.

3. 3 Tom Stoppard: *The intellectual approach and:*
  „I am all for people having a good time".

Most important plays: *Rosencrantz and Guildenstern are Dead* (1966)
  The Real Inspector Hound (1968)
  Jumpers (1972)
  Travesties (1974)
  Dirty Linen and New-Found-Land (1976)

Dazzling wordplay, irony and crossword-puzzle-like wit are some of the characteristic features of Stoppard's plays. His is what has been termed a rigidly intellectual approach to the business of drama. What is more, he is often considered a descendant of the masters of civilized humour: Congreve, Dickens, Shaw and Lewis Carroll.

His latest play *Dirty Linen and New-Found-Land*[14] is a doublebill. *Dirty Linen* is a play on sex scandals in Whitehall. Rumour has it that 119 MP's have been compromised by the same girl. A House of Commons Select Committee has been appointed to look into the matter. It soon becomes clear that the attractive stenographer, Miss Gotebed, is the girl who sidetracked the MP's. Inserted within this play is *New-Found-Land*, an exchange of soliloquies between an old MP remembering Lloyd George and a young MP who takes his colleague away from his reminiscences by asking him whether British nationality should be granted to a bearded American who „has an income of £ 10,50 per week . . ., runs some sort of bus service . . ., writes plays, and . . . seems to have some kind of theatre . . ., and wants to be British because he's American". The old MP soon falls asleep, the young official makes a long and funny speech containing a host of clichés on the history and geography of America from coast to coast.

---

[14] **Dirty Linen and New-found-Land.** Faber, 1976.

According to the introductory note to the play *Dirty Linen* was supposed to be a play to celebrate Ed Berman's British naturalization[15], but it went off in a different direction – *New-Found-Land* was then written to re-introduce the American Connection.

Lots of problems can be discussed with reference to these two short plays. It is certainly worthwhile dealing with the puns and parodies, the literary fire-crackers and the farcical treatment on the theme. It would also be interesting to discuss the function of the dialogue which is peppered with French expressions and Latin phrases. Having discussed the plays some students suggested that I should ask Tom Stoppard about the relationship between *Dirty Linen* and *New-Found-Land*. This I did. The playwright's answers were symptomatic of his kind of reaction to questions about uncertainties in his plays. Obviously he does not want to interfere with the subjective views of those who have read or seen his plays. He makes a clear-cut difference between the intuitive process of the writer on the one hand and any post-hoc attempts to see his plays on the other hand: „It is not my contention that the study and criticism of drama has to justify itself in terms of its relevance to the playwright, the director, the actor or even the audience . . . The separation of theory and practice is, after all, common among enthusiasms of all kinds. Philately is not a qualification for becoming a postman . . . There is no good reason why an intellectual pursuit should not be an end in itself. I am all for people having a good time."[16]

The way Stoppard answered one of the questions that we had asked him is indicative of this point of view:

– Why has *NFL* been inserted into *DL*? What do the two playlets have in common? Is it the theme (Ed Berman's naturalization)? Is it the fact that in both plays honourable MP's kill time by debating pedestrian questions? Is it the ritual of formal Parliamentary tradition?

+ It is a moot point whether *Dirty Linen* and *New-Found-Land* are one play or two plays. Since I completed *DL* before I began *NFL* I think of it as a separate play. On the other hand in writing *NFL* I found myself overlapping the two, and so there is no clear division between the end of *NFL* and the continuation of *DL*. I honestly don't think it matters either way.

Simon Gray, the author of *Butley* and *Otherwise Engaged*, went even further. He refused to answer any questions. „Do accept my apologies, but I have decided that I prefer not to answer questions and discuss my own work", he writes in a letter.[17]

---

[15] Ed Berman is the American-born director of the Ambiance Lunch Hour Theatre Club/Almost Free Theatre.

[16] Stoppard, T.: „Playwrights and Professors". TLS (13th Oct., 1973) 219.

[17] Letter dated 6th July, 1977.

4. „From the Horse's mouth" . . . and all

Some aspects of the British drama in the seventies have been discussed with reference to three playwrights who are in different ways „symptoms" of our time and have taken the stage in recent years. Not only are their *themes* different from each other, their *approaches* do not add up to a school. Griffiths, in *Sam Sam,* makes deliberate references to Osborne's *Look Back in Anger;* Whitehead, in *Old Flames,* juxtaposes part of a „well made play" and a most avant-garde piece of drama; Stoppard amalgamates two playlets in *Dirty Linen and New-Found-Land.*

The three dramatists have been asked to answer questions about what seemed to German students uncertainties about the plays under discussion. Griffiths weighs his words when answering the questions, Whitehead willingly answers the questions, Stoppard considers most of the questions merely post-hoc attempts to see his plays. They have all been of help: Griffiths by giving food for thought, Whitehead by giving detailed information, Stoppard by emphasizing the distinction between the artistic creative and intuitive processes and the subjective views of the critics. He believes that everybody should define his own response to the play „which", Stoppard says, „is as valid as anybody else's, including mine". For that reason, he thinks, he can only be helpful by being evasive and by giving answers that must seem inadequate to those who asked the questions. To put it all in a nutshell: Griffiths and Whitehead offer one the ideal opportunity of getting information straight from the horse's mouth. In the case of Stoppard, however, you can take the horse to the water but you can't make it drink.

5. Answers from living dramatists: Guidelines to the play as a play?

When reading and interpreting a play, the reader is in the same position as the actor who tries to bring to life the role he is meant to play. Neither càn fully grasp what the text is offering unless it be related to their own experiences. This is all the more important when plays are read and discussed by and with groups of students each of whom is likely to be drawing on his previous experiences as a reader, on his individual interests, on memories of his own life. In order to grasp the full meaning of the text, the reader must, however, see the play as a reflection of part of the social and political framework in which it was written. And here the dramatist's point of view and comment may help towards a clarification of uncertainties. Surely, one cannot and should not expect the author to be fully equipped with conclusive results or „ready-made" answers. But who, when tackling complicated problems in connection with a play, would not be grateful for the chance to turn to the playwright himself and let him have the final say? After all, he can be expected to be familiar with the framework in which the ideas of the play were developed. Questions put to dramatists should, however, not be modelled on the formula: „What does the play mean?" as if there were one clear-cut answer. A much more adequate question would be: „What problems should be discussed with reference to the play? What possible solutions can be taken into consideration?"

Most plays written by contemporary British dramatists are written primarily for British audiences who see a performance of the play in a British theatre. When these plays are read and discussed in German seminars or schools, problems crop up on three levels:

1. The *German* student is, as a rule, not a London theatre-goer who can make up his mind and go and see a performance of the original *English* version as a member of an *English* audience in an *English* theatre.

2. The German student does not normally have the chance to attend even the performance of a German version of the play that he has read or intends to read. He knows about the play only what it communicates in *print*.

3. The German student may have a fairly good command of the English language, yet he will often find it difficult to understand all the implications of the words used, the „deep structures" of some of the sentences, or the many references to political and social events.

In other words: Far from being able to see the English play staged in an English theatre, the German student must almost always confine himself to reading the script and discussing it with some fellow students, with the help of a lecturer or teacher. Once in a while he may have the chance to see a German version of the play which happens to be on in a neighbouring theatre. On these grounds every opportunity of getting information „straight from the horse's mouth" will obviously be appreciated, because the author's comments can help to verify or falsify one's individual assumptions. Relevant details that went into the writing of the script only rarely come to light when the text is merely taken „at its face value".

With playwrights of our decade all this is particularly important, because most of them draw on a great number of contemporary events and take for granted that their audiences are familiar with them. This applies to dramatists like Griffiths, Keefe, Poliakoff, Stoppard, Whitehead and many others who are more or less „symptoms" of our time. There is also a tendency of some contemporary playwrights to insert into their plays quotations from or references to the literature of the past. Stoppard and Gray are typical examples. In Gray's *Butley*, for instance, one finds more than forty references to Wordsworth, Blake, Henry James, Herrick, Byron, Shakespeare, Austen, George Eliot, Carlyle, Milton, T. S. Eliot and other literary writers. What is a director to do who has to produce the play for a performance abroad, specifically in Germany? An average German audience will, in all probability, not understand most of the allusions. Should the producer eliminate them from his German production, the play would no longer be *Butley*. Should he replace them by equivalents from German literature thereby giving the play the „local touch" that a German audience would appreciate? The play would not be *Butley* any more.

How can the problem be solved when the play is read in the classroom? Should the teacher give his students all the background information about the relevant literary details beforehand, because he considers them to be part and parcel of the play? This would certainly hamper the student's ability to react spontaneously to the play as a whole.

One can only regret that Simon Gray decided not to answer any questions. His comments would have been most helpful.

It goes without saying that, as a rule, a playwright's comments should be referred to only *after* a first „round" of spontaneous reading and thorough discussion on the part of the students. The comments can then help to open up new ways for a second „round", in which the text is interpreted with special reference to what seem to be uncertainties and discussed in the light of the dramatist's view. His comments should *not* immediately *be grafted* onto the student's own approach. But whenever the student is at a loss, the dramatist can take him by the hand and *lead* him away from what could turn out to be *misleading* interpretations.

Udo O. H. Jung, Marburg

Das literarische Kunstwerk im Schulfunk

Eine Untersuchung zur literarischen Authentizität englisch-sprachiger Schulfunksendungen unter literatur- wissenschaftlichen und linguistischen Aspekten

Die Verfasser von Didaktiken und Methodiken für den neusprachlichen Unterricht sind sich weitgehend einig: Schulfunk ist eine nützliche Sache.[1] Die
Fürsprecher des Funks haben dabei nicht ausschließlich den Anfangsunterricht
im Auge, denn „der größte Wert des Schulfunks liegt zweifellos in der
Möglichkeit, künstlerische Erlebnisse bei den Sechzehn- bis Zwanzigjährigen
zu erzeugen."[2] Nutzt nun der Funk diese *Möglichkeit*, und wenn ja, mit
welchen Mitteln? Er versucht es, und von wenigen Ausnahmen abgesehen[3]
geht er dabei den Weg über die Bearbeitung literarischer Vorlagen.

Eine explizite Poetik der Adaption literarischer Kunstwerke für das Medium
Rundfunk gibt es allerdings nicht. Der Funk scheint keinen Bedarf (mehr) zu
haben. Stand das erste Rundfunkjahrzehnt (1923–1933) nach übereinstimmen-
dem Urteil „vorwiegend im Zeichen eines allgemeinen Volksbildungsoptimis-
mus"[4] mit zahlreichen Bearbeitungen von Klassikern aller Gattungen, so ist
doch die Entwicklung schnell darüber hinweggeschritten. Das Hörspiel begann,
sich als eigenständige literarische Form zu etablieren. Folgt man F. Knilli, dann
ist dieser Prozeß nicht nur längst abgeschlossen, das literarische Hörspiel ist
auch bereits „eindeutig erschöpft, (es) bringt nur mehr Gleiches, längst Dage-
wesenes, Totes hervor."[5] Der fremdsprachliche Schulfunk scheint jedoch auf
Adaptionen angewiesen zu sein. Er konnte dabei an die Tradition der Experi-

---

[1] In diesem Zusammenhang hat M. Piepenbring elf Didaktiken untersucht und kaum grundsätzlich
ablehnende Stellungnahmen gefunden. Seine Hausarbeit zur Realschullehrerprüfung ist im Titel
identisch mit der hier vorgelegten Schrift. Ihm und Frl. B. Rohweder verdanke ich einen
wertvollen Hinweis.

[2] F. Schubel (1966), S. 293.

[3] Diese Ausnahmen betreffen die einfache Funklesung. Der WDR z. B. sendete am 21. 4. 1977
James Thurbers Kurzgeschichte „The Departure of Emma Inch" und fünf seiner Fabeln am 22. 4.
1977. Die Landesbildstellen vertreiben Tonbänder solchen Inhalts aus der Produktion von Radio
Bremen: Tb/CTb 352 **Two American Short Stories:** Stephen Crane, „The Open Boat" und
Ambrose Bierce, „An Occurrence at Owl Creek Bridge".

[4] H. Schwitzke (1959), S. 17 zitiert nach F. Knilli (1961), S. 14.

[5] F. Knilli (1961), S. 21.

mentierphase anschließen und hat das auch getan. So gesehen droht ihm allerdings auch Gefahr von zwei Seiten. Insoweit er die geschilderte Entwicklung des Hörspiels mitgemacht hat, ist er von Knillis Kritik betroffen, wo nicht, könnte er als ein von Zwergwuchs befallener Verwandter der Rundfunkpioniere aus der Weimarer Republik erscheinen.

Bei Bearbeitungen grundsätzlich einen rigoristischen Standpunkt einzunehmen, wäre sicherlich verfehlt. Die erfolgreichen Bemühungen der Geschwister Lamb (in umgekehrter Richtung), die Dramen Shakespeares in Prosa umzusetzen, wären davon ebenso ungerechtfertigt betroffen wie die anderer Autoren auch. Die Berechtigung und die Nützlichkeit der Dramatisierung von Prosastücken durch die Schulfunkredaktionen oder deren Beauftragte steht zunächst ebenso außer Frage wie ihr motivationspsychologischer Wert. Denn so aufschlußreich die schlichte Funk-Lesung einer Kurzgeschichte durch einen Muttersprachler auch sein mag, unter didaktischen Aspekten wird ein Vergleich mit der durch mehrere Sprecher, durch Musik, Geräusche und elektronische Effekte viel lebendigeren Hörspielform wohl immer zugunsten der letzteren ausfallen.

Die legitimerweise didaktische Absicht des Schulfunks wird deshalb manche, aber nicht jede Kritik verstummen oder gemildert erscheinen lassen. Da gibt es den Fall der Sendeanstalt, die eine dramatisierte Version einer Kurzgeschichte von E. A. Poe bringt, die gar nicht vom Altvater der Kurzgeschichte abstammt, sondern ins Schriftenverzeichnis von Wilkie Collins gehört.[6] Darüber lacht man nur einmal. Ein neuer Ansagetext und einige Änderungen am Druckstock des Beiheftes bringen das wieder ins Lot. Davon unberührt bleibt die Verpflichtung bestehen, die Frage nach dem Verhältnis zwischen originärem Kunstwerk und seiner Adaption für den Schulfunk zu diskutieren.

Um eine befriedigende Antwort auf diese Frage zu finden, wurde die „literarische" Produktion einer großen Anstalt während der letzten zwölf Jahre systematisch untersucht. Eine Einschränkung des Untersuchungsgegenstandes auf englisch-amerikanische Kurzgeschichten und kürzere Erzählungen empfahl sich aus vielerlei Gründen, besonders aber, weil der Funk bei der Bearbeitung von Prosa auf eine lange Tradition zurückblicken kann und die Problematik funkischer Bearbeitungen an diesem Ausschnitt ganz deutlich zu Tage tritt.

Jeglicher Bearbeitungsproblematik voraus geht jedoch eine ideologiekritische Fragestellung, die mit der *Auswahl* der zu adaptierenden Kunstwerke zusammenhängt. Hier ist auf seiten der Rundfunkanstalten eine langfristige Planung vorzusehen, damit nicht eine einseitige Gewichtung stattfindet. Überlegungen, die auf weitgehende Repräsentativität und Aktualität der Darbietungen zielen, stellt sich allerdings häufig eine mit der *Berner Übereinkunft* (zum Schutze des Urheberrechts) zusammenhängende budgetpraktische Schwierigkeit entgegen. Die Schulfunkredaktionen zeigen eine deutliche Neigung zu Autoren, deren

---

[6] Vgl. U. O. H. Jung (1976).

116

Werke diesen Schutzbestimmungen nicht mehr unterliegen.[7] Für den Zeitraum von Herbst 1965 bis Sommer 1977 stand uns mit insgesamt 20 Bearbeitungen von Kurzprosa eine nahezu lückenlose Übersicht zur Verfügung.[8]

Selbst wenn man den Untersuchungsbereich auf adaptierte Bühnenstücke und Romanvorlagen ausdehnte, würde sich keine Verschiebung zugunsten der Moderne oder eine wesentliche Erweiterung des Autorenkreises ergeben. Das England- und Amerikabild, das dem Leser und Hörer aus diesen Stücken entgegentritt, ist nicht nur antiquiert, es vermittelt sich auch aus einem ziemlich eingeschränkten Personenkreis der Ober- und Mittelschicht. Krieg ist kein Thema und auch nicht die technisch, weltwirtschaftlich, gesellschaftlich oder rassisch bedingten Umwälzungen in unserem Jahrhundert. Soweit Armut thematisiert wird, ist sie durch unerschütterlich feste zwischenmenschliche Beziehungen entschärft.

Die Problematik der Dramatisierung läßt sich sehr schön zeigen an einer Kurzgeschichte wie H. H. Munros „Mrs. Packletide's Tiger". Hier ist die

---

[7] Dies gilt zumindest für die von uns untersuchten Bearbeitungen, die aus der Produktion des NDR stammen. Dem NDR muß an dieser Stelle für seine großzügige, aber keineswegs selbstverständliche Kooperationsbereitschaft gedankt werden. Der WDR beschied unsere Bitte um Unterstützung nach anfänglicher Begeisterung mit Stillschweigen. Im Vertrauen auf die Aussage G. Kadelbachs, wonach „das Selbstverständnis der Schulfunkabteilungen aller in der ARD zusammengeschlossenen Rundfunkanstalten nahezu einheitlich" ist, glauben wir dennoch, einen repräsentativen Ausschnitt untersucht zu haben. Vgl. G. Kadelbach (1973), S. 5.

[8] Im einzelnen:
1. Herbst 1965: H. Walpole, „Mr. Huffam", **Mr. Huffam and Other Stories.** London, 1948.
2. Frühjahr 1967: M. Twain, „The Million Dollar Bank-Note", The Writings of Mark Twain (Stormfield Edition) Vol XXIII, New York & London, 1929. Vgl. hierzu auch W. Hackett, **Two American Radio Plays.** Stuttgart, 1969. Ein Vergleich dieser Dramatisierung der Vorlage mit der Schulfunkversion wäre sicher auch recht aufschlußreich.
3. Frühjahr 1970: A. Trollope, „The Turkish Bath", **Novels and Stories by A. Trollope,** selected with an introduction by J. Hampden. London, 1946.
4. Herbst 1970: Wilkie Collins, „The Stolen Letter", **Tales of Terror and the Supernatural,** selected & introduced by H. von Thal. New York, 1972.
5. Frühjahr 1971: O. Wilde, „The Canterville Ghost", edited and with explanatory notes by I. Jacob. München, ⁶1967. Vgl. hierzu auch W. Hacket, **Two Radio Plays.** Stuttgart, 1967, und die Bemerkungen zu Anm. 8 Punkt 2.
6. Herbst 1972: O. Henry, „While the Auto Waits", **The Complete Works of O. Henry.** Vol. II, New York, 1953.
7. Herbst 1972: O. Henry, „The Gift of the Magi", ibid.
8. Frühjahr 1973: E. A. Poe/W. Collins, „The Dead Hand", vgl. Anm. 8 Punkt 4.
9. Herbst 1974: Saki (H. H. Munro), „Tobermory", **The Short Stories,** complete with an Introduction by Christopher Morley. New York, 1945.
10. Herbst 1974: ders., „Mrs. Packletide's Tiger", ibid.
11. Herbst 1975: A. Bierce, „The Man and the Snake", **The Collected Writings of Ambrose Bierce,** with an introduction by Clifton Fadiman. New York, 1947.
12. Herbst 1975: W. Collins, „The Traveller's Story of a Terribly Strange Bed", **After Dark,** with an introduction by W. A. Brockington. London, o. J.
13. Frühjahr 1976: O. Henry, „The Count and the Wedding Guest", vgl. Punkt 6.
14. Frühjahr 1976: ders., „One Thousand Dollars", vgl. Punkt 6.
15. Frühjahr 1976: Saki (H. H. Munro), „The Hounds of Fate", vgl. Punkt 9.
16. Frühjahr 1976: ders., „The Bull", vgl. Punkt 9.
17. Frühjahr 1977: ders., „Shock Tactics", vgl. Punkt 9.
18. Frühjahr 1977: ders., „The Seven Cream Jugs", vgl. Punkt 9.
19. Frühjahr 1977: W. Collins, „The Dream Woman", **The Queen of Hearts.** New York, 1859.
20. Frühjahr 1977: A. Trollope, „The Two Generals", **Lotta Schmidt and Other Stories.** London, 1867.

Wortzahl von Original und Bearbeitung annähernd gleich, 1334 vs. 1320. Wie aus der Abbildung (fette Kreise) hervorgeht, gliedert sich die Vorlage in vier Teile. Im 205 Wörter umfassenden Expositionsteil wird die Rivalität zwischen der Hauptfigur und Loona Bimberton geschildert und gesellschaftlich eingeordnet. Das Konkurrenzverhältnis der beiden Damen motiviert den weiteren Handlungsverlauf. Die dann folgende Jagdszene, in deren Verlauf der weibliche Nimrod die Köderziege erlegt und der altersschwache König des Dschungels an Herzversagen stirbt, nimmt mit 683 Wörtern den weitaus größten Teil ein. Louisa Mebbin wird als Mrs. Packletides Begleiterin Zeuge der unwaidmännischen Trophäenjagd und erpreßt die über Loona Bimberton triumphierende Mrs. Packletide (244 Wörter). Für den gesellschaftskritischen Abgesang benötigt Munro weitere 202 Wörter.

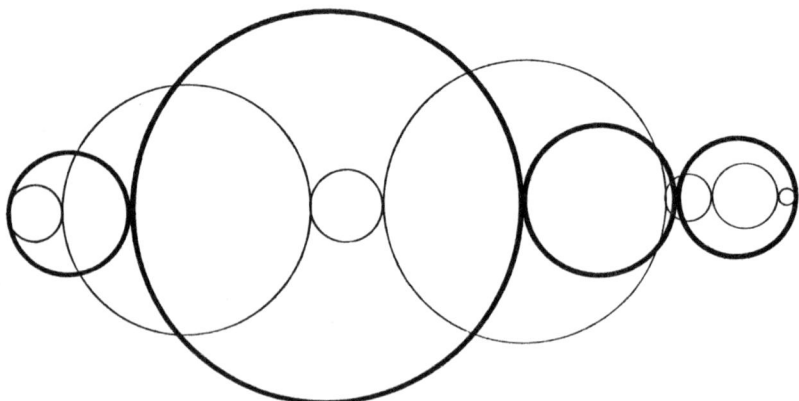

Anders die Bearbeitung: Der Funkerzähler muß in knapper Form (89 Wörter) den Ort der Handlung und die Personen von Mrs. Packletide und ihrer Begleiterin vorstellen. Erst dann kann der Expositionsteil des Originals – aufgelöst in einen Dialog – folgen (419 Wörter). Den Szenenwechsel muß wiederum mit 110 Wörtern der Funkerzähler besorgen. Nicht zuletzt durch die Hinzuerfindung eines Berufsjägers schwillt die Jagdszene zum umfangreichsten (477 Wörter) Teilstück an. Der Erpressungsdialog zwischen Mrs. Packletide und Louisa Mebbin (111 Wörter) wird von zwei Auftritten des Funkerzählers gerahmt, in denen einmal der Triumph Mrs. Packletides über Loona Bimberton (76 Wörter), zum anderen ihre Niederlage gegen die Schweigegeld kassierende Person niederen Ranges (38 Wörter) zu Gehör gebracht werden.

Abstrahiert man von unzulässigen Erfindungen und Verfälschungen, von den zahlreichen Unterbrechungen des Funkerzählers mit seinen narrativen Einschüben – die Szenenwechsel hätten vom Regisseur ebenso wie von den Schülern/Hörern mühelos durch die Einblendung entsprechender Geräusche bewältigt werden können[9] – treten die strukturellen Zwänge der Bearbeitung deutlicher zutage. Es wird aber auch klar, daß es dem Bearbeiter gelungen ist, die Proportionen in etwa zu wahren. Der alles motivierenden Rivalität zwischen Loona Bimberton und Mrs. Packletide ist folgerichtig die erste große Szene gewidmet. Da es sich um ein notorisches Konkurrenzverhältnis handelt, besteht kein Hinderungsgrund, daß es zwischen Mrs. Packletide und ihrer Gesellschafterin offen und direkt diskutierend aufgedeckt wird: An ihnen konkretisiert sich Öffentlichkeit.

Wie im Original nimmt die Jagdszene den größten Raum ein. Hier treten in der Vorlage erstmals Dialoge auf. Sie werden teilweise wörtlich in die Bearbeitung übernommen. Narrative Einschübe, mit denen Munro die Handlung verzögert, können aus Gründen der Vraisemblance nur schwer dialogisiert werden: Man befindet sich auf dem Anstand! Daß der Bearbeiter dies dennoch geschehen läßt und zusätzlich einen professionellen Jäger, der sich als völlig unprofessioneller Schwadroneur entpuppt, hinzuerfunden hat, ist eine der entscheidenden Schwächen der Bearbeitung.

Erste Ansätze zur Erpressung werden noch in der Jagdszene verarbeitet. Sie stehen deshalb für die eigentliche Erpressungsszene nicht mehr zur Verfügung. Das erklärt auch zum Teil ihren geringen Umfang.

Grundsätzlich muß der Bearbeiter jedoch Szenenelemente umbauen dürfen. In unserem Fall ist davon Gebrauch gemacht worden. Der dem Jagdglück folgende Publizitätsrummel wurde vorausdeutend als Wunschvorstellung Mrs. Packletides in die Expositionsszene übernommen, ohne daß dadurch der Gesamteindruck verwischt worden wäre. Im Falle der Erpressungsszene aber führt die teilweise Vorwegnahme dazu, daß die Gesellschafterin die sich ihr eröffnenden Möglichkeiten vorzeitig andeuten muß. Folglich wird ihr von den Betroffenen ein Schweigeversprechen abgenommen. Im Original findet dies keine Entsprechung. Dieses Versprechen wird sie brechen. Miss Mebbin entdeckt ursprünglich die Möglichkeit, eine Antiklimax zu erzeugen, erst, nachdem sie den gesellschaftlichen Wirbel um das Tigerfell erlebt hat. Der aufmerksame Schulfunkhörer jedoch erkennt in Miss Mebbin die boshaft planende, auch rachsüchtige, ihren Vorteil wahrende subalterne Bedienstete und ist vom Ausgang des Hörspiels kaum überrascht. Das Neuarrangement von szenischen Elementen bleibt also im ersten Fall bedeutungslos, im zweiten resultiert es in der Verzerrung des Charakterbildes eines der Handlungträger und zerstört damit auch die antiklimaktische Handlungsstruktur.

Was nun die Regeln angeht, die ein Bearbeiter bei der Dramatisierung eines Prosastückes einhalten sollte, so dürfte leicht Konsensus darüber herzustellen sein, daß die Fabel und ihre Proportionen nach Möglichkeit unangetastet

---

[9] Da es im Rahmen dieser Arbeit unmöglich ist, auf die professionelle Bewältigung von Szenenwechseln im Hörspiel einzugehen, verweise ich auf die ausführliche Darstellung von Klippert (1977).

bleiben müssen. Änderungen derselben lassen sich mit der im folgenden genannten Nomenklatur fassen. Zu Illustrationszwecken wird noch einmal und soweit wie möglich die Funkbearbeitung von H. H. Munros „Mrs. Packletide's Tiger" herangezogen.

1. Hinzufügungen

Eine Hinzufügung liegt vor, wenn in der Sendung Personen oder Sachen erscheinen, die in der Vorlage *nicht* enthalten sind. Der Großwildjäger Tom Smithers ist eine solche Figur. In Munros Erzählung ist die Memsahib noch Manns genug, ohne Assistenz auf die Großkatze zu zielen. Funkdramaturgisch besteht seine Funktion darin, den Todesschuß wortreich zu verzögern.

2. Erweiterungen

Bei Erweiterungen kann sich der Bearbeiter darauf berufen, daß seine Version im Original eine gewisse Stütze findet. Gegenüber diesem ist die Funkszene jedoch aufgebläht. Zur Darlegung der Eifersuchtsmotive von Mrs. Packletide wird die Expositionsszene auf das Doppelte expandiert. Diese Steigerung ist allerdings auch eine Folge der (bereits geschilderten) Umstellung.

3. Verkürzungen

Den umgekehrten Fall – eine im Original breit angelegte Szene wird zusammengestrichen – bezeichnen wir als Verkürzung. Rein rechnerisch steht die Jagdszene für eine Verkürzung. Sie ist weniger umfangreich als das Original. Verkürzungen sind immer mit

4. Streichungen

verbunden. Dennoch wird dafür eine eigene Kategorie aufgemacht, um die Fälle zu fassen, in denen Vorhandenes nicht nur gekürzt, sondern vollständig gestrichen wird. Eine Person wie Clovis, die in mehreren Saki-Stücken in Erscheinung tritt, nur treuen Saki-Lesern bekannt ist und hier lediglich eine Klammer-Funktion ausübt, erfährt (berechtigterweise) keine Erwähnung.

5. Umstellungen

Im Falle der Umstellung werden Szenen des Originals vom Funkbearbeiter nicht in ihrer ursprünglichen Position belassen. Vgl. dazu das unter 2. Gesagte.

6. Ersetzungen

Bei Erweiterungen und Verkürzungen treffen wir auf Änderungen, die lediglich den Umfang betreffen. In allen anderen Fällen haben wir es mit mehr oder minder gewichtigen Eingriffen in die Fabel selbst zu tun. Dies gilt auch häufig

120

für die Ersetzung. Hier tauscht der Bearbeiter vorgefundene Elemente gegen (frei) erfundene aus. Ersetzung liegt auch dann vor, wenn der häufig anzutreffende Funkerzähler einen oder mehrere Parts der Akteure übernimmt. In Munros *Tobermory* verschüttet Lady Blemley vor lauter Aufregung die Milch und entschuldigt sich. Tobermory bemerkt kühl, es sei nicht *sein* Axminster. Da den Schulfunkhörern die Nennung der Teppichmarke „Axminster" Verständnisschwierigkeiten bereitet hätte, weicht die Bearbeitung auf den generischen Terminus aus. Die sprachbegabte Katze antwortet: „Well, it's not my carpet, is it?" Ersetzungen müssen nicht notwendig zum Nachteil gereichen.

Die mit dem vorgeführten Klassifikationsschema gewonnenen Vergleichsdaten lassen sich gruppieren und gestatten es, die Einzelsendungen übersteigende Aussage zu treffen.

Pseudodramatisierungen

In Rundfunkkreisen wird dem mißlungenen Hörspiel gerne das Epitheton „Schulfunk" beigegeben, weil „hörspielartige Sendungen im Schulfunk . . . einfacheren Gesetzen als das eigentliche Hörspiel" zu folgen haben.[10] Warum sollten sie?

Wie immer die Antwort lauten mag, bei der Bearbeitung von Prosastücken müssen wir zwischen zwei Arten unterscheiden. Die erste nenne ich *Pseudodramatisierung*. In ihr greift der Bearbeiter auf vorhandene oder potentiell dramatische Konstellationen zurück und läßt die vorgefundenen oder erfundenen Parts mit verteilten Rollen sprechen. Wo zu illustrativen Zwecken mit Scheren geschnippelt, mit Tassen geklappert oder mit Münzen gescherbelt werden kann, nutzt er die Gunst der Stunde; als Bindeglied dient ihm der Funkerzähler. Die Sendung will aber trotz der vorgenommenen Änderungen vollwertiger Lektüreersatz sein. Erkenntnisziel ist und bleibt die Vorlage, hinter der die dramatisierte Form zurückzutreten hat. Letzterer kommt kein Eigenwert zu. Nur wenn der Hörer ohne Rückgriff auf das Original über die Bearbeitung zu adäquatem Verständnis eben jenes Originals gelangt, ist die Aufgabe erfüllt. Eingestreute Hilfen wollen ihm sogar die Mühe der Interpretationen ersparen. *Unter den genannten Sendungen ist keine, die dieses Ziel nicht verfolgte.*

Der Bearbeiter gerät jedoch unweigerlich in Konflikt mit diesem selbstgesetzten Ziel, wenn er der Versuchung erliegt, die Stärke des Funks durch Einstreuung illustrativer Geräusche auszuspielen. So begnügt sich O. Henry für die nebensächliche Friseurszene in *The Lift of the Magi* mit 80 Wörtern, weil ihm die Motive und Auswirkungen dieser Handlung viel wichtiger sind. Die Hörszene ist auf nahezu das Dreifache expandiert, ihr bloßer Enrichmentcharakter aber unübersehbar. Damit soll einer generellen Verdammung von Erweiterun-

---

[10] G. Niezoldi (1960), S. 56.

gen nicht das Wort geredet werden. So muß in *Tobermory* die Zeit, während der nach der Katze gesucht wird, sprachlich gefüllt werden. Der Bearbeiter hätte sich mit Partygemurmel und den Geräuschen einer Teegesellschaft bescheiden können. Stattdessen führt er die sprachliche Etikette beim Austeilen von Tee, Milch und Zucker vor. *Schul*funkhörer können davon nur profitieren. Das Stück nimmt keinen Schaden dabei. Häufig sind auch Streichungen völlig unproblematisch, seien sie nun aufnahmetechnisch bedingt (um der möglichen Verwirrung entgegenzusteuern, mußten in *Tobermory* zehn Sprecherrollen auf vier Sprecher verteilt werden) oder aus Gründen der Ökonomie vorgenommen worden (in *The Dead Hand* werden die Rollen des Hausknechts und des Wirtes in eins geworfen, weil der Hausknecht ohnehin nur einmal zu Wort gekommen wäre).

Ein ziemlich verläßliches Indiz für Pseudodramatisierungen ist dagegen die explizite Anwesenheit eines doppelten Publikums in den Dialogen. Munros sprechende Katze Tobermory greift zu dieser Lösung. Mit Blick auf den Zuhörer am Radio führt er Bertie van Than ein: „Another guest, the one they call Bertie . . ." (so als ob er seinen Gesprächspartnern nicht bekannt wäre), bevor er seine eigentliche Aussage über Bertie trifft.

In ernste Gefahr, sein Ziel zu verfehlen, gerät der Bearbeiter jedoch dann, wenn er aus mangelnder Übersicht oder Leichtsinn die Substanz der Vorlage angreift.

a) Anachronismen

Loona Bimberton in *Mrs. Packletide's Tiger* „had recently been carried eleven miles in an aeroplane by an Algerian aviator . . ." (127. Die Seitenangaben beziehen sich auf die in Anm. 8 jeweils genannten Ausgaben.) Der Schulfunk leistet sich hier einen vorgreifenden Anachronismus, indem er Loona Bimberton das Opfer eines *highjacking* werden läßt mit Ziel in der Stadt Algier.

b) Nationale Stereotypen

Aus der „homely negative personality" (119) des angewandten Linguisten Cornelius Appin in Tobermory wird ein „German-born gentleman", dessen kauderwelsches Englisch dazu geeignet ist, das Stereotyp des zwar fleißigen, auch intelligenten, aber doch dümmlichen Deutschen einzuprägen. Dieser Mißgriff läßt sich auch nicht dadurch entschuldigen, daß Appin später im Dresdener Zoo durch einen Elefanten ums Leben gebracht wird. Dort, wo bereits der Autor der Vorlage solche Stereotype in sein Kalkül einbezieht, wie im Falle der Otis-Familie durch Oscar Wilde, ist deren Reproduktion natürlich legitim, sogar unabdingbar.

c) Umdeutungen

Die Erweiterung des Titels von A. Trollopes *The Turkish Bath* zu *The Man in the Turkish Bath* läßt erkennen, daß der Bearbeiter einem Mißverständnis erlegen ist. Trollope nimmt das von Dampfschwaden durchzogene türkische Bad als Symbol für den aesthetisierenden Literaturbetrieb, in dem auch der

„Editor" nie als Individuum auftritt, sondern stets von seiner Person abstrahierend seine Funktion als Herausgeber betont; weshalb er von sich auch immer nur als „we" spricht. Folglich durfte ihm auch keine Ehefrau hinzuerfunden werden. Die Ehefrau macht ihn zum Ehe*mann*.

O. Henry spielt in *The Gift of the Magi* mit der doppelten Bedeutung des Wortes „gift": Gabe und Begabung. Er nutzt diese Polysemie, um unsere Vorstellungen von dem hohen Rang, der den Königen aus dem Morgenland mit ihren Geschenken für das Kind in der Krippe zukommt, zu stürzen. Della und Jim stehen gerade *nicht* in der Nachfolge der *Weisen*, sie sind nicht „the Magi of their time". Im Gegenteil: Sie verhalten sich wie „foolish children" (7). Dieser Umsturz der Werte ist ein wichtiges Anliegen O. Henrys. Ähnlich verhält es sich mit Bobby Gilian in *One Thousand Dollars*, der nicht aus Liebe zum Wohltäter an Miriam Hayden wird. Nach langer Irrfahrt, während der er nur mit Leuten zusammengetroffen ist, die ihr Geld zweckmäßig anlegen wollen, erkundigt er sich bei Miriam „There is no use?" (1289) und meint damit, ob ihm sein Geld etwas (z. B. ihre Liebe) erkaufen könne. Er ist erleichtert, als sie – als einzige – verneint. Miriam und er kommen zwar aus völlig verschiedenen Milieus, aber sie sind geistesverwandt. Dem bourgeoisen Testamentsvollstrecker und seinem ausschließlich zweckmäßig und vernünftig handelnden und über das Grab hinaus herrschsüchtigen Onkel kann Bobby – ohne Rücksicht auf die eigene Person – ein Schnippchen schlagen.

Wortspiele scheinen der neuralgische Punkt bei Schulfunksendungen zu sein, und nicht nur dort. Es ist bemerkt worden: „Das gesprochene Wort verklingt unwiderruflich; zu fein gesponnene Subtilität geht verloren. Schon an diesem Punkt zeigt sich, daß der Bearbeiter meist notwendig vergröbern muß und seiner Vorlage dadurch oft die ausgewogene Balance raubt."[11] „Bearbeiter" läßt sich hier ohne Mühe durch „Hörspielautor" ersetzen. Darin liegt ein Verdikt gegen das Hörspiel im allgemeinen, dem nicht zugestimmt werden kann.

Nehmen wir als letztes Beispiel A. Bierces *The Man and the Snake*. In der Bearbeitung kommt Harker Brayton zu Tode, weil er angeblich hypnotisiert wurde (He was hypnotized). Bierce vermeidet diesen Ausdruck jedoch auf das sorgfältigste. Er läßt den schlangenzüchtenden Wissenschaftler von der Fähigkeit der Schlange „to fascinate" sprechen und selbst dessen wissenschaftlich völlig desinteressierte Ehefrau benutzt den Ausdruck „to charm". Tatsächlich ist Harker Braytons Tod – wenn überhaupt – auf Selbsthypnose zurückzuführen.

Noch etwas anderes läßt sich an dieser Bearbeitung zeigen: Der wichtigste Teil der *Handlung*, in der sich der langsame Prozeß des Gebanntwerdens Harker Braytons vollzieht, wird auf den Funkerzähler übertragen. Dieser muß die Bilder, Farben und Musikeindrücke schildern, die vor dem Opfer entstehen.

---

11 J. Brockmann (1957), S. 12.

Selbst ein erfahrener Hörspielautor würde bei dieser rapiden Regression vom Chicago des 19. Jahrhunderts über die Antike bis in die vorgeschichtliche Zeit allergrößte Schwierigkeiten haben, den Mythos der mit einer Königskrone bewehrten Schlange vorzustellen. Sie beherrscht die Welt und starrt Brayton mit den Augen seiner toten Mutter (und nicht mit denen eines toten Inders, den Brayton irgendwann einmal gesehen haben will) an. Aber der qualitative Sprung von der Pseudodramatisierung zum Hörspiel hätte hier gewagt werden müssen. Um die Vorlage voll auszuschöpfen, bot sich dies an.[12] Auf minder wichtige Vertauschungen und Änderungen soll hier nicht näher eingegangen werden. Es gibt sie in Hülle und Fülle. Um ein letztes Beispiel zu geben: Der junge Duke of Cheshire wird weder im ersten noch im zweiten Teil der *Canterville Ghost*-Bearbeitung genannt. Zum glücklichen Ende aber erfahren wir: „Virginia grew up and married her childhood friend, Cecil, the young duke."

Dennoch kann die Schule aus den Manki Nutzen ziehen. Systematische Vergleiche von Vorlage und Bearbeitung im Unterricht können dazu beitragen, das literarische Kunstwerk aufzuschlüsseln. Die Fehler des Bearbeiters werden dabei zum Ausgangspunkt einer adäquaten Interpretation. Es versteht sich von selbst, daß solche Sendungen nur mittelbar, über einen Mitschnitt, eingesetzt werden können.

Die linguistische Analyse

Der Grad der Authentizität kann auch an der sprachlichen Gestaltung einer Sendung abgelesen werden. In den von uns untersuchten Sendungen mußten wir eine große Variationsbreite feststellen: von groben Schnitzern bis zu subtilen Fehlgriffen.

Der bereits erwähnte Wechselbalg Cornelius Appin (*Tobermory*) beherrscht die klassischen Fehler der englischsprechenden Deutschen:

$$/ð;\theta/\Rightarrow/z;s/,/w/\Rightarrow/v/,/\theta:/\Rightarrow/œ/,/r/=[\;\lrcorner\;]\Rightarrow/ʁ/,$$

fehlende Personalendung bei Verben in der 3. Person Singular Präsens; fehlende Vokalreduktion in unbetonter Silbe, fehlende Liaison und ein Übermaß an Knacklauten. Seltsamerweise spricht die Katze, die durch die Schule dieses miserablen (Fremdsprachen-) Lehrers gegangen ist, ein ganz passables Englisch. Andererseits fällt der „sous-prefect" einer Pariser Polizeiwache (*A Terribly Strange Bed*) nur ganz gelegentlich in ein normannisch-angelsächsisches Misch-Idiom und wirkt deshalb nicht unglaubwürdig. Der Lehrer wird dennoch beide Gelegenheiten nutzen wollen zu einem korrektiven, den Lautbestand des Englischen wiederholenden sprachpraktischen Einschub.

---

[12] Es wird bemerkt worden sein, daß eine positive Abgrenzung des Hörspiels nicht erfolgt ist. Dies ist im Zusammenhang dieser Untersuchung entbehrlich. Ich verweise jedoch auf die Arbeiten von Fischer (1964), Klippert (1977) und Knilli (1961).

Die Göre aus Pough Keepsie (P'Kipsee), einer Kleinstadt nördlich von New York, Maggie Conway, in *The Count and the Wedding Guest*, wird unter anderem durch ihr defektives Englisch vom Leser frühzeitig entlarvt. Über Äußerungen wie „To them that has the heart to enjoy it" oder „I cannot take any interest in no one" – wären sie vom Bearbeiter übernommen worden – hätten die Zuhörer zu demselben Ergebnis kommen können. Unverständlich ist auch, warum ein falsches Zitat Maggies penibel korrigiert wird, dient doch auch dieser Sachverhalt zu ihrer Dekouvrierung.

Trollope setzt den irischen Akzent seines Antihelden als Strukturmittel ein. Michael Molloy muß zunächst als Kosmopolit mit leichtem irischem Einschlag erscheinen, der nur außerhalb des türkischen Bades ganz ungeniert sein „brogue" spricht. Das war dem Bearbeiter (vielleicht zu recht) zu riskant; er läßt Molloy gleich zu Anfang in RP sagen: „I'm an Irishman from Dublin".

Meist nur noch von Informanten mit Amerikanisch als Muttersprache sind jene Schwächen aufdeckbar, die sich einschleichen, wenn britische Sprecher versuchen, einen burschikosen New Yorker darzustellen. Den deutschen Hörern bleibt die dabei entstehende Karrikatur meist verborgen. Das gleiche gilt für das Vokabular. Wem geht es schon sofort auf, daß der Erstbeleg für „blooming" im Sinne von „an epithet expressing detestation" in das Jahr 1882 fällt, als der angebliche Autor von *The Dead Hand*, E. A. Poe, schon 33 Jahre tot war? Daß sämtliche Sendungen Veränderungen der Syntax und des Lexikons im Stile der „simplified readers" aufweisen, dürfte nicht verwundern. Bis zu einem gewissen Grad ist diese Manipulation im Schulfunk auch legitim, wenn man bedenkt, daß der Schulfunksendung eine doppelte Aufgabe zugeschrieben werden kann, in den Worten H. Schreys „als Sprache, Sprache zu lehren"[13] und F. Schnubel folgend, künstlerische Erlebnisse zu erzeugen.

Die Beihefte

Ein halbes Jahr im voraus liefern die Sendeanstalten ihre Beihefte an interessierte Lehrkräfte aus. Der Benutzer mag darauf vertrauen, daß die dort abgedruckten Texte mit den Kurzgeschichtenoriginalen übereinstimmen, zumal sie wie die Hörfunksendungen als „by Saki", „by O. Henry" etc. angekündigt werden und ein Hinweis darauf, wo, in welchen Schulausgaben, welchen Anthologien usw., das Original zu finden wäre, fehlt. Der Beihefttext weicht aber erheblich von der Vorlage ab, und das Sendemanuskript von beiden. Auch hier würde sich eine eingehende vergleichende Analyse im Unterricht lohnen, speziell dann, wenn bei Wiederholung einer Sendung unterschiedliche Beihefttexte abgedruckt werden. Auch hier lassen sich die Abweichungen mit dem vorgeführten Instrumentarium klassifizieren. In jedem Fall müssen sich die Rundfunkanstalten etwas einfallen lassen, um die Lehrerschaft besser zu informieren und ihnen unnötige Frustration zu ersparen. Es

---

[13] H. Schrey (1969), S. 14.

kann nicht im Interesse der Sender liegen, weiterhin an ihrer Hauptadressaten-gruppe vorbeizuproduzieren oder von dieser ignoriert zu werden.[14]

Schlußbemerkung

Unter der (begründeten) Voraussetzung, daß die 20 untersuchten Funk-Bearbeitungen literarischer Vorlagen aus den Jahren 1965–1977 zumindest für die in Anmerkung 7 genannte Anstalt repräsentativ sind, ist das folgende Resümee zutreffend:

1. Das vorgeschlagene Klassifikationsschema eignet sich als Grundlage für eine eigenständige Unterrichtsform auf der Sekundarstufe II. Die vergleichende Analyse von Vorlage und Bearbeitung dient einerseits als Ausgangspunkt einer angemessenen Interpretation des Originals, andererseits ist ihr propädeutischer Charakter für die Erarbeitung der Strukturelemente eines literarischen Hörspiels unverkennbar.

2. Keine der untersuchten Sendungen hat den qualitativen Sprung von der Pseudodramatisierung zum genuinen Hörspiel gewagt. Diese Tatsache mag beklagt oder als Selbstbeschränkung gepriesen werden, je nachdem wie man die Aufgabe der Schule und des Schulfunks verstehen will.

3. Selbst die vom Schulfunk gewählte Vorform zum literarischen Hörspiel kann in vielen Fällen nicht unbeanstandet bleiben.

4. Unter ideologiekritischen und evaluativen Gesichtspunkten gilt, daß im Funk ein antiquiertes England- und Amerikabild vermittelt wird und sich die Auswahl auf wenige, teilweise zweitrangige Stücke beschränkt. Eine langfristige Planung ist nicht erkennbar.

5. Auch wenn die Analyse der „literarischen" Schulfunk-Produktion unversehens zu einem Negativ-Katalog geraten ist, darf nicht übersehen werden, daß eine Niveauanhebung nicht nur wünschenswert, sondern auf Grund vorhandener guter Ansätze auch durchaus realisierbar ist.

---

[14] N. Whittaker (1975) hat darauf aufmerksam gemacht, daß Schulfunksendungen „zaungästetauglich" sein müssen oder nicht zur Sendung kommen. Da Zaungäste sich meist aus dem Lager der ehemaligen Schulfunkhörer rekrutieren, müßte die Unterbrechung des Kreislaufs – durch Anhebung des Qualitätsniveaus – bei den Schulfunkhörern ansetzen.

Literaturverzeichnis

Bebermeier, H.: **Schulfunk und Englischunterricht. Berlin, 1966.**

ders.: „Zielvorstellungen, Anwendungsprobleme und Lösungsmöglichkeiten bei der Arbeit mit Schulfunksendungen". **Der fremdsprachliche Unterricht 3, 1969, Heft 4, 21–30.**

ders.: „Die Schulfunksendung im Englischunterricht". **Englisch 1974, 77–80.**

Brockmann, J.: „Roman- und Novellenbearbeitung für das Hörspiel". **Rundfunk und Fernsehen 5,** 1957, 11–15.

Brust, H. und Krüger, R.: „Hörspielbearbeitung von Romanvorlagen und literarischen Kleinformen". **Wissenschaftliche Zeitschrift der Friedrich-Schiller-Universität Jena 8, 1958/59, Gesellschafts-** und Sprachwissenschaftliche Reihe, Heft 4/5, 495–518.

Dahlhoff, Th. (Ed.): **Schulfunk**. Bochum, 1971.

Daus, H.-J.: ,,Schulfunk und fremdsprachlicher Unterricht". **Der fremdsprachliche Unterricht** 1, 1967, Heft 1, 56–62.

Fischer, E. K.: **Das Hörspiel. Form und Funktion**. Stuttgart, 1964.

Glaser, H.: ,,Kurzgeschichte und Hörspiel". **Anregung** 9, 1963, 162–168.

Heinrichs, H.: **Der Schulfunk. Geschichte, Wesen und Wirkungen**. Aachen, o. J.

ders.: **Die Praxis des Schulfunks**. Essen, 1958.

Jung, U. O. H.: ,,Vor Schulfunk wird gewarnt". **Die Neueren Sprachen** 1976, Heft 1, 79–81.

Kadelbach, G.: ,,Der Schulfunk – Aufgaben, Sendeformen, Resonanz. – In Döring, K. W. (Ed.): **Unterricht mit Lehr- und Lernmitteln**. Weinheim & Basel, 1973, S. 3–19.

Klippert. W.: **Elemente des Hörspiels**. Stuttgart, 1977.

Kluth, K.: ,,Der englische Roman als Hörspiel". **Wissenschaftliche Zeitschrift der Ernst-Moritz-Arndt-Universität Greifswald** 1963, Gesellschafts- und Sprachwissenschaftliche Reihe, Heft 2, 161–165.

Knilli, F.: **Das Hörspiel**. Stuttgart, 1961.

Niezoldi, G.: ,,Die Hörspielbearbeitung epischer Vorlagen und ihre dramaturgischen Voraussetzungen". **Der Deutschunterricht** 12, 1960, Heft 6, 44–61.

Piepenbring, M.: **Das literarische Kunstwerk im Schulfunk**. Unveröffentlichtes Manuskript. Kiel, 1976.

Richter, R. H.: ,,Die Verwendung fremdsprachlicher Schulfunksendungen im Unterricht". **Neusprachliche Mitteilungen** 1969, Heft 1, 42–44.

Riedler, R.: ,,Der Schulfunk". – In Schorb, A. O. (Ed.): **AV-Medien im Unterricht**. München, 1975, S. 118–125.

ders.: **Schulfunk und Schulpraxis**. München, 1976.

Schmidbauer, M., Löhr, P. und Riedler, R.: **Unterrichtstechnologie in der Praxis. Der Schulfunk**. München, 1976.

Schrey, H.: ,,Schulfunk und Schulfernsehen. Ihr didaktischer Ort im neusprachlichen Unterricht". **Der fremdsprachliche Unterricht** 3, 1969, Heft 4, 12–20.

Schubel, F.: **Methodik des Englischunterrichts**. Frankfurt a. M., ⁴1966.

Schwitzke, H.: ,,Wertung und Wirklichkeit". **Rundfunk und Fernsehen** 7, 1959.

Whittaker, N.: ,,Schulfunksendungen im Medienverbund als Mittler zwischen Fernsehfilm und Druckwerk". – In Brodke, D. (Ed.): **Schulfernsehen im fremdsprachlichen Medienverbund**. Paderborn & Hannover, 1975, S. 203–213.

Wildenhof, U.: ,,Von der ‚Novelle' zum Hörspiel. Eine Untersuchung an einem Meisterbeispiel". **Der Deutschunterricht** 18, 1966, Heft 1, 79–89.

Jochen Bartsch, Aachen

Shakespeare-Lektüre in der Sekundarstufe II: Vorschlag einer Alternative

Berechtigung und Notwendigkeit, Shakespeare und sein Werk zum Gegenstand des Englischunterrichts der Sekundarstufe II zu machen, unterliegen keinem ernsthaften Zweifel, alle Richtlinien und neueren Empfehlungen zum Curriculum sind sich einig über den Wert dieser Unterrichtseinheit, wenn auch die Formulierungen der damit verbundenen Ziele variieren.

Bei diesem Grad der Übereinstimmung muß es verwundern, wie wenig trotzdem in der Zeit nach dem zweiten Weltkrieg zu diesem Thema veröffentlicht worden ist; vor allem in den letzten Jahren ist ein deutliches Nachlassen der Publikationstätigkeit festzustellen.

Diejenigen Artikel aus Fachzeitschriften jedoch, die sich mit dem Unterrichtsgegenstand überhaupt beschäftigen, begnügen sich zumeist damit, Interpretationshilfen zu einzelnen Werken zu geben, ohne dem Leser – der ja zumeist auch Lehrer ist – eine weitergehende methodische Handreichung zu bieten. Zwar ist der Satz „Eine verbindliche Methode für die Behandlung Shakespeares wird man nicht finden können und nicht finden wollen"[1] sicher richtig, aber sollte es nicht den Versuch wert sein, diesen zentralen Bestandteil des Literaturunterrichts mit Hilfe eines Einführungskurses in ein weiteres Umfeld von Informationen für den Schüler zu stellen, um damit gleich mehrere, im folgenden noch zu präzisierende Ziele anzustreben?

Der eigentliche Verlauf der Textbesprechung soll nicht Gegenstand dieses Aufsatzes sein, nur ein Wort zur Unterrichtssprache: da die sprachliche Ausbildung zur Schaffung der „kommunikativen Kompetenz" ein vordringliches Ziel der Neuphilologie darstellt, scheint mir ein Standpunkt wie der von Schubel – er sei hier stellvertretend für andere Autoren zitiert – nicht voll dem Unterrichtsziel gerecht zu werden: „Bei der Interpretation läßt sich – nach vorherrschender Meinung – nicht ohne die deutsche Unterrichtssprache auskommen."[2]

Gerade in einer Zeit sinkender Wochenstundenzahlen im Fremdsprachenunterricht[3] sollte auch in einer sprachlich anspruchsvolleren Unterrichtsreihe wie

---

1 Sonntag, „Macbeth", 353.
2 Schubel, „Shakespeare-Lektüre", 155.
3 Vgl. dazu Sudhölter, „Lücken", 13.

der über Shakespeare die englische Sprache alleinige Kommunikationsgrundlage sein. Die im folgenden vorgeschlagene Gestaltung einer Einführung in das Thema scheint mir auch in sprachpraktischer Hinsicht den Einstieg in den Text vorzubereiten und die Schaffung der notwendigen Terminologie zu erleichtern.

Wenn man den Tenor der vorliegenden Fachaufsätze zur Lektüre Shakespeares erfassen will, könnte man zu folgendem Resultat kommen: Ein Studienhalbjahr soll einem vollständig zu lesenden Drama Shakespeares gewidmet sein, wobei die Besprechung möglichst in englischer Sprache geschieht. Das weitere Werk des Dichters wird nur am Rande gestreift. Die methodische Gestaltung der Unterrichtsreihe bleibt dem Fachlehrer überlassen. Das bedeutet also, daß der Englischlehrer letztlich auf seine universitäre Vorbildung und persönliches Interesse am Stoff angewiesen bleibt.

Keiner der Autoren macht einen wirklich ins Detail gehenden Vorschlag, so daß der nach Handreichungen Suchende schließlich Combecher nur zustimmen kann, wenn dieser sagt: ,,An Interpretationshilfen (. . .) fehlt es nicht. Eine Lücke scheint mir aber vorhanden zu sein, wenn wir im Unterricht Shakespeare mit den wesentlichen Zügen seiner Epoche zu verbinden haben." Ebenso an gleicher Stelle: ,,. . . , die Vorsicht ihrer Formulierungen zeigt aber, wie ungesichert die didaktische Verbindung von Werk und Epoche Shakespeares noch ist."[4]

Diejenigen Vorschläge zur Herstellung dieser Verbindung, die überhaupt gemacht werden, sehen zumeist so unverbindlich aus wie die folgenden: ,,Die Kenntnis des historischen Hintergrundes ist nicht ganz entbehrlich, obwohl Shakespeare aus seiner Zeit für alle Zeiten geschrieben hat"[5], oder gar: ,,Die Arbeit beginnt ohne weitere Voraussetzungen sofort am Text."[6]

Es erscheint nahezu ausgeschlossen, daß bei einer solchen Arbeitsweise das ganzheitliche Erfassen des Kunstwerkes – soweit das im Rahmen der Schule zu erreichen ist – möglich wird, und dies auf eine Weise, die die Ziele des neusprachlichen Unterrichts erfüllt und zugleich den bei vielen Schülern zu beobachtenden Mangel an primärer Motivation für das Thema beseitigt und ganz im Gegenteil das Interesse am Stoff weckt.

Dazu ist als besonders wichtiger Bestandteil der Methode anzusehen, was schon die Saarbrückener Rahmenvereinbarung von 1961 als eines der wichtigsten Ziele des Oberstufenunterrichts nennt: die wissenschaftspropädeutische Arbeit, zumal das Thema Shakespeare überwiegend Gegenstand der Leistungskurse ist. Da hier nach Maßgabe der Empfehlungen die Ansprüche und die Vertiefung des Wissens um den Stoff über das Maß der Grundkurse hinausge-

⁴ Combecher, ,,Verbindung", 157.
⁵ Schubel, ,,Shakespeare-Lektüre", 155.
⁶ Sonntag, ,,Macbeth", 357.

hen sollen, bietet es sich geradezu an, das Besprechen des Textes und die damit verbundene sprachlich-kommunikative Übung nicht als Selbstzweck zu betreiben, sondern im Sinne des oben Gesagten vertiefte Kenntnisse über Dichter, Zeit und Gedankengut der Epoche zu vermitteln. In vielen Fällen kann der Schüler, wie sich zeigen soll, zu selbständiger Arbeit angeleitet werden und damit eigene Beiträge zum Unterricht leisten. Wird dieses Ziel erreicht, können auch utilitaristische Zielvorstellungen mancher Didaktiker nicht mehr als für dieses Thema wichtig bezeichnet werden: „Zwischen Shakespeare, Racine, Goethe, Dante und dem, was die Schüler brauchen, das Wort im materiellsten Sinne verstanden, liegt eine Welt."[7]

Im Gegensatz dazu kann „Shakespeare" dem Schüler durchaus etwas geben, das er „brauchen" kann: die Empfehlungen sprechen hier eine deutliche Sprache. Danach soll der Schüler „Einblick gewinnen in zugleich soziokulturell bedingte und allgemein menschliche Kommunikationsstrategien, Rollen, Mächte und Verhaltensnormen", „ästhetische Sensibilisierung . . . erfahren", „Bildung von Einstellungen" erleben und „Übertragung von Wirklichkeitserfahrung . . . in die nicht-fiktionale zeitgenössische Sprache des Erklärens und Verstehens" vollziehen.[8]

All das läßt sich aber mit der isolierten Lektüre einer Ganzschrift kaum erreichen. Vielmehr scheint es angebracht, ausgehend von den folgenden Thesen einen anderen Weg zur Realisierung der Ziele zu suchen.

1. Es soll nicht nur *ein* Originaltext gelesen werden.
2. Eingehendes Textverständnis ist nur durch zusätzliche Kenntnisse über Gedankengut, Menschen und Ereignisse der Epoche möglich.
3. Lektüre und selbständige Beschäftigung mit weiteren Texten verschiedener Art zum Thema erweitern den „Horizont" der Schüler.[9]
4. Vertiefte Kenntnisse über das Stoffgebiet lassen für den Schüler die Kontinuität englischer Sprache und Kultur bewußter werden.

Diese Thesen bedeuten dann auch, daß man die Worte Müller-Schwefes: „Zu allen Zeiten haben drei verschiedene Wege zu Shakespeare geführt: Einmal das freie ästhetische Erfassen der großen Wortkunst, dann, vor allem im 19. und in der ersten Hälfte des 20. Jahrhunderts, das historische Erforschen der Zusammenhänge von Zeit, Leben und Werk und schließlich (. . .) das unmittelbare Erleben auf der Bühne"[10] zu folgender Aussage abwandeln kann:

Für den Schüler der reformierten Oberstufe führt am besten ein Weg zu Shakespeare, der die traditionellen Interpretationsansätze zusammenfaßt – die werkimmanente Beschäftigung mit dem Text, den Verständnisversuch durch

---

[7] Ross, „Literatur", 2 als provozierende Einleitung zu einer Rechtfertigung des Literaturunterrichts.
[8] **Schulreform NW**, S. 14 f.
[9] Vgl. dazu Geissler, **Prolegomena**, S. 61 ff.
[10] Müller-Schwefe, „Volksshakespeare", 153.

Erforschen von Zeit, Leben und Werk und, wenn irgend möglich, das unmittelbare Erleben einer Bühnen- oder Filminszenierung zum Abschluß der Werkbetrachtung.

Es gilt nunmehr, einen Kanon von Texten und Quellen zu erstellen, der den obigen Zielen entspricht, den Fähigkeiten der Schüler angemessen ist und dabei mit eventuellen Abwandlungen allgemein verwendbar ist.

Die nach Erhebungen verschiedener Autoren meistgelesenen Dramen Shakespeares sind *Macbeth*, *Julius Caesar* und *The Merchant of Venice*, seltener werden *As You Like It*, *King Lear*, *Hamlet*, *A Midsummer Night's Dream*, *Othello* und *Richard III* ausgewählt.[11]

Für den Einführungskurs in eines dieser Dramen schlage ich die Besprechung folgender Themen vor, die der besseren Übersichtlichkeit halber in fünf Sachgebiete aufgeteilt werden können:

1. Geistesgeschichtlicher und politischer Hintergrund
2. Allgemeine Literatur- und Dramentheorie
3. Entwicklung des Dramas in England bis zum 16. Jahrhundert
4. Die Bühne der Shakespearezeit
5. Leben und Werk Shakespeares und seiner bedeutendsten Zeitgenossen

Zu 1.: Dieser Gesichtspunkt steht nicht von ungefähr am Anfang dieser Aufstellung, denn ohne Vorkenntnisse über die Zeit, in der das zu besprechende Werk entstand, wird das erworbene Wissen um das Drama inselhaft und wenig transferierbar sein. Es sollten hier mehrere Bereiche angesprochen werden – die Geschichte Englands und des Kontinents zwischen 1500 und 1650, die Epochen Henry VIII und Elizabeth I, religiöse Strömungen der Zeit, das Gedankengut der Renaissance und vor allem, weil es in vielen Fragen Lösungsansätze bietet, den Schülern das Gefühl der Verschiedenartigkeit von Denken und Motiven des damaligen Menschen im Vergleich zu seinen eigenen, das elisabethanische Weltbild nach Tillyard. Die Quellen zu dieser historischen Einführung sind so reichhaltig, daß sich eine Aufzählung erübrigt.

Zu 2.: Wenn auch den Oberstufenschülern einiges zur Dramentheorie bekannt sein dürfte, so zum Beispiel aus dem Deutschunterricht, scheint eine Wiederaufnahme dieses Sachbereichs dennoch angebracht zu sein.

Dramenaufbau, Unterschiede zwischen Dramenkategorien in Thematik und Darstellung, Sprachebenen, Versmaße und eine Zusammenstellung von Termini zur Beurteilung der Sprache sollten alle Schüler in die Lage versetzen, den sprachlich theoretischen Teil der Textbesprechung aktiv mitzugestalten. Als Hilfsmittel dazu bieten sich Werke wie das von Abrams[12] wegen ihrer Übersichtlichkeit und Knappheit an.

---

[11] Vgl. dazu a. a. Krapohl, Referat für die Jahrestagung 1977 der Deutschen Shakespeare-Gesellschaft West.

[12] Abrams, **Glossary**.

So läßt sich durch eine kurze Zusammenfassung nicht nur eine direkte Vorbereitung auf die folgende Unterrichtsreihe schaffen, sondern auch ein Wortfeld erarbeiten, das für alle literarischen Themen nicht nur des Englischunterrichts brauchbar ist.

Zu 3.: Eines der ersten Ziele des Studienhalbjahres wird es sein, die häufig wiederkehrende Frage: „Warum liest man eigentlich immer Shakespeare, warum nichts anderes aus dieser Zeit?" dahingehend zu beantworten bzw. dem Schüler selber die Antwort nahezulegen, daß eine vergleichende Darstellung der Entwicklung des Dramas in England Shakespeare schließlich als herausragende literarische Gestalt und als vor allen anderen als lesenswert nachweist, bei aller verdienten Wertschätzung für Autoren wie Marlowe, Jonson etc.

Dieses Ziel läßt sich nach meiner Erfahrung durchaus erreichen durch eine kritische Gegenüberstellung von Textauszügen, die die Entwicklung des Dramas von den *Cycles* über die *Morality Plays* und *Interludes* zum eigentlichen elisabethanischen Drama nachvollziehen. Hierbei sehen die Schüler an Hand von kurzen Exzerpten, wie sich die Darstellung des Menschen auf der Bühne wandelt vom fest in der Religion verankerten Klischee über den idealisierten Übermenschen (oder auch „Slapstickkomödianten") zum fein differenzierten Individuum verschiedener soziologischer Schichten, dessen Gedankenwelt und Probleme dem Zuschauer vertraut sind und das den Wunsch nach *delectare et prodesse* umfassender erfüllt als alle englischen Theatergestalten zuvor. Zugleich wird der Schüler (ohne damit gleich der oft zitierten „Häppchenliteratur" unterworfen zu sein) den Weg des Dramas verfolgen vom fest an klassische Regeln gebundenen Stück hin zum Drama, das die Vielschichtigkeit menschlichen Tuns glaubhaft darstellt und dabei die Möglichkeiten der Bühne und des Wortes voll ausschöpft.

Als Unterlage für diese Einführung kann man folgende Texte benutzen (diese von mir erprobten Auszüge können sicher ergänzt oder durch andere, der jeweiligen Intention des Fachlehrers eher entsprechende, ersetzt werden): *Everyman* zur Charakterisierung der Allegorien; *Gorboduc* als noch stark von Seneca beeinflußte Tragödie mit Stilmitteln wie *dumb show* und *chorus; Ralph Roister Doister* oder *Gammer Gurton's Needle* als frühe Komödie; *Arden of Feversham* als erste *domestic tragedy; Every Man in his Humour* (Prolog) zur Darstellung einer literarischen Absichtserklärung und Abgrenzung; *The Jew of Malta* zur Einführung in die Judenfrage (insbesondere vor Durchnahme des *Merchant of Venice*) und Machiavellismus.

Alle genannten Ausschnitte im Umfang von ein bis zwei Druckseiten können in je zwei bis drei Unterrichtsstunden behandelt werden, wobei die Schüler schon eine gewisse Erfahrung im Umgang mit solchen Texten sammeln und merken, daß diese durchaus nicht so schwierig und uninteressant sein müssen wie vorher vielleicht befürchtet.

Zugleich bietet sich die Möglichkeit, einige Besonderheiten von Orthographie und Syntax anzusprechen, was hinterher bei der Erarbeitung der Ganzschrift Zeit und bei der häuslichen Vorbereitung der Schüler Schwierigkeiten einspart.

Zu 4.: Das Thema „Bühne der Shakespearezeit" gehört zu den Standardfragen und wird auch in den meisten Schulausgaben der Dramen in die Einleitung einbezogen. Da diese sprachlich ohnehin auf Schülerniveau abgestellt ist, kann man diese Texte leicht zur Unterrichtsarbeit heranziehen. Leider stellt man jedoch fest, daß manche Ausgaben sich auf Wiedergabe und Beschreibung der Zeichnung des Holländers de Witt vom *Swan Theatre* 1596 beschränken, ohne auf die jüngeren Theorien von Hotson[13] einzugehen, die de Witt ergänzen und neue Gesichtspunkte zur Darstellung bringen.

Ausnahmen davon bieten zwei Handreichungen, die in ihrer Zielsetzung deutlich voneinander abweichen. Die Broschüre *Shakespeare and the Age that made him* (Klett-Verlag) ist bewußt als kurze Einführung in das Thema für die Hand des Schülers konzipiert. Das bringt als Vorteil leichte Verständlichkeit des Inhalts mit sich, unterstützt durch Wort- und Sacherklärungen, andererseits läßt die Auswahl der angebotenen Informationen an manchen Stellen Wünsche offen, vor allem dort, wo Marlowe als einziger bedeutender Zeitgenosse Shakespeares genannt wird und kein Werksverzeichnis, wohl aber eine Vielzahl von Zitaten aus Shakespeare-Dramen beigefügt wird. So bietet die Autorin einerseits eine hilfreiche Sammlung von Fakten, bleibt aber für eine echte Einführung zu stark an der Oberfläche.

Demgegenüber wendet sich die Reihe *Grundlagen und Gedanken zum Verständnis des Dramas* (Diesterweg-Verlag), die zu Shakespeare über *Macbeth* und *Hamlet* zusammengestellt wurde, an den Lehrer. Dadurch sind diese Texte vergleichbar mit *Coles Notes* und *Study-Aid Series*. Der Autor stellt der Untersuchung des Handlungsganges einen Teil voran, der sich mit Leben Shakespeares, Schauspielertum und Bühne beschäftigt, ansonsten aber ausschließlich werkbezogen bleibt und daher keine wirklich allgemein verwendbare Einleitung in das Kursthema bietet, wie sie hier für notwendig erachtet wird.

Das Bewußtmachen der Gegebenheiten der Bühne ist für den Verlauf der Interpretation insofern wichtig, als es dem Schüler vertraut sein muß, daß die Dramen nur im Hinblick auf visuelle Erfahrung des Zuschauers konzipiert wurden und eben nicht als Lektüre, als die sie der Kursteilnehmer erlebt. Dieses Bewußtsein hat auch auf den Lesevorgang Auswirkungen, wie Flatter ausführt: „Man muß die Besonderheiten seiner Bühne vor Augen haben, um zunächst, noch ehe man das Dichterische bewundert, das Handwerkliche der dramatischen Kunst Shakespeares würdigen zu können."[14]

---

[13] Hotson, **Wooden O.**
[14] Flatter, **Macbeth**, S. 7.

Zu 5.: Auch bei diesem Thema sind die Textausgaben hilfreich, soweit es um Leben und einige Werke Shakespeares geht. Über seine Zeitgenossen hingegen wird wenig gesagt, und das ruft in manchem Schüler die für den Lehrer kaum erstrebenswerte Einstellung hervor, Shakespeare sei der einzige namhafte Autor der Zeit, also *die* elisabethanische Literatur schlechthin. Für die Zusammenstellung dieses Teiles der Einführung stehen eine Vielzahl von informativen und kurzgefaßten Werken zur Verfügung.

Wenn man diese fünf Gebiete zu dem einleitenden Kurs in das Thema Shakespeare benutzt, ergibt sich nach meiner Erfahrung eine erfreuliche Bereitschaft und Fähigkeit zur Mitarbeit der Kursteilnehmer. Diese wird hervorgerufen durch das Bewußtsein, mehr als vielleicht ursprünglich angenommen an eigenen Beiträgen zur Deutung des Textes liefern zu können.

Manchmal war zu beobachten, daß die Schüler, ausgehend von Teilfragen der Einführung, selbständige Interpretationsansätze in die Diskussion einbrachten (zum Beispiel aus Weltanschauung, Rolle des Menschen im Einflußbereich des Schicksals etc.) und diese anschließend im freien Gespräch zu klären suchten. Es scheint also eine höhere Motivation zur Mitarbeit gegeben, die bei einem halbjährigen Kurs zu fünf oder sechs Wochenstunden von besonderer Bedeutung ist.

Zusätzlich kann ein Ermüdungsprozeß dadurch zumindest hinausgezögert werden, daß wechselnde Arbeitsweisen zur Anwendung kommen können, die bei den Themenkreisen aussehen könnten wie folgt:

Für die Bereiche 1 und 2 (Historischer Hintergrund und Literaturtheorie) werden sich ohne Frage interessierte Schüler finden lassen, die ihre Vorkenntnisse aus anderen Fächern oder private Neigungen hier zur Verfügung stellen. Durch diese Schülerreferate wird die Aufmerksamkeit der Zuhörer neu geweckt – soweit diese Methode nicht zuoft verwandt wird –, zum anderen bietet sie den Vortragenden eine wertvolle, weil seltene direkte Vorbereitung auf den Vortragsteil der Abiturprüfung. Die Referenten sind zumeist auch gerne bereit, das Wesentliche ihres Arbeitspapiers den Mitschülern in hektographierter Form zur Verfügung zu stellen. Die Vorteile dieses Verfahrens für das Verständnis der Zuhörer sind offenkundig. Es entsteht für alle ein Informationskonzentrat, das verfügbar bleibt und – sehr wichtig – für alle Schüler gleiche Voraussetzungen schafft.

Ein Aspekt dieses Teils der Einführung sollte allerdings dem Lehrer in Form des Lehrervortrags und fragend-entwickelnden Verfahrens vorbehalten bleiben: das elisabethanische Weltbild. Hier erscheint es notwendig, den komplexen Stoff lerngerecht aufzubereiten und darzustellen und sein Wesen als vorwissenschaftliches Modell zu charakterisieren, das keine jedem vertraute und bewußte Lebensphilosophie war, sondern mehr eine moderne Rekonstruktion darstellt. Mit diesen Forderungen wäre ein Schüler als Referent leicht überfordert.

Gerade hier zeigte sich nach Besprechung der Theorie Tillyards, daß das von den Schülern zunächst als unkritisch und primitiv angefeindete Weltbild später als interessanter Einblick in eine völlig andere Denkungsart akzeptiert wird. Bei einem Versuch mit *Hamlet* zeigte sich, daß die Kursteilnehmer bei vielen Textproblemen Lösungen an Hand des Weltbildes suchten und beides aneinander maßen, was trotz der oben gemachten Einschränkungen zu interessanten Resultaten führte.

Zum dritten Teil der Einführung (Dramenentwicklung) stellt der Lehrer Textauszüge bereit, die dann – schon zum Nutzen der sprachlichen Vorbereitung – im traditionellen fragend-entwickelnden Verfahren behandelt werden, so daß der Kursleiter die nötigen Anleitungen und Informationen zur Interpretation geben kann.

Das Thema Bühne und Theater kann in arbeitsteiligen Gruppen vorbereitet werden. Diese erhalten vom Lehrer Unterlagen zu den herkömmlichen Theorien, Hotsons Modell und weitere Sachtexte, bearbeiten diese in ihren Sitzungen und tragen ihre Ergebnisse dem Plenum vor. Schon daraus ergeben sich oft lebhafte Erörterungen über Darstellungsweisen, Regie und deren Auswirkungen auf den Betrachter. Sicher muß hier mehr Zeit einkalkuliert werden als bei herkömmlichen Verfahren, aber der Lernwert kann so erhöht sein.

Der fünfte Bereich (Zeitgenossen, Leben und Werk) ist dann wieder in Schülerreferaten zu behandeln. Da dies wohl die einfachsten Themen sind, deren gesamter Inhalt aus Literaturgeschichten und Lexika zusammenzutragen ist, können hierzu auch schwächere Schüler herangezogen werden, denen die sorgfältige Vorbereitung auf das Thema eine Hilfe zur Überwindung ihrer sonstigen Benachteiligungen sprachlicher oder psychologischer Art sein kann. Da die Themen nicht im äußeren Schwierigkeitsgrad von den übrigen Referaten abweichen, ist hierin keine Diskriminierung dieser Schüler zu sehen.

So kann der gesamte Einführungskurs dazu genutzt werden, alle Kursteilnehmer aktiv zur Mitgestaltung der Unterrichtsarbeit zu fordern, jedem eine Basis zum Verständnis der folgenden Ganzschrift zu geben und eine direkte Abiturvorbereitung zu schaffen durch Mitschriften und erhöhte Möglichkeiten zur Artikulierung in der Fremdsprache.

Darüber hinaus ist der Stoff dieses Kurses nicht mehr so ausschließlich auf einen Text bezogen, sondern transferierbar und fachübergreifend verwendbar. Damit wird dann auch die von den Empfehlungen geforderte Stellung als „thematischer Schwerpunkt"[15] deutlich, da der Schüler sieht, daß dieses Zeitalter bei aller zeitlichen Ferne nicht ohne Bedeutung für unsere Epoche ist.

Zum Abschluß ein Wort zum Zeitbedarf-: Für ein Kurshalbjahr stehen bei einem fünfstündigen Kurs etwa 70 Stunden zur Verfügung, der Rest geht durch Klausuren, verwaltungsbedingte Stundenausfälle etc. verloren. Nach überein-

---

[15] Schulreform NW, S. 15.

stimmender Meinung von verschiedenen Autoren[16] kann man für die Lektüre der Ganzschrift 20 bis 25 Stunden veranschlagen. Noch einmal rund 15 Stunden sollten der Einführung in die elisabethanische Lyrik vorbehalten sein[17], wobei die Stoffe des Einführungskurses wiederholt und vertieft werden können. Es sollte hier Wert darauf gelegt werden, daß neben Shakespeare auch andere Dichter in ausgewählten Werken vorgestellt werden und durch den Vergleich von Gedichten ähnlicher Thematik, beispielsweise *pastoral, lover's complaint* etc., das Empfinden des Schülers für ästhetische Qualität geschult wird, was schon als eines der Unterrichtsziele hervorgehoben wurde. Selbstverständlich wird das Schwergewicht der Lyrikbetrachtung auf den Sonetten liegen müssen.

Akzeptiert man diese Zeitangaben, bleiben etwa 30 Stunden übrig, in denen der beschriebene Einführungskurs stattfinden kann, verbunden mit sprachlicher Schulung, sicher ein ausreichender Zeitraum.

Zusammenfassend läßt sich also sagen, daß hier vorgeschlagen wird, einen Halbjahreskurs abzuhalten, der über die Lektüre eines Dramas hinaus sich bemüht, dem Schüler ein umfassenderes Bild der Epoche und ihrer Literatur zu vermitteln, in das auch Geschichte, Gedankengut und der Mensch dieser Zeit gehören; ein Kurs, der zugleich durch den Wechsel von Textsorten und Arbeitsweisen den Anforderungen der gegenwärtigen Schulsituation gerecht werden kann.

---

[16] Vgl. u. a. Höppner, ,,Interpretation'', 30 und Riemer, ,,Shakespeare'', 14.
[17] Eine gute Auswahl bietet Ault, **Elizabethan Lyrics**. New York, 1960.

Literaturverzeichnis:

Abrams, M. H.: **A Glossary of Literary Terms**. New York, 1957.

Ault, N.: **Elizabethan Lyrics**. New York, 1960.

Combecher, H.: ,,Zur Verbindung von Werk und Epoche im Unterricht''. **Neusprachliche Mitteilungen** 15, 1962, 157–162.

Dale, V. K. G.: **Shakespeare and the Age that Made Him**. Stuttgart, 1971.

Flatter, R.: **William Shakespeare – Macbeth. Grundlagen und Gedanken zum Verständnis des Dramas**. Frankfurt, ⁷1975.

Geissler, R.: **Prolegomena zu einer Theorie der Literaturdidaktik. Bestandsaufnahme – Kritik – Neuansatz**. Hannover, ²1973.

Harrison, G. B.: **Introducing Shakespeare**. Harmondsworth, 1968 (repr.).

Höppner, J.: ,,Zur Interpretation von Dramen im Englischunterricht der Oberstufe''. **Die Neueren Sprachen** 55, 1956, 30–34.

Hotson, L.: **Shakespeare's Wooden O**. London, 1959.

Hübner, W.: ,,Der Bildungsauftrag der englischen Lektüre''. **Die Neueren Sprachen** 52, 1953, 298–312.

Leech, C.: „Shakespeare's Use of a Five-Act Structure". **Die Neueren Sprachen** 56, 1957, 249–261.

Müller-Schwefe, G.: „Der neue Volksshakespeare". **Neusprachliche Mitteilungen** 14, 1961, 153–156.

Riemer, K.: „Shakespeare in der 12. Klasse mit audiovisuellen Hilfsmitteln". **Neusprachliche Mitteilungen** 17, 1964, 14–15.

Ross, W.: „Literatur im Fremdsprachenunterricht". **Neusprachliche Mitteilungen** 19, 1966, 2–7.

Schubel, F.: „Shakespeare – Lektüre im Unterricht". **Neusprachliche Mitteilungen** 15, 1962, 155–156.

Schulreform NW Sekundarstufe II – Arbeitsmaterialien und Berichte, Heft 4, II: Curriculum gymnasiale Oberstufe Englisch, 2. Ausgabe. Empfehlungen für den Kursunterricht im Fach Englisch in der Sekundarstufe II, o. J.

Schwamborn, H.: „Die Shakespearelektüre. Ihre Bedeutung und ihre Möglichkeiten". **Die Neueren Sprachen** 52, 1953, 494–501.

Sonntag, W.: „Macbeth im Englischunterricht. Forschung – Methodik – Praxis". **Die Neueren Sprachen** 64, 1965, 353–368.

Sudhölter, J.: „Lücken im Stundenplan. Englisch und Französisch – die Leidtragenden der Schulreform". **Deutsche Zeitung Christ und Welt** 1977, Nr. 46, 13.

Detlef v. Ziegesar, Karlsruhe

Lesestrategien für nicht-fiktionale Texte im Fremdsprachenunterricht der Sekundarstufe I

1. Einleitung

Die Verwendung von Gebrauchstexten wie Zeitungsnachrichten und -kommentaren, Werbeanzeigen, Gebrauchsanweisungen, Fernsehprogrammen etc. ist im Fremdsprachenunterricht der Sekundarstufe II eine Selbstverständlichkeit geworden. Dies hat Gründe sowohl literaturwissenschaftlicher als auch didaktischer Art. So hat sich in den letzten Jahren eine Wandlung der Literaturwissenschaft zu einer kommunikationstheoretisch begründeten allgemeinen Textwissenschaft vollzogen. Diese erhebt Anspruch auf das gesamte Territorium von Texten, was zur Folge hat, daß Literaturwissenschaft die Beschränkung auf Textformen fiktionaler Art aufgegeben und sich auch nicht-fiktionalen zugewendet hat.[1] Ausgehend vom Lernziel, den Schüler auf Kommunikation mit Texten vorzubereiten, denen er nach seiner Schulzeit in den Rollen des Reisenden und Konsumenten begegnet, wurde nicht-fiktionalen Texten eine Gleichberechtigung mit fiktionalen – teilweise sogar eine höhere Berechtigung – im Curriculum der Sekundarstufe II zugestanden. Fachdidaktiker haben eine ganze Reihe didaktisch-methodischer Vorschläge in Aufsätzen vorgelegt, und Verlage haben Textsammlungen herausgegeben.[2]

Während dem Lehrer für den Sekundarstufen-II-Unterricht also genügend Textmaterial und didaktisch-methodisches Handwerkszeug gegeben ist, befindet sich der Sekundarstufen-I-Lehrer in einer weniger befriedigenden Lage. Die nur in kleiner Zahl vorliegenden fachdidaktischen Beiträge[3] genügen nicht für die Entwicklung einer konsistenten Lernzielbestimmung für Gebrauchstexte, noch liefern sie einen systematischen Kriterienkatalog für die Auswahl verschiedener Textsorten innerhalb der Gebrauchstexte. Dies ist um so mißlicher, als die meisten modernen Lehrwerke Gebrauchstexte aufgenommen

---

[1] Vgl. z. B. Werlich, E.: **A Text Grammar of English**. Heidelberg, 1976.

[2] Für eine bibliographische Zusammenfassung vorliegender Materialien und eine texttheoretische und didaktische Einführung in Gebrauchstexte im Bereich der Hochschule und Sekundarstufe II siehe: von Ziegesar, D. u. M.: **How to Analyse and Teach Non-Literary Texts**. Kronberg, vorr. 1978.

[3] z. B. Biller, K.: „Das methodische Modell der Handlungseinheit im Englischunterricht der Hauptschule". **Blätter für Lehrerfortbildung** 3/1975, 96–106; von Ziegesar, D.: „Gebrauchstexte im Fremdsprachenunterricht". **Englisch 1**, 1976, 5–11; Biller, K.: „Unterrichtseinheit ‚We Make a Table'". **WPB 29**, 1977, 62–67.

haben und der Lehrer damit zu einer sachgerechten Behandlung aufgefordert wird.

Es ist deshalb Aufgabe des vorliegenden Artikels, im ersten theoretischen Teil eine Lernzielbestimmung für Gebrauchstexte und einen Auswahlkriterienkatalog in bezug auf die Sekundarstufe I zu erarbeiten und im zweiten Teil Textbeispiele folgen zu lassen, deren unterrichtliche Behandlung systematisch aus der theoretischen Grundlage entwickelt wird und somit exemplarischen Charakter hat.

2. Gegenstandsbestimmung

Für die Aufgabe des vorliegenden Beitrags ist es nicht notwendig, nochmals eine detaillierte, kommunikationstheoretisch begründete Gegenstandsbestimmung von Gebrauchstexten, was meist im Vergleich zu fiktionalen Texten geschieht[4], vorzunehmen. Entscheidend ist, daß Gebrauchstexte in einer realen Kommunikationssituation stehen in dem Sinne, daß die Rollen, die der Sender annimmt und die für den Leser bestimmt sind, nicht wie bei fiktionalen Texten fiktiv sind, sondern der empirischen Realität angehören, und daß sich die Nachricht von Gebrauchstexten auf eine raum-zeitliche Wirklichkeit bezieht. Da Gebrauchstexte für bestimmte Leser mit einem jeweils bestimmten außersprachlichen Zweck (z. B. Werbetexte: zum Kauf überreden, Zeitungsnachricht: informieren, Gesetzestext: Handlungen verordnen) produziert werden, kann man von einer pragmatischen Funktion der Sprache dieser Texte reden. Je nach der an einer sprachlichen Äußerung dominierend beteiligten Instanz – Sprecher, Hörer/Leser, raum-zeitliche Wirklichkeit – läßt sich diese pragmatische Sprachfunktion in drei Grundfunktionen unterteilen.

Wie das folgende, auf das Organon-Modell Bühlers[5] zurückgehende Schema 1 zeigt, spricht man von der expressiven Funktion, wenn der Sprecherbezug dominiert – d. h. der Text gibt weniger Auskunft über Dinge der raum-zeitlichen Wirklichkeit, als über die Gefühle des Sprechers selbst –, von einer appellativen Funktion, wenn der Hörer-/Leserbezug dominiert – d. h. der Text

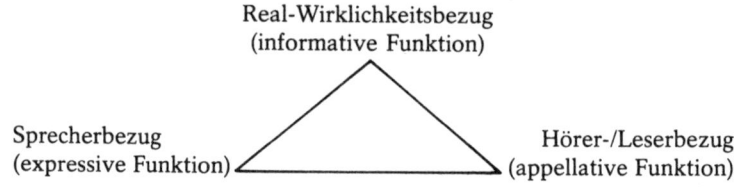

Real-Wirklichkeitsbezug
(informative Funktion)

Sprecherbezug
(expressive Funktion)

Hörer-/Leserbezug
(appellative Funktion)

Schema 1

[4] Für eine kurze Darstellung siehe von Ziegesar, D.: „Gebrauchstexte im Fremdsprachenunterricht“, a. a. O. 6 ff.; für eine detaillierte siehe von Ziegesar, D. u. M.: **How to Analyse and Teach Non-Literary Texts**, a. a. O. Chs. 1, 2.

[5] Bühler, K.: **Sprachtheorie**. Jena 1934, S. 24 ff. (Neuauflage Stuttgart, 1965).

soll vornehmlich auf Denken und Handeln des Lesers einwirken –, und von einer informativen Funktion, wenn der Real-Wirklichkeitsbezug dominiert – d. h. der Text ist vornehmlich auf Darstellung eines Sachverhalts aus. Diesen drei Grundfunktionen der Sprache können nun drei Sorten von Gebrauchstexten zugeordnet werden:

a) informative Texte wie Zeitungsnachrichten, Programmankündigungen, Inserate, Lexikonartikel etc.

b) expressive Texte wie Zeitungskommentare, Leserbriefe, subjektive Essays etc.

c_1) persuasive Texte wie Werbeanzeigen, Warenhauskataloge, Reisebroschüren etc., in denen der Sprecher versucht, den Leser durch manipulative Mittel zu überreden, und

c_2) regulative Texte wie Verträge, Gebrauchsanweisungen, Bastelanleitungen etc., in denen der Sprecher mit Hilfe von Regeln, Verordnungen und Vorschlägen auf das Handeln und Verhalten des Lesers einwirken will.

3. Lernzielbestimmung

Lernziel für Gebrauchstexte im Sekundarstufen-I-Bereich kann nun nicht wie in Leistungskursen der Sekundarstufe II deren textwissenschaftlich fundierte Analyse sein. Es muß vielmehr in Relation zu dem vornehmlichen Lernziel des Fremdsprachenunterrichts der Sekundarstufe I, der kommunikativen Kompetenz, entwickelt werden. Unter kommunikativer Kompetenz soll die Fähigkeit der Schüler, künftige fremdsprachliche Lebenssituationen mit Hilfe sprachlicher und außersprachlicher Mittel angemessen bewältigen zu können, verstanden werden. Das bedeutet in bezug auf Gebrauchstexte folgendes: da Gebrauchstexte *per definitionem* mit einer jeweils bestimmten Intention und für einen jeweils bestimmten außersprachlichen Zweck produziert werden, muß das Lernziel die Fähigkeit sein, zweckentsprechende und sachgerechte Lesestrategien zur Bewältigung von Kommunikationssituationen mit verschiedenen Sorten von Gebrauchstexten entwickeln und anwenden zu können.

3. 1 Lesestrategien

Die nun folgenden Lesestrategien sind sowohl aus deutschsprachigen als auch englischsprachigen didaktischen Beiträgen entwickelt.[6] Die „handlungsaktivierende", „kursorisch-informierende", „kritische" und „kreative" Lesestrategie wird dabei jeweils definiert und verschiedenen Sorten von Gebrauchstexten zugeordnet.

---

6 Z. B. Giehrl, H. E.: **Der junge Leser.** Donauwörth, 1968, S. 31 ff.; Ure, G. N.: „Practical Registers". ELT XXII, 1968, 107–114; Ferguson, H.: „Some Aspects of the Reading Process". ELT XII, 1973, 29–34; Boueke, D. et al.: **Erziehung zum Buch.** Freiburg, 1974, S. 86 ff.

3. 1. 1 Handlungsaktivierendes Lesen

Der Zweck handlungsaktivierenden Lesens ist, einen Text so zu benutzen, daß er direkt eine nicht-sprachliche Tätigkeit auslöst. Das ist z. B. der Fall, wenn die Bastelanleitung für ein Modellschiff, ein Kochrezept oder Instruktionen für ein Gesellschaftsspiel gelesen werden. Gebrauchstexte, die sich hierfür besonders eignen, sind die *regulativen*.

Regulative Texte und die ihnen zugeordnete handlungsaktivierende Lesestrategie sind aus verschiedenen Gründen besonders für den Anfangsunterricht (1. und 2. Lehrjahr) geeignet. Methodisch gesehen lassen sie sich mühelos in den situativ ausgerichteten Anfangsunterricht integrieren, da der Umgang mit ihnen eine typische Realsituation und nicht eine simulierte Situation darstellt. Aus motivationspsychologischer Sicht hat handlungsaktivierendes Lesen einen nicht zu unterschätzenden Aufforderungscharakter, da hier „echt" gespielt oder gebastelt werden kann. Der Umgang mit regulativen Texten kann eine Primärmotivation darstellen, weil nicht des Sprachlernens, sondern der Sache wegen gelesen wird. Lernpsychologisch betrachtet sind regulative Texte deshalb besonders für den Anfangsunterricht geeignet, weil die in ihnen oft integrierten visuellen Zeichen den Dekodierungsprozeß erleichtern können. Das handlungsaktivierende Lesen, an dessen folgenden Handlungsvollzug mehrere Sinnestätigkeiten beteiligt sind, gewährleistet gegenüber dem bloßen Lesen einen größeren Behaltensquotient.[7] Zudem werden nicht nur die im audio-visuellen Unterricht bevorzugt angesprochenen auditiven und visuellen Lerntypen, sondern auch der bislang vernachlässigte haptische Lerntyp berücksichtigt. Aus sozialpsychologischer Sicht schließlich sind regulative Texte und deren handlungsaktivierende Erschließung deshalb besonders für den Anfangsunterricht geeignet, da sie den dort vorherrschend lehrerzentrierten Unterricht durch Gruppenaktivität wie gemeinsames Spielen und Basteln schülerorientierter gestalten helfen können.

3. 1. 2 Kursorisch-informierendes Lesen

Zweck kursorisch-informierenden Lesens ist der Erwerb von Informationen und Kenntnissen und auch die Erweiterung von Wissen. Wesentlich ist dabei eine möglichst rasche und rationelle Informationsentnahme. Das bedeutet die Fähigkeit, einen Text überfliegen und auskämmen zu können, um zu rascher Global- bzw. Detailinformation zu gelangen. Das geschieht derart, daß man in einem Text Antworten auf Fragen sucht, die man sich vorher gestellt hat.

Besonders geeignet für diese Lesestrategie sind *informative* Gebrauchstexte wie z. B. Lexikonartikel, Programmankündigungen und Inserate. Da sowohl bei diesen als auch bei den regulativen Texten und den ihnen zugeordneten Lesearten eine Auseinandersetzung mit Vertextungsstrategien und den sie

---

[7] Vgl. Novikow, E., zit. n. Hecht, K.: **Englischunterricht, Sekundarstufe I.** Bd. 2. Donauwörth, 1977, S. 76.

bedingenden Kommunikationsvoraussetzungen noch nicht nötig ist, eignet sich kursorisch informierendes Lesen ebenfalls schon im Anfangsunterricht der ersten beiden Lehrjahre, obwohl das eine weitere Anwendung dieser Strategie in weiterführenden Klassen, besonders auch unter Benutzung von Hilfsmitteln wie Wörterbüchern, nicht ausschließt.

3. 1. 3 Kritisches Lesen

Kritisches Lesen bedeutet die Fähigkeit, Texten gegenüber eine kritisch-aufmerksame Haltung einnehmen, sie skeptisch auf ihre Hintergründe befragen, Thesen untersuchen, abwägen, prüfen, in Frage stellen und vergleichen können. Diese Lesestrategie wird besonders wichtig bei solchen Texten, die über ihre eigentlichen Absichten hinwegtäuschen wollen, wie es bei *persuasiven* Gebrauchstexten, z. B. bei Werbeanzeigen, der Fall ist. Kritisches Lesen kann sinnvoll erst ab dem 3. Lehrjahr eingesetzt werden, da es Einsichten in manipulative Vertextungsstrategien, die von der Sache und Sprache her leicht überfordern können, verlangt.

3. 1. 4 Kreatives Lesen

Das kreative Lesen schließt die Fähigkeit des kritischen Lesens mit ein, verlangt aber zudem von seiten des Lesers eine schöpferische und selbständige Auseinandersetzung mit dem Text in dem Sinne, daß z. B. Schlußfolgerungen gezogen, Alternativen zu Autorentscheidungen gefunden oder sogar Texte ähnlicher Art selbst verfaßt werden können. Besonders geeignet für diese Lesestrategie sind *expressive* Gebrauchstexte. Ein Leserbrief einer Zeitung beispielsweise kann eine schöpferische Antwort beim Leser auslösen. Da kreatives Lesen sprachproduktive Tätigkeit einschließt, ist es besonders in den letzten Lehrjahren sinnvoll angebracht.

4. Textauswahl

Die vier Lesestrategien und ihnen zugeordneten Sorten von Gebrauchstexten stellen ein Grundgerüst für die Progression der Arbeit mit Gebrauchstexten im Sekundarstufen-I-Kurs dar. Entscheidend ist, daß der Text nicht das Lernziel bestimmt, sondern daß man vom Lernziel der verschiedenen Lesestrategien ausgeht und diesem dann einen geeigneten Text bzw. Texte zum Vergleich zuordnet.

Bei der Textauswahl sind zwei weitere Kriterien zu berücksichtigen. Zum einen müssen die Textinhalte altersgemäß sein, d. h. sie dürfen den Erfahrungshorizont des Schülers nicht ungebührlich übersteigen. Besonders in bezug auf kritisches und kreatives Lesen sollten Vorschläge der Deutschdidaktik nicht unbefragt übernommen werden, wenn immer wieder problemorientierte und konflikthaltige Texte mit dem Lernziel der Lesemündigkeit propagiert werden. Hier entsteht leicht ein Überdruß bei den Schülern, besonders wenn es nicht ihre eigenen Probleme sind. Daß kritisches und kreatives Lesen auch ohne konflikthaften Inhalt möglich ist, erhellt daraus, daß es nicht nur darauf ankommt, *was* der Schüler liest, sondern auch *wie* er es liest. Lesemündigkeit ist nicht nur dadurch zu erreichen, daß der Schüler *durch* den Text, sondern daß er *von* ihm *weg* emanzipiert wird in dem Sinne, daß er lernt, sich seinen Wirkungen zu entziehen.[8]

Zum anderen ist bei der Textauswahl der sprachliche Schwierigkeitsgrad zu berücksichtigen. Da das Hauptlernziel für Gebrauchstexte die verschiedenen Lesestrategien sind, ist ihr sprachlicher Schwierigkeitsgrad so niedrig wie möglich zu halten, damit wortwörtliches Verstehen garantiert ist, was die Voraussetzung für die Lesestrategien bildet. D. h. daß sich Gebrauchstexte weniger für die Spracherlernungs- und Übungsphase eignen, als vielmehr in der Integrierungsphase des Unterrichtsgeschehens[9] ihren sachspezifischen Ort haben. Nur so ist garantiert, daß Schüler Gebrauchstexte nicht als bloße Vehikel für die Spracherlernung und -übung betrachten, sondern sie – wie beim natürlichen Umgang mit authentischen Texten in der Muttersprache – von der Sache und dem Inhalt her angehen.

5. Textbeispiele und Unterrichtsvorschläge

Im folgenden werden Textbeispiele für die vier verschiedenen Lesestrategien vorgeführt und aus der theoretischen Grundlage Unterrichtsvorschläge entwikkelt. Die Beispiele stellen Anregungen sowohl für Lehrbuchautoren als auch für Lehrer dar.

Der in Abschnitt 5. 1. 1 verkleinert abgebildete Gebrauchstext *Mr. Oldcastle's 100th Birthday Party* stellt ein englischen als auch deutschen Kindern gleichermaßen bekanntes Gesellschaftsspiel dar, das alle zum Spiel nötigen Instruktionen enthält. Sprachmaterial und Illustrationen beziehen sich auf das Lehrwerk *Yes.*[10] Strukturen und Vokabular sind so ausgewählt, daß sie eine reine Wiederholung am Ende des Lehrbuches darstellen. Sie erfüllen damit die Forderung des geringen Schwierigkeitsgrads an Gebrauchstexte. Ein solches Spiel läßt sich von jedem geschickten Lehrer – auch einfacher, mit Strichzeichnungen – für jedes Lehrbuch und jeden Lehrbuchabschnitt herstellen. Wichtig dabei ist jedoch, daß die Spielanweisungen so gehalten sind, daß sie ein aufmerksames Lesen erfordern. Anweisungen wie „Go back to 5" oder „Go on to 12" sind ungeeignet. Modellfall für eine gute Anweisung ist z. B. 39. In dieser Formulierung stellt sie einen „reading comprehension test" *in nuce* mit dem Vorteil, realsituativ und nicht offensichtlich didaktisch zu sein, dar. Wenn das Spiel in kleinen Gruppen gespielt wird, sorgen die Mitspieler im eigenen Interesse für das richtige Lesen und Handlungsausführen der Instruktionen. Zur mündlichen

---

[8] Kochan, B.: „Gebrauchstexte im Leseunterricht". **Die Grundschule** 11, 1975, 615–620.

[9] Vgl. Zimmermann, G.: „Integrierungsphase und Transfer im neusprachlichen Unterricht". **Praxis** 16, 1969, 245–260.

[10] **Yes. A New English Course.** Vol. 1. Dortmund/Hannover, 1977.

5. 1 Handlungsaktivierendes Lesen

5. 1. 1 „Mr. Oldcastle's 100th. Birthday Party" (1. Lehrjahr)

Interaktion läßt sich folgendes Sprachmaterial bereitstellen: Whose turn is it? It's my turn. That's wrong. That's not right. You have to go back to . . . You have to go on to . . . etc.

5. 1. 2 „Let's Make a Mask" (1./2. Lehrjahr)

Die Bastelanleitung *Let's Make a Mask* stellt, wie das voraufgegangene Gesellschaftsspiel, einen auch in der Ausgangskultur geläufigen Text dar. Zur Behandlung von Bastelanleitungen im allgemeinen eignen sich vier Schritte:

a) What we're going to do
b) What we need
c) Demonstration by the teacher (making a simple mask)
d) Pupils' activity (making a more elaborate mask).

In Schritt a) wird den Schülern zum Einstieg das Bastelmaterial gezeigt und sie können raten, was damit gebastelt werden könnte (What can I do with it? Can I play with it? Can I wear it? Have we got one in the classroom? etc.). Dann wird das Wort „mask" eingeführt.

In Schritt b) werden die Wörter für das Bastelmaterial und -werkzeug eingeführt.

In Schritt c) liest der Lehrer den folgenden Tafelanschrieb laut vor und führt. sprachbegleitend und die Schüler lesen lassend, die Handlungen aus:

1. Take a piece of thick paper 21cm by 29cm
2. Cut out eyes, a nose and a mouth.

3. Take a piece of paper 9 cm by 20 cm.
4. Cut it.

5. Roll up the top.

6. Stick it under the mouth with glue.
7. Tie two pieces of string onto the mask.

In Schritt d) bekommen die Schüler folgendes Arbeitsblatt, dessen Anweisungen sie mit mitgebrachtem Material und Werkzeug ausführen:

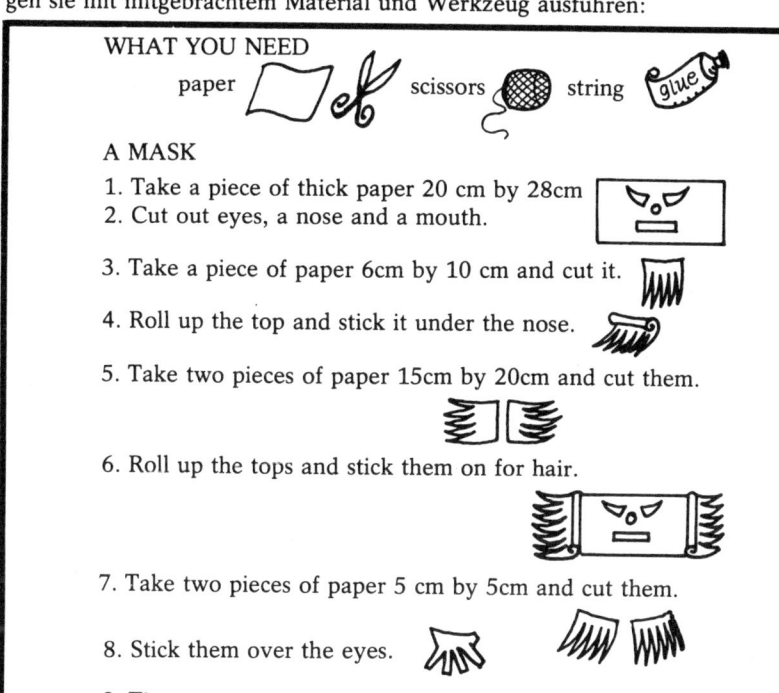

WHAT YOU NEED

paper   scissors   string   glue

A MASK

1. Take a piece of thick paper 20 cm by 28cm
2. Cut out eyes, a nose and a mouth.

3. Take a piece of paper 6cm by 10 cm and cut it.

4. Roll up the top and stick it under the nose.

5. Take two pieces of paper 15cm by 20cm and cut them.

6. Roll up the tops and stick them on for hair.

7. Take two pieces of paper 5 cm by 5cm and cut them.

8. Stick them over the eyes.

9. Tie two pieces of string onto the mask and colour it.

Während des Bastelns können die Schüler dazu angehalten werden, Sprachmaterial zu üben, indem sie sich gegenseitig fragen, wie weit sie sind, z. B. „What are you doing now?", „What are you going to do next?", „I'm cutting out . . .", „I'm going to roll up . . ." etc. Bei der Konstruktion ähnlicher Bastelanleitungen hat der Lehrer zwei Punkte besonders zu beachten. Erstens dürfen die Illustrationen, sowohl des Tafelanschriebs als auch des Arbeitsblattes, nicht ʿo eindeutig und ausreichend sein, daß sie ein Lesen des Textes überflüssig machen. Zweitens ist es unbedingt notwendig, daß mit zwei Texten gearbeitet wird: dem Tafelanschrieb und dem Arbeitsblatt, das eine kompliziertere Bastelanleitung darstellt. Nur so ist garantiert, daß der Schüler auch das Arbeitsblatt liest und nicht ohne Text, aus dem Gedächtnis den Lehrer imitierend, bastelt.

5. 2 Kursorisch-informierendes Lesen

Das in diesem Abschnitt vorgeführte Fernsehprogramm stellt einen den Schülern auch in der Ausgangskultur bekannten informativen Gebrauchstext dar.

Beim Verfassen solcher Texte sollten Lehrbuchautoren bzw. Lehrer darauf achten, daß der authentische Charakter von Programmankündigungen durch Bewahren des Registers inhaltlich und graphologisch erhalten bleibt. Motivationspsychologisch gesehen ist es weiterhin von Vorteil, wenn Programme gewählt werden, die sowohl deutschen als auch englischen Schülern bekannt sind (hier: *Kojak, The Streets of San Francisco, Bonanza*).

16 July 1977	SATURDAY TV BBC 2
9.50 a. m. KIM A film series about a boy who travels around Europe 3. Denmark 10.15 C o l o u r CARTOON TIME The best Walt Disney films Mickey Mouse, Pluto, Donald Duck, Goofy 10.55 WEATHER Jack Scott 11.00 DO-IT-YOURSELF Making a table with Barry Bucknall 11.30 C o l o u r ABOUT BRITAIN Looking at Yorkshire Sheep farming 12.00 PLAY THE GAME Table Tennis How to become a good player 12.30 p. m. C o l o u r WORLD OF SPORTS 12.35 Football Focus 1.00 International Hockey 1.30 Horse Racing from Newbury 1.50 Rugby League Cup Semi-final Leeds v. Warrington 3.00 C o l o u r SATURDAY CINEMA: The Man from Planet X starring Ray Nelson 4.30 WATER SKI TOURNAMENT Thorpe Water Park, Surrey 5.10 NEWS Weatherman Jack Scott	5.25 Today's Sport 5.30 Co l o u r BONANZA Lorne Greene, Michael Landon, Dan Blocker, Ben sells the ranch 6.00 A HANDFUL OF SONGS TONY BENNET, THE SPINNERS 6.35 WESTMINSTER Politics in Parliament 7.05 NEWS AND SPORTS Weather 7.15 SNOOPY A cartoon series 7.30 C o l o u r THE STREETS OF SAN FRANCISCO Karl Malden, Michael Douglas in THE WILD DOG 8.25 C o l o u r THE GOODIES A comedy series This week Tim and Graeme learn Kung Fu 9.20 C o l o u r KOJAK starring Telly Savalas At the Bottom of the River Kojak finds a body in the river 10.30 NEWS 10.40 WILDLIFE SAFARI TO ETHIOPIA A documentary 11.45 NEWS ON 2 Weather and closedown

Die natürliche Lesestrategie informativen Gebrauchstexten gegenüber ist die kursorisch-informierende: der Leser durchkämmt so rationell und schnell wie möglich den Text zur Beantwortung von Fragen, die er zuvor an ihn gestellt hat. Er muß dabei im Moment unwichtige von wichtigen Informationen unterscheiden können. Die Programmtexten vorangestellten Fragen lassen sich nach mehreren Gesichtspunkten hin systematisieren:

a) Time: When can you watch the news in the evening? Is there a film on in the afternoon? etc.

b) Type of programme: Is there a comedy programme on TV on Saturday? Are there any cartoons on? etc.

c) Specific topics: Are there any films about cowboys? Is there anything about rugby, politics . . .? etc.

d) Programmes in colour: You like programmes in colour. Which ones could you watch? You especially like documentaries in colour. Is there one on? etc.

e) Various people's likes and dislikes: Which programme would your mother, father . . . like best? Which one wouldn't your mother, father . . . watch? etc.

Lernpsychologisch entscheidend ist, daß der Schüler bei dieser Lesestrategie nicht unbedingt jedes einzelne Wort zum Verständnis des gesamten Textes kennen muß. Dem Wort-für-Wort-Lesen mit all seinen Nachteilen[11], wie es für gewöhnlich dem Schüler abverlangt wird, kann sinnvoll entgegengesteuert werden. Ein bestimmtes Stammvokabular, das für Programmankündigungen spezifisch ist und Globalverständnis garantiert, sollte allerdings bekannt sein bzw. eingeführt werden: ,,film series", ,,cinema", ,,cartoon", ,,comedy", ,,news", ,,weather", ,,in colour" etc.

Schulpraktische Erfahrung zeigt, daß kursorisch-informierendes Lesen so früh wie möglich, also schon im ersten und zweiten Lehrjahr geübt werden muß, da ein späterer Einsatz zu einer lernpsychologischen Barriere bei den Schülern führt, die dann an Wort-für-Wort-Lesen gewöhnt sind und vor unbekanntem Vokabular sofort kapitulieren.

Weitere geeignete Texte für die vorgeführte Lesestrategie stellen neben allen Arten von Programmankündigungen – Fernsehen, Radio, Diskotheken, Clubs etc. – auch Inserate dar. So gibt es in vielen englischen Lokalblättern Inseratspalten speziell für Kinder, z. B. *£ 1 and under*[12], wo Artikel, die nicht mehr als ein englisches Pfund kosten, von Kindern für Kinder angeboten werden, z. B.:

---

[11] In dem Aufsatz von Ferguson, N.: ,,Some Aspects of the Reading Process", a. a. O., 34 werden folgende Nachteile des Wort-für-Wort-Lesens aufgezählt:
a) the natural grouping of the words is disturbed, and effects of interference from the student's native language system are accentuated;
b) owing to attention to detail, the overall picture is lost, and the details then fall apart;
c) unknown vocabulary frightens the student into not reading, the whole effect being one of inhibition rather than motivation.

[12] ,,Junior Star ads". **Sheffield Newspaper Ltd.**

CHILD'S billiard game in
good condition, £ 1.
Phone 399096

GIRL'S jeans 50p.; jeans
skirt 50 p., age 11–13,
as new. – Phone 56618
after 4 p. m.

71 Foreign and British
stamps for 30p. – Phone
54652 after 6.30 p. m.

CAMPING knife, cost £ 2,
price £ 1. – Margaret Riches,
57, Greenwood Rd., Sheffield.

Analog zu den Fragen für Programmankündigungen läßt sich ein Fragenkatalog – der wie immer bei kursorisch-informierendem Lesen dem Text vorangeht – nach bestimmten Gesichtspunkten zusammenstellen:

a) the amount of money available: you've got 50p., £ 1 . . . What do you want to buy?

b) the pupils' interests: you're looking for some stamps, records, jigsaws . . . Can you find any?

c) the desire to buy a particular item for a certain amount of money: you want to buy some toys, books . . . for 80p., £ 2 . . . What can you find? You want to buy a birthday present for your friend for 70p., £ 1 . . . Can you find anything?

d) the price of the objects: how much is the . . .? How much does the . . . cost? What would you have to pay for the . . .?

e) how to buy the object: you want to buy the . . . Can you ring up or do you have to go there? Where would you have to go or which number would you have to ring if you wanted to buy the . . .?

f) the address or phone number: you ring 399096. What do you want? What could you buy from Margaret Riches, at 57, Greenwood Rd., Sheffield?

5. 3 Kritisches Lesen

Für kritisches Lesen eignen sich *per definitionem* persuasive Gebrauchstexte wie z. B. Werbeanzeigen. Aus dem weiten Feld verschiedener Sorten von Gebrauchstexten sind es besonders die Werbeanzeigen, deren Behandlung von Fachdidaktikern hauptsächlich für die Sekundarstufe II bevorzugt vorgeschlagen wird.[13] Ausgehend von der Annahme, daß Werbeanzeigen als den Schülern wohlbekanntes Massenmedium im Fremdsprachenunterricht einfach ankommen *müssen*, wird gerade hier gerne das Prinzip der Altersgemäßheit vernachlässigt. Zumindest für die Sekundarstufe I sollte der Lehrer – abgesehen von

---

[13] Für eine bibliographische Zusammenfassung vgl. von Ziegesar, D. u. M.: **How to Analyse** . . . a. a. O. Ch. 2.2.1.1.

der sprachlichen Schwierigkeit – strikte inhaltliche Auswahlkriterien, die Resultat der schulpraktischen Arbeit mit solchen Texten darstellen, beachten:

a) Anzeigen, die sich speziell an Erwachsene wenden, z. B. Kauf von Möbeln, Autos, Zigaretten, Luxusgegenständen etc. sind nicht für Schüler der Sekundarstufe I geeignet, besonders dann nicht, wenn die Anzeige zum Typ des „Image-advertising"[14] gehört, mit dessen angesprochenen Bedürfnisstrukturen sich der Schüler noch nicht identifiziert.

b) Von Anzeigen, die sich speziell an Jugendliche wenden, z. B. Kauf von Modeartikeln, Schallplatten etc. sind ebenfalls nicht alle zur Behandlung im Unterricht geeignet. Ungeeignet ist wiederum der Typ des „Image-advertising", diesmal aus einem anderen Grund als bei (a). Anzeigen dieser Art sprechen in manipulativer Absicht Bedürfnisstrukturen von Jugendlichen an. Eine Bewußtmachung der eigenen Bedürfnisse kann zum einen durch die sprachlichen Grenzen nicht im Fremdsprachenunterricht erreicht werden – das sollte man dem Deutschunterricht überlassen –, zum anderen besteht eine auch im Deutschunterricht festgestellte Gefahr: eine kritische Analyse von Anzeigen des Typs „Image-advertising" verlangt Bewußtmachung der eigenen Bedürfnisse und der von der Werbung angebotenen Ersatzbefriedigung. Madigmachen der Ersatzbefriedigung und Belegen mit einem schlechten Gewissen ist solange verantwortungslos, als die „Schule den Kindern keinen Ersatz für das ihnen Weggenommene anbieten kann."[15]

Damit bleiben für die Sekundarstufe I zwei Arten von Anzeigen:

a) Anzeigen, die sich an Jugendliche im Alter der Schüler selbst wenden und nicht dem Typ „Image-advertising" angehören, z. B. Text I[16]:

Werbetext: . . . So this guy gives up smoking and he reckons he saves enough in a year to get himself two jackets and a transistor radio and a gold watch and a new suit. On top of which he reckons he feels a lot better for it. Me, I still smoke 30 a day and I haven't got two jackets or a transistor radio or a gold watch or a new suit. But man have I got a shockin' cough!

Illustration: Kopf eines rauchenden Jungen mit verknitterten Gesichtszügen. Der Rauch der Zigarette besteht aus einzelnen Münzen.

b) Anzeigen, die sich an Kinder wenden, deren Alter und Bedürfnisstrukturen die Schüler überschritten haben und von denen sie sich deshalb distanzieren können, z. B. Text II[17]:

---

[14] ‚Image-advertising' versucht, das zu verkaufende Produkt mit einem bestimmten Image, z. B. abenteuerlichem Leben, Luxus, Freiheit, gedankenassoziativ zu koppeln. Besonders Zigarettenwerbung bedient sich dieser Methode: eine solche Anzeige „makes people imagine that they, too, can participate in that good life – if only they smoked that cigarette. In advertising this is called ‚giving the product an image'". Packard, V.: **The Hidden Persuaders**. Harmondsworth: Penguin, 1960, S. 185.

[15] Dahrendorf, M.: „Literaturdidaktik und Trivialliteratur". **Sprache im technischen Zeitalter 44**, 1972, 274.

[16] Diese Anzeige ist vom **Ministry of Health** herausgegeben.

[17] Diese Anzeige ist in einem Comic für Kinder enthalten: **Judy**, No. 828, 22. 11. 75, London, D. C. Thomson & Co.

151

Schlagzeile: „I'd like to meet fifty of my fantastic friends!"
Illustration: Ein Schimpanse im Frack präsentiert das Album „Wonders of Wildlife", aus dem die einzelnen einzuklebenden Bilder herausschauen.

Werbetext: „Get to know my Brother Lem, for instance – who always goes flying in a fur coat! And Cousin Archie, who shoots insects off trees while swimming underwater. And my shocking friend Ray, too!
These are just some of my wonderful friends in Brooke Bond's new picture card series ‚Wonders of Wildlife'. There are 50 cards, free in packets of Brooke Bond tea and teabags. And remember to ask Mum to get you the super illustrated album to collect them all in. It's only 10p from grocers and supermarkets.
We chimps think ‚Wonders of Wildlife' is champion. So will you!"
WIN AN AFRICAN WILDLIFE HOLIDAY!
Enter the fabulous competition in your album. It has other nice surprises, too!   ⊛ BROOKE BOND OXO

Das kritische Lesen von Werbeanzeigen soll an den Texten I und II exemplarisch vorgeführt werden. Durch den Vergleich zweier Texte sind Einsichten in Textstrategien oft einfacher zu gewinnen als an einem isolierten Text. Die Beispieltexte sind für das 3. und 4. Lehrjahr gedacht.

Nach einem gründlichen Lesen der Texte und dem Erklären aller unbekannten Wörter werden die Schüler mit einem Fragenkatalog – mündlich oder schriftlich – konfrontiert. Die Fragen sollten dabei so vorformuliert sein, daß die entsprechenden Schülerantworten vom Vokabular und den Strukturen her einigermaßen gelenkt sind. Damit ist gewährleistet, daß sich die Schüler auf das kritische Lesen konzentrieren können, ohne durch Anforderungen an die eigene Sprachproduktion abgelenkt zu werden. Damit der Fragenkatalog generell für alle Gebrauchstexte und speziell für persuasive anwendbar ist, müssen die Leitfragen systematisch aus den an einer sprachlichen Äußerung hauptsächlich beteiligten Instanzen – dem Leser, dem Sprecher, der raum-zeitlichen Wirklichkeit, wie in Abschnitt 2 vorgestellt – entwickelt werden: in bezug auf die raum-zeitliche Wirklichkeit ist wichtig zu fragen, was an Information gegeben und was ausgelassen wird (the *information*); in bezug auf den Sprecher ist dessen Intention beim Verfassen des Textes zu ermitteln (the writer's *intention*); und in bezug auf den Leser ist nach der voraussichtlichen Wirkung des Textes auf ihn zu fragen (the *effect* on the reader).

Die den Leitfragen zugeordneten Unterfragen hängen vom jeweiligen Text ab. In ihnen sollte soweit wie möglich Sprachmaterial aus den kritisch zu lesenden Werbetexten zur möglichen Umwälzung wiederholt werden.

1. *The i n f o r m a t i o n*

Text I

a) Only one answer is correct.
Does the writer

only talk about smoking? ☐
only talk about not smoking? ☐
only talk about giving up smoking? ☐
talk about giving up smoking and still smoking? ☒
only talk about still smoking? ☐

b) Only one answer is correct.
Does the writer talk about the advantages of

smoking? ☐
giving up smoking? ☒

c) Only one answer is correct.
Does he talk about the disadvantages of

smoking? ☒
giving up smoking? ☐

Text II

a) Only one answer ist correct.
Does the writer

only talk about the picture cards and the album? ☐
only talk about the tea? ☐
mostly talk about the picture cards and the album? ☒
mostly talk about the tea? ☐

b) More than one answer is correct.
The writer says there is an advantage in buying Brooke Bond tea.
What is this advantage?

It tastes better than other kinds of tea. ☐
It is cheaper than other kinds of tea. ☐
You get free picture cards. ☒
You get a free album. ☐
You get a cheap album. ☒

c) Only one answer is correct.
Does the writer say there is a disadvantage in buying Brooke Bond tea?

Yes. ☐
No. ☒

d) More than one answer is correct.
Can you think of any disadvantages in buying Brooke Bond tea?

Perhaps it is more expensive than other kinds of tea. ☒
Perhaps it is not as nice as other kinds of tea. ☒
Perhaps you can only buy the tea if you buy the album. ☐
Perhaps you can only buy the tea at a grocer's, but not
at a supermarket. ☐

153

2. *The writer's i n t e n t i o n*
   Text I
   a) Only one answer is correct.
      What is more important to the writer:
that the reader saves money?	☐
that the reader buys a transistor radio and a gold watch?	☐
that the reader gives up smoking?	☒
that the reader gets a shoking cough?	☐
that the reader goes on smoking?	☐

   b) Only one answer is correct.
      Who profits the most from text I?
The writer because he is selling something.	☐
Cigarette firms because they are selling something.	☐
The reader: if he stops smoking he will feel a lot better.	☒
The reader: if he stops smoking he will become a rich man.	☐

   Text II
   a) Only one answer is correct.
      What is more important to the writer:
that the children get free picture cards?	☐
that Mum buys Brooke Bond tea?	☒
that Mum buys the super illustrated album?	☐
that the children can win an African wildlife holiday?	☐

   b) Only one answer is correct.
      Who profits the most from text II?
the Mums because they can buy a cheap album?	☐
the children because they get free picture cards?	☐
the firm Brooke Bond Oxo because they sell tea?	☒

3. *The e f f e c t on the reader*
   Text I
   a) Only one answer is correct.
      What will the reader probably do when he reads the text?
He will go and buy some cigarettes.	☐
He will go and buy a transistor radio.	☐
He will think about the disadvantages of smoking.	☒
He will think that smoking has got some advantages.	☐

   Text II
   a) Only one answer is correct.
      This advertisement was in a children's comic. What will the children probably do when they read it?
They will ask their mothers to buy some Brooke Bond tea because it tastes nice.	☐
They will ask their mothers to buy some Brooke Bond tea because it is cheap.	☐

They will ask their mothers to buy some Brooke Bond tea because
they want the pictures. ☒

b) Only one answer is correct.
   What do you think the children's mothers will do?
   They will buy the tea because it is cheap. ☐
   They will buy the tea because it tastes nice. ☐
   They will buy the tea to stop the children asking for the pictures all
   the time. ☒

4. *Let's think about these two advertisements.*
   a) What is the same?
      Text I
      Only one answer is correct.
      What is the writer more interested in:
         giving *information* about the advantages and disadvantages of
         smoking? ☐
         persuading people to stop smoking? ☒

      Text II
      Only one answer is correct.
      What is the writer more interested in:
         giving *information* about the thing he wants to sell, Brooke Bond
         tea? ☐
         persuading people to buy Brooke Bond tea? ☒

   b) What is different?
      Only one answer is correct.
      Advertisements persuade the reader to do something.
      The reader is persuaded to do something for his own good in text . . .
      (answer: text I)
      The reader is persuaded to do something for a firm (buy its product)
      in text . . . (answer: text II)

5. 4 Kreatives Lesen

Kreatives Lesen hat als Voraussetzung kritisches Lesen. Geeignet für diese
Lesestrategie sind expressive Gebrauchstexte, in denen die subjektive Meinung
eines Autors zum Ausdruck kommt, die zum einen kritisch hinterfragt wird
und zum anderen Alternativvorschläge auslösen soll.

Besonders geeignet sind von Jugendlichen verfaßte *letters to the editor*, wie sie
in englischen Zeitungen und hauptsächlich Jugendzeitschriften erscheinen. Wie
bei Werbeanzeigen besteht die Gefahr, diese Texte als *per se* motivierend
anzusehen und die Altersgemäßheit zu vernachlässigen. Und wie bei Werbetexten muß sich der Lehrer bei der Auswahl seiner Verantwortung bewußt
sein: nicht grundsätzlich alle Probleme, die Jugendliche haben und die in

Leserbriefen zum Ausdruck kommen, sind für die Behandlung im Fremdsprachenunterricht geeignet. So hat der Lehrer neben dem Prinzip der Altersgemäßheit der Texte im allgemeinen ein weiteres Kriterium im besonderen zu
beachten: intime Probleme, wie sie oft in Briefen über Freunde des anderen
Geschlechts, über Eltern, Schönheitsfragen etc. vorkommen, sind nur bedingt
im Fremdsprachenunterricht zu behandeln. Nicht nur, weil einer Aussprache
der sprachlichen Schwierigkeiten wegen eine Grenze gesetzt ist, die somit
frustrierend wirken muß, sondern auch weil – ähnlich wie bei Werbetexten –
eine kritische Analyse gesellschaftlich vermittelte Vorstellungen und Bedürfnisse der Schüler schlecht machen kann, ohne Ersatz für das ihnen Weggenommene anbieten zu können. Wie in dem folgenden Text sollte das inhaltliche
Problem dergestalt sein, daß sich der Schüler davon distanzieren kann.

Im Gegensatz zum kritischen Lesen, das hauptsächlich nur mit solchen Fragen
arbeitet, die sprachlich gelenkte Antworten ermöglichen, soll der Fragenkatalog für kreatives Lesen auch Fragen beinhalten, die den Schüler zur freien
Sprachproduktion anleiten. Im folgenden Beispiel[18] sind das die Fragen 1c), 2b)
und 4).

Das Gerüst des Fragenkatalogs ist wie bei kritischem Lesen aus den drei an
einer sprachlichen Äußerung beteiligten Instanzen entwickelt.

TV VIOLENCE

I really think that some so-called experts underrate the intelli-
gence of the average person. I'm talking about the stupid criticism
of TV violence. I feel that, when watching such programmes as
„The Sweeney" and „Starsky and Hutch", you know that it's
only acting when someone gets beaten up and shot at, and
therefore it isn't sickening or disturbing to watch.

What I do find sickening and disturbing is watching two men in a
boxing ring, throwing *real* punches, drawing *real* blood and
leaving each other with *real* scars.

Out of the two, I know which has the most upsetting effect on me.
So why isn't something done about actual, unnecessary violence
before criticising fantasy violence?   Lorna Morton,
                                                        Leith, Edinburgh.

Only one answer is correct in each case.

1. The *i n f o r m a t i o n*
   a) Does the writer tell you how
      the average person feels about fantasy violence?   ☐
      some people feel about fantasy violence?   ☐
      she feels about fantasy violence?   ☒

---

[18] Der dem Fragenkatalog zugrundegelegte Leserbrief ist einer englischen Jugendzeitschrift entnommen: **Jackie,** No. 706, 16. 7. 77, London, Thomson & Co.

b) Does the writer tell you how
   some people feel about boxing? ☐
   she feels about boxing? ☒
   the average person feels about boxing? ☐

c) What other kinds of violence, besides boxing, exist in reality?
   . . . . (Possible answers: war, murder, crime, hijackings, kidnappings, terrorism . . .)

2. *The writer's i n t e n t i o n*
   a) The writer does not tell you:
      (I)   how other people feel about fantasy violence.
      (II)   how other people feel about boxing.
      (III) what other kinds of violence there are in reality.

   She does not do this because:
      she only wants to give her own opinion. ☒
      she does not know how other people feel about fantasy violence or boxing. ☐
      she does not know what other kinds of violence there are in reality. ☐

   b) Underline the words in the letter which show the writer's intention.
      Possible answers: I really think 1.1, I'm talking about 1.2,
                        I feel 1.3, What I do find 1.7, I know 1.10,
                        . . . on me 1.10.

3. *The e f f e c t on the reader*
   a) When you read this letter
      think that this is the opinion of the average person. ☐
      think that the writer has told you everything about fantasy violence. ☐
      know that this is only one person's opinion, but that other people might have different opinions. ☒
      think that the writer has told you everything about violence in reality. ☐

4. *Your opinion*
   You know what Lorna Morton thinks about fantasy violence and real violence on television. What do you think about it?

   Expressing your opinion:

   I really think . . .
   I feel that . . .
   I find it disturbing/horrible/sickening/interesting/that . . .
   I find . . . exciting/stupid/disturbing/upsetting . . .
   I like . . .
   I don't like . . .
   I am against . . .
   I know that . . .

I want . . .

I would like . . .

Talking about violence:

a) fantasy violence:

westerns/thrillers/horror films/hero/to be like the hero/act like . . .

b) violence in reality:

other kinds of violence/boxing/wrestling/war/ murder/crime/ hijackings/kidnappings/terrorism . . .

c) both fantasy violence and violence in reality:

to kill/to shoot/to injure/to hurt/to hurt each other/should be, should not be shown on television/younger children/teenagers/should be allowed to, should not be allowed to watch . . ./the programme shows you how to be violent/how to murder . . .

6. Schlußbemerkung

Die voraufgegangenen Ausführungen zu den verschiedenen Lesestrategien für nicht-fiktionale Texte und die einzelnen Unterrichtsbeispiele haben gezeigt, daß zwischen handlungsaktivierendem, kursorisch-informierendem, kritischem und kreativem Lesen eine bestimmte didaktische Progression vorherrscht. Dies bedeutet aber nicht, daß das Einführen und Üben einer speziellen Lesestrategie einer bestimmten Klassenstufe vorbehalten ist. Handlungsaktivierendes und kursorisch-informierendes Lesen sind mit entsprechend anspruchsvollerem Handlungsauftrag und schwierigerem Sprachmaterial auch noch in oberen Klassen von Bedeutung. Umgekehrt müssen die ersten simplen Vorbereitungen zu kritischem und kreativem Lesen schon in den Unterklassen getroffen werden. Damit wird aber nicht geleugnet, daß die ersten beiden Lesestrategien schon in den Unterklassen ohne Abstriche geleistet werden können und daß die beiden letzten erst in den Oberklassen in ihrer ganzen Tiefe zur Geltung kommen.

Introducing Periodicals

Durch die Rubrik „Introducing Periodicals" will a & e einen sowohl für die universitäre als auch für die schulische Praxis nützlichen Service leisten. Die Rubrik soll sich nämlich auf solche Periodika konzentrieren,

— *die im Bereich der Anglistik bzw. des Faches Englisch über den Kreis der jeweiligen Spezialisten hinaus auch den Hauptseminaristen, den Examenskandidaten, den Referendar oder den angehenden Hochschullehrer interessieren müßten;*

— *die nicht zu den alteingeführten und deshalb allgemein bekannten Zeitschriften zählen;*

— *die nicht als anglistische Fachzeitschriften auftreten, sondern allgemeine und interdisziplinär übergreifende Problembereiche (der Komparatistik, der Linguistik, der Sprachdidaktik usw.) behandeln und daher häufig gerade von denen nicht wahrgenommen werden, die in ihnen entscheidende Hilfen finden würden.*

Die Rubrik wird insbesondere versuchen, das „implizierte Programm" der jeweiligen Zeitschrift deutlich zu machen, d. h. herauszufinden, welche Prinzipien in der Zusammenstellung der Aufsätze, Rezensionen und Rubriken tatsächlich wirksam werden.

Diese einzelnen Elemente der Zeitschrift sollen im Laufe der Analyse — nach ihren thematischen und methodologischen Schwerpunkten und insbesondere auch nach ihrem „Gebrauchswert" (für das Studium, das Examen, die Lehre an der Schule) — möglichst detailliert aufgeschlüsselt, Konstanten, Tendenzen und Begrenzungen sollen hervorgehoben werden.

Schließlich wird es in einer Art Fazit um praktische Folgerungen für die potentiellen Benutzer und Abonnenten gehen: Wer sollte — in welcher Situation — die Zeitschrift bzw. eine ihrer Rubriken konsultieren? Wem müßte man empfehlen, sie zu abonnieren und/oder sich gegebenenfalls bestimmte „back numbers" zu beschaffen?

Eine solche Orientierungshilfe könnte, so glauben wir, der von vielen beklagten Verwirrung im Dschungel der einschlägigen Periodika ein wenig abhelfen; und vielleicht trägt sie sogar dazu bei, die Forschungsergebnisse unserer Wissenschaft und benachbarter Disziplinen für die akademische und schulische Lehre geringfügig nützlicher werden zu lassen.

Hans-Jürgen Diller, Gerd Stratmann, Bochum

Zeitschrift für Anglistik und Amerikanistik

Gegründet 1953 (2 Hefte), dann vierteljährliche Erscheinungsweise. Verlag: zunächst Deutscher Verlag der Wissenschaften, Berlin (Ost), dann (ab 12/1964) VEB Verlag Enzyklopädie, Leipzig. Herausgeber: Gustav Kirchner (Jena), Martin Lehnert und Anselm Schlösser (beide Berlin); ab 1955 Martin Lehnert und Anselm Schlösser, zu denen 1968 Karl-Heinz Wirzberger († 1976) tritt. 1972 Erweiterung zum Redaktionskollegium, dem neben den alten Herausgebern Eberhard Brüning (Leipzig), Albrecht Neubert (Leipzig), Georg Seehase (Leipzig) und Manfred Wojcik (Berlin) angehören. Preis für das Heft: in der DDR 7,50 Mark, für Bezieher in der Bundesrepublik 52,– DM für den Jahrgang.

I.

Es kann hier selbstverständlich nicht darum gehen, eine Zeitschrift vom Range der ZAA – mit ihren inzwischen 25 Jahrgängen, etwa 400 Aufsätzen und 1300 Besprechungen zu allen Bereichen des Faches (einschließlich der Landeskunde und der Didaktik) – zu „rezensieren". Indessen erscheint es hierzulande keineswegs überflüssig, sie kritisch vorzustellen; denn die meisten unserer Studenten und Fachlehrer haben, wenn sie von der ZAA überhaupt Kenntnis nehmen, gar nicht begriffen, wie nützlich sie ihnen für bestimmte Forschungs- bzw. Lehrvorhaben sein kann, trotz oder auch wegen der ideologischen Irritation, die sie zuweilen auslösen mag.

Als die *Zeitschrift für Anglistik und Amerikanistik* im Jahre 1953 gegründet wurde, hatte sie für die damals noch sehr kleine Gruppe der akademischen DDR-Anglisten drei geradezu lebenswichtige Funktionen zu erfüllen: die Selbstdarstellung eines Faches, dessen Existenzfähigkeit offenbar bedroht erschien (vgl. das Plädoyer Otto Tackes für die endgültige Etablierung des Englischen im Lehrplan der Schulen, 1/1953, S. 66–72); die „eingehende Berichterstattung über die Neuerscheinungen auf dem Gebiete der Anglistik", „da die westlichen Fachzeitschriften z. Z. leider immer noch nicht zu uns gelangen" (so Gustav Kirchner, 1/1953, S. 196 f.); und damit schließlich einen Beitrag zu leisten zu dem Ziel, „die Schranken zwischen dem Osten und dem Westen unseres Vaterlandes zu beseitigen und unsere Wissenschaft . . . wieder in die internationale Forschung einzuschalten („Zum Geleit", 1/1953, S. 5).

1. Die wissenschaftsgeschichtliche Bedeutung der ZAA

Der ersten Aufgabe suchten die Herausgeber – zunächst Gustav Kirchner, Martin Lehnert und Anselm Schlösser – dadurch gerecht zu werden, daß sie in regelmäßigen Abständen die organisatorischen und wissenschaftlichen Fortschritte der Anglistik/Amerikanistik der DDR bilanzierten und programmatische Erklärungen über den weiteren Weg des Faches veröffentlichten. Dies macht die *ZAA* u. a. zum einzigartigen Dokument einer wissenschaftsgeschichtlichen Entwicklung, die gerade uns brennend zu interessieren hat. Dabei waren die beiden möglichen Extreme dieser Entwicklung bereits von Beginn an vorgezeichnet. Auf der einen Seite stand die Hoffnung des Geleitwortes zum ersten Heft, Anschluß an die internationale, gerade auch an die westliche Forschung zu finden und insbesondere die Diskussion und Kooperation mit der westdeutschen Anglistik anzustreben. Man lese etwa den Bericht über die beiden Tagungen der damals noch „Deutschen" Shakespeare-Gesellschaft 1954 und 1955, auf denen sich „in sich steigernder Anzahl Vertreter des ganzen politischen Deutschlands begegneten" (3/1955, S. 315); und vor allem Martin Lehnert, der heute noch dem 1972 erheblich erweiterten Herausgeber-Kollegium angehört, ist dem Gedanken der möglichst breiten internationalen Zusammenarbeit treu geblieben (vgl. „Die Berliner Anglistik und Amerikanistik zwanzig Jahre nach der Wiedereröffnung der Humboldt-Universität: 2. Die Berliner anglistische Sprachwissenschaft", 15/1967, S. 229–255).

Doch schon im ersten Heft wurde – von einem Funktionär des zuständigen Staatssekretariats – auch das andere Konzept vertreten, nämlich die absolute Vorrangigkeit der Aufgabe, „zu der notwendigen Auseinandersetzung mit der imperialistischen Ideologie beizutragen, wie sie in der englischen und besonders in der amerikanischen Literatur stark in Erscheinung tritt". (1/1953, S. 109).

Diese Akzentsetzung greift viele Jahrgänge später der neuberufene Mitherausgeber Karl-Heinz Wirzberger wieder auf. Er distanziert sich ausdrücklich von den Anfängen der Zeitschrift und der DDR-Amerikanistik, von der „bisherigen, durch Spontaneität und Planlosigkeit charakterisierten Praxis" (15/1967, S. 159), und fordert:

> Unsere Zeitschrift sollte ihren Platz in der vordersten Front der Klassenauseinandersetzung mit der Ideologie des Imperialismus suchen und behaupten (17/1969, S. 343).

Daß es sich dabei tatsächlich um eine wissenschaftspolitische Umorientierung handelte, zeigen die folgenden Jahrgänge, insbesondere soweit es den Bereich der Amerikanistik angeht, für den Wirzberger hauptsächlich verantwortlich gewesen zu sein scheint. Die Entwicklung ist höchst instruktiv und hat möglicherweise Wirzberger selber überrascht; dieser nämlich hatte die Amerikanistik noch ausdrücklich definiert nicht als „integrierte Querschnittswissenschaft, sondern [als] eine vorwiegend sprachlich-literarisch orientierte, mit den komplexen Methoden moderner philologischer Forschung arbeitende Gesellschaftswissenschaft" (15/1967; S. 153). Werner Scheffel („Zu einigen Aufgaben der Amerikanistik im Kampf gegen die ideologische Diversion des US-Imperialismus", 20/1972, S. 370–391) und Dieter Kerl/Hedwig Völkerling („Zu Inhalt und Funktion der Landeswissenschaft Großbritannien/USA bei der Ausbildung und Erziehung sozialistischer Englischlehrer", 21/1973, S. 117–125) – die letzteren „in Zusammenarbeit mit der Arbeitsgruppe Landeswissenschaft beim Ministerium für das Hoch- und Fachschulwesen" – erheben nun für „die marxistisch-leninistische Amerikanistik" die über Wirzberger hinausgehende Forderung, daß sie – „den objektiven Bedürfnissen entsprechend" – als umfassende Landeswissenschaft betrieben werden müsse (20/1972, S. 371). Die neue Linie führte dann auch zu einer unübersehbaren Schwerpunktverlagerung innerhalb des Angebots der ZAA, und zwar einmal zugunsten des Anteils der Amerikanistik (die es – ihren eigenen programmatischen Erklärungen zufolge – mit dem wichtigeren, weil bedrohlicheren Vertreter des Imperialismus zu tun hatte), hier wiederum aber mit einer neuen Akzentuierung der Landeskunde bzw. „Landeswissenschaft". Nachweisen läßt sich das besonders leicht für die Besprechungen. In den Bänden 21–25 (1973–77) befassen sich von den etwa 288 Rezensionen 42 (oder 15%) mit Texten zur amerikanischen Literatur, außerdem 29 (10%) mit landeskundlichen Werken über Amerika. Zum Vergleich: in den Jahren 1965–69 waren es von 314 Besprechungen nur 33 (10,5%) bzw. 5 (knapp 2%) gewesen. Dabei fällt insbesondere der hohe Anteil zeitgeschichtlicher Dokumente bzw. Darstellungen auf, die die ZAA einer Rezension für würdig hält; zeitgenössische Protestbewegungen in den USA gehören ebenso zu den Gegenständen der besprochenen Bücher wie Angela Davis (in zwei Fällen), Martin Luther King (in zwei Fällen), Rockefeller und Mahalia Jackson. Es sollte hinzugefügt werden, daß die Differenzierung des Urteils in diesem Bereich weit hinter dem Maß zurückbleibt, um das sich die ZAA etwa im Falle sprachwissenschaftlicher Gegenstände mit großem Erfolg bemüht.

Das instruktive Beispiel macht deutlich, wie tiefgreifend und unmittelbar sich die ideologische Positionsverschiebung (mit der die ZAA nach eigenem Bekunden übrigens auf die Entwicklung in Vietnam reagierte) auf die wissenschaftliche Orientierung und Schwerpunktsetzung der Zeitschrift auswirkt. Die erwähnten wissenschaftspolitischen Aufsätze, die zum Teil wohl als offizielle und verbindliche Richtlinien gewertet werden müssen, sind also geradezu ein Schlüssel zum Verständnis der jeweiligen redaktionellen Praxis.

Auch die institutionellen Eigentümlichkeiten der Anglistik/Amerikanistik in der DDR finden sich in der ZAA dokumentiert und erklären ihrerseits teilweise die Linie der Herausgeber. Ein Beispiel ist die enge Zusammenarbeit des universitären Faches mit den staatlichen Verlagen (vgl. etwa Günther Klotz, „Zwei Jahrzehnte englische und amerikanische Belletristik im Aufbau-Verlag und im Verlag Rütten & Loening", 17/1969, S. 406–420, und Wirzbergers Rückblick auf seine editoriale Tätigkeit, 15/1967, S. 161 ff.). Durch zielbewußte Anlage einer „Englisch-Amerikanischen Bibliothek", d. h. die Übersetzung und Edierung „klassischer" Texte und „progressiver" Autoren, und durch englischsprachige Serien von Lizenzausgaben bzw. Erstveröffentlichungen (Panther Books, Seven Seas Books) versuchte die DDR-Anglistik von Anfang an, sich von den Angeboten westlicher Verlage (sowohl aus ideologischen wie auch aus finanziellen Gründen) unabhängig zu machen und sich so gleichsam einen eigenen Kanon zu schaffen. Wie die große Zahl von rezensierten Primärtexten und Übertragungen zeigt, übernahm die ZAA (deren Herausgeber für viele der Editionen verantwortlich zeichneten) dann häufig die Aufgabe, die Auswahl der Texte zu begründen und ihre literarhistorische bzw. politische Bedeutung zu erklären. Als Teil eines personell und institutionell eng verzahnten wissenschaftspolitischen Systems, in dem sie *auch* die Funktionen eines kontrolliert eingesetzten Filters und eines Planungsinstrumentes übernehmen kann, läßt sich die ZAA also kaum mit den westlichen, häufig ja nur wenig repräsentativen Zeitschriften vergleichen.

2. Die ZAA als Organ der wissenschaftlichen Berichterstattung

Es kann angesichts der angedeuteten Situation nicht verwundern, wenn das Rezensionswesen innerhalb der ZAA eine auffällig große Rolle spielt; etwa 1300 besprochene Bücher – das ist in der Tat imponierend, um so mehr, wenn man bedenkt, wie klein letztlich die Zahl der regelmäßigen Rezensenten ist. So haben beispielsweise in den Jahrgängen 21–25 (1973–77) zehn Wissenschaftler (an ihrer Spitze Martin Lehnert) mehr als die Hälfte der 288 berücksichtigten Bücher besprochen. Schlüsselt man diese Titel nach weiteren Gesichtspunkten auf, gelangt man freilich zu einigen überraschenden Ergebnissen: 110 (oder 38%) von ihnen sind in der Bundesrepublik verlegt; 100 – etwa zu gleichen Teilen – in Großbritannien und den USA; 44 (15%) in der DDR, 20 (7%) in Westeuropa und 15 in den sozialistischen Ländern (einschließlich Cuba). Dies gilt, wohlgemerkt, für die letzten fünf Jahrgänge und ist so ein deutlicher Beweis dafür, daß die politisch-ideologische Abgrenzung gegenüber dem Westen niemals zu einem Ignorieren westlicher Forschungsergebnisse geführt oder auch nur das Interesse an diesen beeinträchtigt hat.

Der niedrige Anteil von Arbeiten aus dem Ostblock – die produktive polnische Anglistik beispielsweise ist 1973–77 überhaupt nicht vertreten – mutet um so erstaunlicher an, als die ZAA „die einzige rein anglistische Fachzeitschrift in den sozialistischen Ländern" ist (Lehnert, 15/1967, S. 230). Es ergibt sich freilich ein ganz anderes Bild, wenn man die Aufsätze hinzuzieht, zu deren Verfassern eine ganze Reihe von Gelehrten aus anderen Ostblockstaaten zählt. Hinzu kommen insgesamt 14 kleine Forschungsberichte des Typs „Die tschechoslowakische Anglistik" (7/1959, S. 190–200) oder „Amerikanische Gegenwartsliteratur im Urteil sowjetischer Literaturkritik" (22/1974, S. 362–370).

Die Liste der besprochenen Bücher vermittelt zunächst den Eindruck einer

164

ungeheuren Vielfalt und Breite. Sie ist ein augenfälliger Beweis dafür, wie ausgezeichnet die Fachgelehrten der DDR über den Forschungs- und Diskussionsstand, die verschiedenen „Schulen" und die Tendenzen der internationalen, insbesondere auch der „bürgerlichen" Anglistik/Amerikanistik informiert sind, wie sie ihre Leser ihrerseits informieren und wie intensiv sie sich mit sämtlichen Positionen der Literatur- und Sprachwissenschaft auseinandersetzen. Bei aller ideologischen Abgrenzung, die in den Rezensionen zum Ausdruck kommt, hat die ZAA durch ihre breitgestreuten Rezensionen eine in ihrer Bedeutung für das Fach kaum abschätzbare Vermittlungsfunktion zwischen der Forschung in den sozialistischen Ländern und der westlichen Welt erfüllt und so einer drohenden Isolierung erfolgreich entgegengewirkt.

Bei genauer Prüfung entdeckt man freilich, daß auch im Rezensionsteil deutliche Schwerpunkte gesetzt und andererseits bestimmte Themen- und Problembereiche vernachlässigt wurden. Bereits eine grobe Aufschlüsselung läßt einige dieser Besonderheiten erkennen: Von den etwa 1300 besprochenen Büchern sind allein 225 (oder 18%) Editionen oder Übersetzungen von Primärwerken; etwa 310 (25%) sind der Sprachwissenschaft zuzuordnen; 360 (29%) befassen sich mit der englischen Literatur, 110 (9%) mit der amerikanischen, etwa 100 (8%) mit landeskundlichen Themen (bei dem Rest handelt es sich um Werke zur allgemeinen Literaturwissenschaft, um Handbücher, Bibliographien, Periodika usw.).

a) Der ungewöhnlich hohe Anteil der besprochenen „Primärliteratur", die beinahe zur Hälfte (etwa 75 Übersetzungen und 35 englischsprachige Texte) aus den Verlagen der DDR stammt, ist deshalb so interessant, weil er in Umrissen den neuen Kanon andeutet, der gegen den von den „bürgerlichen" Kollegen bzw. Verlagen institutionalisierten Kanon gestellt werden soll. Zwei Textgruppen sind hier besonders aufschlußreich: die heimischen Ausgaben englischer bzw. amerikanischer Klassiker und die – häufig recht unbekannten – Werke zeitgenössischer „progressiver" Autoren. So finden sich nicht nur Ausgaben oder Übersetzungen von Autoren wie Fielding, Swift, Gay, Mandeville oder Burke rezensiert (um das 18. Jahrhundert als Beispiel heranzuziehen), sondern auch von Jack Lindsay, Barry Hines, Gwyn Thomas und Herbert Smith, d. h. von englischen Schriftstellern, die dem Marxismus nahestehen oder dem Bereich der *working-class novel* zugerechnet werden. Die entsprechende amerikanische Liste, die übrigens deutlich umfangreicher ist, umfaßt neben Mark Twain, Hemingway, Sinclair Lewis usw. fast 40 Titel von Autoren wie Howard Fast, Albert Maltz, Frank Norris und Alexander Saxton. Dabei kann man teilweise verfolgen, wie die zeitgeschichtlichen Entwicklungen die Verlagspolitik in der DDR (und damit auch die Rezensionspolitik der ZAA) beeinflußten; beispielsweise läßt sich einige Zeit lang ein auffälliges Interesse an solchen amerikanischen Werken feststellen, die als direkte Reaktion auf den McCarthyismus zu verstehen waren. In den entsprechenden Rezensionen geht es denn auch meist ausdrücklich um ein Umschreiben der amerikanischen (bzw. englischen) Literaturgeschichte, auf dessen Ergebnisse hier im einzelnen nicht eingegangen werden kann.

b) Was die Besprechungen literaturwissenschaftlicher Sekundärliteratur angeht, so sind verallgemeinernde Aussagen angesichts ihrer großen Zahl (etwa 500) und angesichts der thematischen Vielfalt nur begrenzt möglich. Die Schwerpunkte und „Lücken" entsprechen weitgehend den Erwartungen. So befassen sich etwa 80 Rezensionen mit der Shakespeare-Literatur; und auch solche Bereiche wie der englische Roman des 19. Jahrhunderts oder der amerikanische des 20. Jahrhunderts genießen im Rezensionsteil der ZAA eine gewisse Vorrangstellung. Die zeitweise ja sehr intensive Forschungsdiskussion um Joyce (eine Besprechung), Beckett (keine) oder auch Sterne (eine) dagegen ist deutlich unterrepräsentiert, was übrigens auch für die Lyrik insgesamt, zumal die moderne Lyrik, gilt.

Eine exemplarische Aufschlüsselung der Besprechungen in den letzten fünf Jahrgängen (21–25/1973–77) deutet außerdem – wiederum nicht über-raschend – auf eine ausgeprägte „Bevorzugung" von solchen Arbeiten hin, die eher literarhistorisch orientiert sind, die die jeweiligen Texte zum außerliterari-schen Kontext in Beziehung zu setzen suchen und/oder die sich mit „Protestli-teratur" (im weitesten Sinne) befassen. Es ist natürlich kein Zufall, daß beispielsweise unter den rezensierten Monographien zur amerikanischen Lite-ratur (in den genannten Bänden: 41) ein großer Teil sich schon im Titel zu einem „extrinsic approach" bekennt: *The Strike in the American Novel, Agitprop USA, The Illusions of a Nation, Geschichte und Gesellschaft in der amerikanischen Literatur, The Political Stage, Mark Twain: Social Critic, Black Autobiography, Democratization of the Fine Arts* usw. Auch im Bereich der Literaturtheorie findet man naturgemäß häufiger Arbeiten des Typs „Lite-ratur und Gesellschaft", insbesondere marxistisch orientierte, berücksichtigt. Aber das heißt nicht, daß die ZAA vor der Auseinandersetzung mit den Gegenpositionen (und der Information darüber) zurückscheut; man lese etwa Rosemarie Gläsers Besprechung von Wolfgang Isers *Die Apellstruktur der Texte* (24/1976, S. 369).

Der Anteil der Mediävistik an den besprochenen Büchern ist mit 26 Titeln in den fünf Jahrgängen 1973–1977 erstaunlich hoch, hält man sich die immer wieder betonte Ausrichtung der DDR-Anglistik an den Bedürfnissen der staatlichen Bildungsplanung und deren Ausrichtung an ökonomischen Aufga-ben vor Augen. Diese eindrucksvolle Zahl verliert allerdings einiges von ihrem Indizienwert, wenn man feststellt, daß nicht weniger als 19 dieser Besprechun-gen aus der Feder eines einzigen Beiträgers, nämlich Martin Lehnerts, stam-men. So spiegelt diese Sparte der Berichterstattung denn auch deutlich die Interessengebiete ihres wichtigsten Repräsentanten wider: Neun der Bespre-chungen Lehnerts gelten Chaucer, in dreien werden Versanthologien vorge-stellt, die altenglische Literatur ist mit der Neuauflage von Girvans *Beowulf*-Studie sowie der Methuen-Ausgabe der Finnsburg-Episode und des Finnsburg-

Fragments vertreten. In diesen Rezensionen ist immer wieder das Engagement des Sprachhistorikers für die ältere Literatur zu spüren, der er einen Platz im Kanon der Studieninhalte bewahren möchte (s. bes. sein warmherziges Plädoyer für das *Oxford Book of Medieval English Verse*, das „breiteste Volkskreise in ihren in Verse gekleideten Nöten, Freuden und Liebesäußerungen zu Wort kommen läßt", 21/1973, S. 432). Dieser „wissenschaftspolitischen" Zielsetzung Lehnerts entspricht auch, daß er seine Rezensionen gern mit weiterführenden bibliographischen Hinweisen anreichert. Da angesichts der Devisensituation der Comecon-Länder die Bibliotheksbestände an westlichen Zeitschriften und damit die Informationsmöglichkeiten der Leser immer noch begrenzt sind, werden diese Informationen sicher dankbar begrüßt werden. Doch die immense Arbeitsbelastung Lehnerts und die Tatsache, daß er in erster Linie Sprachwissenschaftler ist, bedingen, daß seine Besprechungen notwendig den Charakter von Sammelreferaten annehmen, die dem einzelnen Werk in der Regel nicht viel mehr als eine Druckspalte gewähren können. So können diese Besprechungen nicht wirklich zur wissenschaftlichen Auseinandersetzung führen. Um so erfreulicher ist es, daß im jüngsten abgeschlossenen Jahrgang vier mediävistische Rezensionen von Dorothea Siegmund-Schultze (Halle) erscheinen, die diese Auseinandersetzung deutlich anstreben. Frau Siegmund-Schultze ist schon 1953 mit einem Aufsatz über John Gower hervorgetreten, und sie hat in dem an repräsentativer Stelle veröffentlichten Beitrag „Zur Diskussion des Begriffs der Kultur in Großbritannien" (Heft 2 des 18. Jahrgangs, 1970, zu Lenins 100. Geburtstag) bewiesen, daß sie eine scharfe ideologische Klinge zu schlagen weiß. Aus einer solchen Feder würde man sich einen ausführlichen Beitrag zum Platz der alt- und mittelenglischen Literatur in der Rezeption des kulturellen Erbes wünschen, die in der DDR bekanntlich intensiv diskutiert wird. Ein solcher Beitrag ist ein dringendes Desiderat und würde sicher auch den „bürgerlichen" Mediävisten wichtige Anregungen bieten.

Da sich die Rezensenten der *ZAA* meist (1973–77 beinahe in 80% aller Fälle) mit den Arbeiten „bürgerlicher" Fachkollegen konfrontiert sehen, nimmt es nicht wunder, daß man immer wieder auf die gleichen, grundsätzlichen Argumentationsmechanismen der Kritik stößt. Was die Kriterien ihres Urteilens betrifft, wären – zumindest im Bereich der Literaturwissenschaft – Verallgemeinerungen sehr wohl möglich. Wenn etwa Manfred Wojcik (einer der Herausgeber) in einer Besprechung schreibt: „Für uns ist und bleibt eine kritische Methode unannehmbar, die es erlaubt . . .", (23/1975, S. 71) – dann beruft er sich ja ausdrücklich auf ein gemeinsames und verbindliches literaturtheoretisches Programm, dem alle Mitarbeiter der Zeitschrift verpflichtet sind. Dieses Programm, seinen Spielraum und seine Grenzen, insbesondere auch seine subtilen Wandlungen im Laufe von 25 Jahren darzustellen, wäre eine faszinierende wissenschaftliche Aufgabe; hier kann sie nicht einmal annäherungsweise erfüllt werden.

Eines aber muß man unbedingt hinzufügen: Die *ZAA* verdankt ihren Rang nicht zuletzt der Tatsache, daß sie, gerade auch in ihrem Rezensionsteil, einen Stil der Auseinandersetzung mit der„bürgerlichen" Literaturwissenschaft entwickelt hat, der Möglichkeiten des konstruktiven Dialogs bewußt offenläßt. Häufig suchen die Rezensenten, nachdem sie an die prinzipielle Verschiedenheit der Ausgangspunkte erinnert haben, ausdrücklich nach Berührungspunkten und sind zu dem „relativen" Lob, hier habe man es mit einem in den Grenzen der Bürgerlichkeit erfreulich fortschrittlichen Autor zu tun, durchaus bereit. Dafür zwei Beispiele:

> Obwohl weit davon entfernt, dem dialektischen Beziehungsverhältnis von Literatur und Wirklichkeit, Schriftsteller und Gesellschaft im marxistischen Sinne nachzugehen, unterstreichen doch immerhin die hier zusammengefaßten neueren amerikanistischen Arbeiten das . . . steigende Interesse der bürgerlichen Literaturwissenschaft, sich mit diesen Problemstellungen ernsthaft zu beschäftigen . . . (25/1977, S. 188).

> Das Buch vermittelt einen guten Einblick in den bürgerlichen Theaterbetrieb vom Standpunkt bürgerlicher Kritiker. Es ist darum erforderlich, dieser kultur- und literatur- wie theaterhistorisch wichtigen Sammlung eine andere aus proletarisch-sozialistischer Perspektive an die Seite zu stellen, was allerdings noch intensiver Forschung bedarf. (23/1975, S. 366).

Auch solche Tugenden wie philologische Solidität, interpretatorischen Scharfsinn und systematische Klarheit heben die meisten Rezensenten auch dann hervor, wenn sie dem theoretischen bzw. methodologischen Konzept des jeweiligen Autors mit entschiedenem Vorbehalt begegnen.

Umgekehrt wird man manchen ihrer kritischen Urteile tendenziell folgen können, ohne den marxistischen Ausgangspunkt mit ihnen zu teilen. In zahlreichen Arbeiten „bürgerlicher" Literarhistoriker bleibt der jeweilige geschichtliche Kontext, dessen Einbeziehung ja besonders mühevoll ist, tatsächlich ein leeres Versprechen oder auf ein isoliertes und nichtssagendes Einleitungskapitel beschränkt. Hier kann die Lektüre der *ZAA*, so einseitig und mechanisch sie auch zuweilen argumentiert, den kritischen Blick für das andere Extrem einer sich als ahistorisch verstehenden Literaturwissenschaft durchaus schärfen.

c) Man möchte erwarten, daß auch die Sprachgeschichte in den Rezensionen der *ZAA* einen angemessenen Platz einnimmt. Denn Lehnert und sein auch in Westdeutschland sehr bekannter Schüler Rolf Berndt (*Einführung in das Studium des Mittelenglischen*, Halle 1960) sind profilierte Sprachhistoriker; überdies spielt die Sprachgeschichte eine erhebliche Rolle sowohl für die marxistische Sprachtheorie wie auch für Lehnerts von seinem Lehrer Wilhelm Horn übernommene und durch Aufnahme von Anregungen des historischen Materialismus weiterentwickelte funktional-evolutionistische Sprachauffassung. Um so enttäuschender ist die Feststellung, daß dies jedenfalls im Rezensionswesen nur einen geringen Niederschlag findet. Die Sprachgeschichte war – jedenfalls in den letzten fünf Jahrgängen – mit nur 13 Besprechungen deutlich unterrepräsentiert gegenüber der literaturwissenschaftlichen Mediävistik, und das Übergewicht des Lehnertschen Beitrags ist hier mit 9 Titeln noch erdrückender. Die Besprechungen verlassen nur selten den Rahmen philologischer Detailkritik. Eine lesenswerte Ausnahme in dieser Hinsicht ist Lehnerts Besprechung (23/1975, S. 164–166) von C. Sprockel, *The Language of the Parker Chronicle*, Vol. II: *Word-Formation and Syntax* (The Hague, 1973).

Die Erforschung des modernen Englisch gehört von Anfang an zum Programm der *ZAA*. Entsprechend zahlreich sind auch die Rezensionen aus diesem Bereich. Die Besprechungen praktisch ausgerichteter Werke ohne theoretische Ambitionen überwiegen deutlich, doch werden auch Bücher mit primär theoretischem Interesse vorgestellt. Auch bei diesen wird freilich vorrangig nach ihrer praktischen Verwertbarkeit gefragt, welche vor allem in drei Richtungen gesucht wird: 1. Förderung der Sprachvermittlung und des Spracherwerbs, 2. verbesserte Beschreibung des Englischen, 3. Vermittlung linguistischer Theorien an Studierende. Die Weiterführung linguistischer Theorien als Selbstzweck findet weit geringeres Interesse. Symptomatisch hierfür ist, daß die vieldiskutierten Werke aus der Frühzeit der Generativen Transformationsgrammatik, wie etwa *Syntactic Structures, Aspects*, aber auch ausführlichere Darstellungen von Teilaspekten der englischen Grammatik wie R. B. Lees, *The Grammar of English Nominalizations* (The Hague ¹1963, ⁵1968) oder Chomsky/Halle, *The Sound Pattern of English* (New York 1968) nicht besprochen worden sind. Angesichts der straffen Arbeitsteilung im wissenschaftlichen Publikationswesen der DDR wird man solche Titel freilich eher in Organen wie der *Zeitschrift für Phonetik, Sprachwissenschaft und Kommunikationsforschung* suchen. Weit weniger zu verschmerzen ist die Tatsache, daß so wichtige Beschreibungen des Gegenwartsenglischen wie G. N. Leech, *Towards a Semantic Description of English* (London 1969), ders., *Meaning and the English Verb* (London 1971, ff.), ders. und J. Svartvik, *A Communicative Grammar of English* (London 1975), Quirk et. al., *A Grammar of Contemporary English* (London 1972), Quirk/Greenbaum, *A University Grammar of English* (London 1973) bisher keinen Rezensenten gefunden haben. Angemessen vertreten sind dagegen die Arbeiten Hans Marchands und seiner Schüler zur englischen Wortbildung. Sehr reichlich erscheinen auch Arbeiten aus westdeutschen Lehrbuchreihen (z. B. *Anglistische Arbeitshefte*, Niemeyer, Tübingen; *Hochschulreihe*, Hueber, München).

Einen erheblichen Raum nehmen Lehrbücher und Wörterbücher der englischen Gemeinsprache wie auch verschiedenster Fachsprachen ein. Hier hat die DDR bekanntlich eine umfangreiche, einem differenzierten Bedarf auf hohem Niveau Rechnung tragende Produktion aufgebaut. Für den westdeutschen Leser dürfte auf diesem Sektor ein besonderer Nutzen der *ZAA* liegen. Denn der ostdeutsche Buchmarkt bietet hier manches, dem bei uns kein gleichwertiges Pendant gegenübersteht; und angesichts des erfreulich geringen *time-lag* im Rezensionswesen der *ZAA* (1 bis 2, ausnahmsweise 3 Jahre) kann man sich mit Hilfe dieser Zeitschrift fast noch auf dem laufenden halten. Vor allem Englischlehrer des Fach- und Berufsschulwesens sollten diese Informationsmöglichkeit nutzen.

Derjenige Leser freilich, der in jüngeren Jahrgängen der *ZAA* eine marxistische Sprachwissenschaft zu finden hofft, wird kaum auf seine Kosten kommen. Die ideologische Auseinandersetzung unterbleibt selbst dort, wo sie sich förmlich anbietet, etwa wenn Albrecht Neubert, der 1962 durch eine entschiedene Abrechnung mit der *General Semantics* hervorgetreten war, einen *Modern Guide to Synonyms* bespricht, der von dem „Papst" eben dieser Richtung, S. I. Hayakawa, herausgegeben wird (24/1976, S. 183–84).

Zusammenfassend: Die *ZAA* als Organ der literatur- und sprachwissenschaftlichen Berichterstattung und Kritik hat sich in den 25 Jahren ihres Bestehens eine Rolle erobert, der man Respekt zollen muß. Sie hat entscheidend dazu beigetragen, daß die Anglisten und Amerikanisten der DDR mit den meisten Entwicklungen und Strömungen des Faches in den westlichen Ländern vertraut gemacht wurden (und umgekehrt); sie verfolgt in der Linguistik einen praxisorientierten, weitestgehend ideologiefreien Kurs; sie hat sich in der Auseinandersetzung mit der „bürgerlichen" Literaturwissenschaft im großen und ganzen um eine Differenziertheit bemüht, die der gegenseitigen Anregung förderlich war. Man muß hier allerdings eine Reihe von Rezensionen ausnehmen, die – auf ein extrem starres und simples Konzept von „Widerspiegelung" oder „Parteilichkeit" festgelegt – kaum Anknüpfungspunkte für einen Dialog bieten. Es ist kein Zufall, daß sich Besprechungen dieser Art besonders zahlreich auch im landeskundlichen Bereich finden.

3. Der Beitrag der ZAA zur Forschung

Über die Grenzen der DDR hinaus wurde die *ZAA* vor allem durch eine Reihe von Beiträgen bekannt, die auch die westdeutsche und angloamerikanische Fachdiskussion nachhaltig beeinflußten und in der Tat geeignet waren, die Anglistik/Amerikanistik der DDR „wieder in die internationale Forschung einzuschalten". Freilich sind die Aufsätze der *ZAA* – sowohl nach ihrer Absicht bzw. ihrem Zielpublikum als auch nach ihrer Qualität – sehr unterschiedlich, so daß sich Pauschalurteile verbieten. Von etwa 400 Beiträgen entfallen auf die anglistische Literaturwissenschaft etwa 135 (oder 34%), auf die amerikanistische etwa 60 (15%), auf die Literaturtheorie 21 (5%), die Sprachwissenschaft 136 (34%), die „Landeskunde" 19 (5%), die „Rechenschaftsberichte" der Anglistik/Amerikanistik in der DDR 10 (2,5%) und die Berichte über die Forschungen in anderen sozialistischen Staaten 14 (3,5%).

a) Literaturwissenschaftliche Beiträge

Was die literaturwissenschaftlichen Aufsätze angeht, so fällt die thematische Schwerpunktbildung eher noch ausgeprägter aus als im Rezensionsteil. Von etwa 95 Beiträgen zu britischen Einzelautoren sind allein 33 Shakespeare und 7 Milton gewidmet; 38 befassen sich mit englischen Romanciers, davon 8 mit denen des 18. Jahrhunderts (6 allein mit Fielding!), 11 mit denen des 19. und 21 mit denen des 20. Jahrhunderts (4 mit Sillitoe). Andererseits ist das englische Drama nach Shakespeare nur durch Gay, Osborne, Stoppard und die Ardens vertreten, die moderne englische Lyrik durch T. S. Eliot, Houseman und Auden. Hinzu kommen etwa 35 „übergreifende" Aufsätze zur englischen Literaturgeschichte, die sich vor allem auf Literatur konzentrieren, welche schon im Aufsatztitel als „working-class", „proletarisch-revolutionär", „Chartist", „Massenpoesie" usw. gekennzeichnet ist, außerdem themen- und motivgeschichtliche Beiträge (zum Atomwissenschaftler, zur Negerfrage, zu Volksgestalten in englischer Literatur), die ebenfalls auf ein weitgehend gemeinsames Geschichtsbild verweisen. Ganz Ähnliches gilt für die amerikanische Literatur: Von den sechs übergreifenden Beiträgen zum amerikanischen Drama beispielsweise behandeln zwei das „Arbeitertheater", zwei die „Red Decade", zwei den Zusammenhang von Drama und Negerfrage; unter den Aufsätzen zu einzelnen Autoren finden sich außerdem solche zu O'Neill, Miller und Williams.

Es würde den Rahmen dieser Vorstellung sprengen, wollte man die etwa 220 literarhistorischen und literaturtheoretischen Beiträge bis ins einzelne aufschlüsseln. Einige wichtige oder besonders typische Gruppen sollten aber hier ausdrücklich hervorgehoben weden:

1. „Würdigungen"

Dabei handelt es sich um Aufsätze, die das Werk eines Autors oder einer Autorengruppe bewerten und seine Aufnahme bzw. Nichtaufnahme in einen offenbar weitgehend verbindlichen Kanon begründen. Das Urteil wird häufig schon im Titel vorab gegeben: „decadent" (Henry Miller, 22/1974), „ideologisch konfus" (Norman Mailer, 16/1968), „widersprüchlicher Humanismus" (Faulkner, 16/1968); „kritischer Realismus" (C. P. Snow, 20/1972), „spätbürgerlich-kritisch" (O'Neill, 23/1975), „sozialistisch" (Jack London, 20/1972), „sozialistischer Realismus" (Jack Lindsay, 21/1973), „revolutionär-romantisch" (James Joyne, 18/1970) usw. Auf die besonderen Varianten marxistischer Literaturtheorie, die diesen Kriterien jeweils zugrundeliegen, kann hier nicht weiter eingegangen werden. Sie erscheinen freilich in der Mehrzahl der Fälle sehr grob; und man hat nicht selten den Eindruck, daß es hierbei häufig in erster Linie um interne Kanonisierungs-Regelungen der DDR-Anglistik geht. Zu dieser Gruppe sind im weitesten Sinne auch etwa die Aufsätze zum „Menschenbild" eines Autors zu rechnen (Cooper, 4/1956; Golding, 18/1970; Bellow, 20/1972; Malamud, 20/1972). Eines der interessantesten und einflußreichsten Beispiele dieser Gruppe war wohl Robert Weimanns Aufsatz „Die Literatur der *Angry Young Men*. Ein Beitrag zur Deutung englischer Gegenwartsliteratur" (7/1959, S. 117–189).

2. Themengeschichtliche Aufsätze

Zahlreich sind auch die Beiträge zu der Gestaltung bestimmter politischer Themen und Phänomene in der Literatur, z. B. Entfremdung (McCullers, 20/1972; „proletarischer Gegenwartsroman", 15/1967), des Klassenkampfes (in der „demokratischen und sozialistischen Literatur in Großbritannien", 17/1969), aber auch der Negerfrage (Mark Twain, 5/1957; englische Literatur des 18. Jahrhunderts, 5/1957), der Indianer (Mark Twain, 4/1956), der „imperialistischen Vietnamaggression" (bei Graham Greene, 21/1973; in der amerikanischen Literatur, 24/1976), des „bürgerlichen Atomwissenschaftlers" (im englisch-amerikanischen Roman nach 1945, 16/1968) usw.

3. „Abrechnungen"

Hier ist, als der vielleicht bekannteste und am häufigsten zitierte Aufsatz der ZAA insgesamt, zunächst ein weiterer Beitrag Weimanns zu nennen: „New Criticism und bürgerliche Literaturwissenschaft. Geschichte und Kritik neuerer Strömungen" (8/1960, S. 29–74 und 141–170). Weimann mit seinem Überblick über die internationale Theoriedebatte, seinem sicheren Blick für die Blößen und inneren Widersprüche eines Konzeptes, seinem Bestreben, gerade diejenigen Argumente in den Vordergrund zu stellen, die auch einem „bürgerlichen" Kollegen einleuchten können, seiner wissenschaftlichen Offenheit und „Diplomatie" ist im Dialog mit den westlichen Fachvertretern so etwas wie ein Botschafter der DDR-Anglistik geworden. Seine Abrechnung mit dem New Criticism hat insbesondere in der Bundesrepublik, nämlich in der Diskussion um eine historisch orientierte oder dialektische Literaturtheorie, eine wichtige Rolle gespielt.

In mancherlei Hinsicht stellt Weimann indessen eine Ausnahmeerscheinung dar. Das zeigen auch die meisten anderen Beiträge, die zu dieser Gruppe gehören (vgl. etwa V. Evashova, „The Struggle Continues. Some Comments on English Modern Esthetics", 8/1960; Günther Walch, „Wege und Sackgassen englischer Theaterwissenschaft", 22/1974; Ursula Beitz, „Leslie Aaron Fiedler – ein reaktionärer Mythenbildner oder: Die Metamorphosen eines Antikommunisten", 23/1975, u. a.). Immerhin dürfen solche Artikel als seltene Beispiele einer sehr konkreten Auseinandersetzung anglistischer Literaturwissenschaftler aus dem Ostblock mit einflußreichen Theoretikern der angloamerikanischen Anglistik (neben Fiedler etwa auch Raymond Williams, 22/1974, und Northrop Frye, 21/1973), erhebliches Interesse für sich beanspruchen.

4. Beiträge zur marxistischen Literaturtheorie

Wiederum muß man hier einen Aufsatz Weimanns an den Anfang stellen: „Erzählerstandpunkt und *point of view*. Zur Geschichte und Ästhetik der Perspektive im englischen Roman" (10/1962); denn er ist in seiner Aufnahme und kritischen Weiterentwicklung „westlicher" Anregungen (in diesem Falle u. a. der Romantypologie Stanzels) zugleich bezeichnend für die Chancen, die der DDR-Anglistik und der *ZAA* dank ihrer wissenschaftsgeographischen Sonderstellung offenstehen, als auch wiederum untypisch dadurch, daß er diese Chancen so weitgehend nutzt. Seine Forderung, die textimmanent beschreibbare Erzählerperspektive in Beziehung zu setzen zum historischen, z. B. ideologie- oder sozialkritisch motivierten „Erzählerstandpunkt" bleibt, obwohl andeutungsweise marxistisch begründet, insgesamt doch so allgemein formuliert, daß sie in der bundesrepublikanischen Anglistik auch unter entschieden „bürgerlichen" Kollegen auf ein lebhaftes Echo stieß. Weitere Beispiele für einen ähnlichen Grad der Differenzierung: Günther Klotz, „Roman und bürgerliche Emanzipation" (23/1975) und Manfred Wojcik, „Gesellschaft und Romantheorie" (24/1976). Solche Aufsätze, so ist man versucht hinzuzufügen, stehen in vielerlei Hinsicht den westlichen Plädoyers für eine historisch orientierte Literaturwissenschaft näher als dem theoretischen Programm, welches in solchen Beiträgen wie Karl-Heinz Wirzbergers „Die Oktoberrevolution und die amerikanische Literatur – Rückschau und Ausblick" (16/1968) oder Georg Seehases „Abbild des Klassenkampfes. Aspekte der Wertung demokratischer und sozialistischer Literatur in Großbritannien" (17/1969) zugrunde liegt.

b) Sprachwissenschaftliche Beiträge

Die fachliche Streuung der linguistischen/mediävistischen Aufsätze weicht von derjenigen der Rezensionen erheblich ab. Legt man wiederum die letzten fünf Jahrgänge zugrunde, so befassen sich von insgesamt 33 Aufsätzen der genannten Teilgebiete nur je einer mit der mittelalterlichen Literatur und der Sprachgeschichte. In einem weiteren Aufsatz wird die mittelenglische Literatur in Gestalt des *Piers Plowman* immerhin berührt (Karl Bareš, „On the Anagram and Its Functions", 24/1976, S. 141–52). Keiner dieser drei Aufsätze hat einen DDR-Bürger zum Autor. Die Sprachgeschichte ist nur durch das sehr spezielle und heute gewiß nicht repräsentative Gebiet der Etymologie vertreten (21/1973, S. 414–23), die mittelalterliche Literatur durch einen Aufsatz über die mittelenglische Romanze *Havelok the Dane* (22/1974, S. 290–302).

Besonders überraschen muß der Rückgang der Sprachgeschichte, wenn man bedenkt, welch bedeutende Rolle gerade diese Disziplin in den ersten Bänden der *ZAA* gespielt hat. Der erste wissenschaftliche Beitrag der Zeitschrift, aus der Feder Rolf Berndts, hat programmatisch „Das Problem der Sprachentwicklung" zum Thema. Berndt führt hiermit die seit Stalins Linguistikbriefen 1950 in der Sowjetunion, seit 1952 auch in der DDR lebendige Diskussion in die Anglistik ein. Die zentrale, wissenschaftsgeschichtlich bedeutsame These der Stalinbriefe war bekanntlich, daß die Entwicklung der Sprache sich in relativer Unabhängigkeit von der gesellschaftlichen Entwicklung vollziehe. Aus dieser These hatte die sowjetische Linguistik den Begriff des „inneren" (sprachlichen) Gesetzes abgeleitet. Mit diesem Begriff lassen sich Denkweisen vereinbaren, die Wilhelm Horn, der Lehrer von Berndts Lehrer Lehnert, schon vor dem 2. Weltkrieg entwickelt hatte, insbesondere die Untersuchung des Zusammenhangs zwischen Form und Funktion und der gegensätzlichen Triebkräfte von „Ausdruckstätigkeit" und „Zwecktätigkeit" (besser wäre wohl: Ausdruck und Mitteilung). Auch wenn es Berndt nicht wirklich gelingt, den Begriff des „inneren Gesetzes" zu definieren, so umschreibt er doch das Erkenntnisinteresse, das seine zahlreichen anregenden Arbeiten zur Entwicklung des Englischen in spätaltenglischer und mittelenglischer Zeit motiviert hat. Die gleiche Position kehrt auch in mehreren Beiträgen Lehnerts wieder (bes. 5/1957, S. 43–56: „The Interrelation between Form and Function in the Development of the English Language"; 15/1967, S. 229–55: „Die Berliner anglistische Sprachwissenschaft").

Vor allem in letztgenanntem Artikel wendet sich Lehnert scharf gegen die „mechanistische Betrachtungsweise des Strukturalismus" (S. 234), seiner „Ausschaltung der Bedeutung" (S. 235) sowie gegen de Saussures Auffassung von der Zufälligkeit sprachgeschichtlicher Veränderungen (S. 240). Zustimmung findet dagegen die „Weiterentwicklung des Strukturalismus" durch die Prager Schule, die die gesellschaftliche Funktion der Sprache und den Aspekt der Entwicklung in ihre Betrachtungen einbezieht (S. 235). Auch die Auffassung der Sprache als System sowie der „Zeichencharakter der Sprache" werden befürwortet (S. 236, 237). Verworfen wird hinwiederum der „Alleinherrschaftsanspruch der Strukturalisten sowie einige ihrer philosophischen und methodischen Ausgangspositionen" (S. 238).

Lehnert schließt sich damit jener differenziert-vorsichtigen Rezeption der modernen Linguistik an, die seine Schüler Klaus Hansen und Rolf Berndt schon einige Jahre zuvor praktizierten. Besonders Hansens Beitrag (6/1958, S. 341–81: „Wege und Ziele des Strukturalismus") ist ein wissenschaftsgeschichtliches Dokument von einigem Interesse. Er ist wohl die erste offizielle Zurkenntnisnahme der amerikanischen Linguistik durch einen Anglisten der DDR. Zugleich zeigt er, daß eine aufmerksame Lektüre der einschlägigen Arbeiten und eine intensive Diskussion unter Wissenschaftlern des Ostblocks schon lange vorausgegangen sein muß. (Die reichhaltige Bibliographie sowjetischer Arbeiten reicht bis ins Jahr 1952 zurück.) Ob der Strukturalismus für die marxistische Sprachwissenshaft akzeptabel sei, bleibt am Ende auf listige Weise offen: 1. bestehe keine Einigkeit darüber, was marxistische Sprachwissenschaft sei; 2. müsse man in der Praxis sehen, ob mit strukturalistischen Methoden zu *arbeiten* sei. Damit ist jene Trennung von Methodologie und Ideologie angedeutet, die seither ein immer wiederkehrendes Motiv in der Linguistik der sozialistischen Länder darstellt.

Ob diese Trennung marxistisch überhaupt akzeptabel ist, mögen Kompetentere entscheiden. Für den Wissenschaftler bleibt zu konstatieren, daß die Auseinandersetzung mit Methoden der westlichen Sprachwissenschaft durchweg sachlich und vorurteilsfrei geführt wird. Insbesondere strukturalistische und transformationell-generative Methoden sind aus den Bänden der ZAA nicht mehr wegzudenken. Freilich muß festgehalten werden, daß die DDR-

Anglistik in der modernen Linguistik keinen unverwechselbar eigenen Beitrag hervorgebracht hat – im Unterschied zur Literaturwissenschaft und zur Sprachgeschichte. Repräsentativ für den Charakter der *ZAA* sind *Review Articles,* die durchaus kritisch berichten, die, wo es angängig ist, auch den marxistischen Standpunkt einbringen, die aber nicht beanspruchen, zu einem eigenen Ansatz vorzustoßen. In diese Kategorie gehört der schon genannte Aufsatz Hansens, ebenso die Auseinandersetzung Berndts mit C. C. Fries (7/1959, S. 270–80), ein großer Katalog von Anmerkungen des gleichen Verfassers zur *Englischen Sprache* Karl Brunners (16/1968, S. 156–76); Rosemarie Gläsers Berichte „Zur Grammatik des modernen Englischen auf *pattern-*Grundlage" (13/1965, S. 360–74) und „Zur Soziolinguistik und Sprachsoziologie in den USA" (19/1971, S. 341–63), Klaus Hansens Referat über die 2. Auflage von Marchands großer Wortbildungslehre (19/1971, S. 59–67), schließlich im jüngsten Band Gerhard Graensteins Beitrag über „Beziehungstypen englischer komplexer Sätze" (25/1977, S. 121–32). Alle diese Beiträge informieren gründlich und umfassend und stellen schon deshalb eine anregende und oftmals gewinnbringende Lektüre dar; ihrem Texttyp nach sind sie ausführliche Buchbesprechungen, die in die Kategorie der Aufsätze wohl deshalb aufgenommen worden sind, um sie von der großen Zahl der kürzeren Rezensionen gebührend abzuheben.

Artikel zur politischen Sprache sind außerordentlich selten. „Neuwörter im politischen Englisch" (11/1963, S. 229–47) ist im Grunde eine Wortliste mit reichem Belegmaterial, sicher nützlich für denjenigen, der „bürgerliche" westliche Zeitungen nicht regelmäßig beziehen kann. Hier findet sich allerdings auch eine der ganz wenigen politisch motivierten Fehlinformationen: *unilateralism* wird S. 233 definiert als Befürwortung der einseitigen Abrüstung Großbritanniens „ohne Rücksicht auf die anderen Nato-Staaten", während in Wirklichkeit nukleare Abrüstung ohne entsprechende Gegenleistung der Sowjet-Union gemeint war. Linguistisch unergiebig ist „Der Protestcharakter der Prägungen vom Typ *sit-in* und analoger Bildungen" (22/1974, S. 66–72).

Zusammenfassend: Die *ZAA* ist eine Fundgrube für jeden, der sich für die Entwicklung, die verschiedenen Positionen und die „Außenpolitik" der Anglistik und Amerikanistik in der DDR interessiert. Sie informiert außerdem wie keine andere Fachzeitschrift über solche Autoren und Strömungen der englischsprachigen Literatur, die im weitesten Sinne der *working-class literature* zuzurechnen sind, dem Marxismus nahestehen oder als literarische Stimme bestimmter Minderheiten gelten können (Neger, Indianer). Schließlich bietet sie zu beinahe allen Epochen und Gattungen Untersuchungen über das jeweilige Verhältnis von Kunst und Gesellschaft, von politischer Absicht und thematischen bzw. formalen Elementen, von Ideologie und Literatur. Dabei sind die Unterschiede, was den jeweiligen Grad der theoretischen Orthodoxie und schematischen Simplifizierung einerseits bzw. der Differenziertheit und Flexibilität andererseits angeht, extrem. Beispielhaften theoretischen Grundsatzartikeln (z. B. Weimann) und Analysen (vgl. Horst Höhne zu John Gays *ballad operas*, 13/1965, oder Wojciks Beiträge zu Coleridges Literaturtheorie, 18/1970 und 19/1971), aus der die entsprechenden hiesigen Forschungsdiskussionen wichtige Anregungen gewinnen könnten, stehen Arbeiten gegenüber, die mit einem Minimum simpelster und häufig nicht einmal „dialektischer" Prämissen auskommen und von vornherein nur für den internen Gebrauch bestimmt scheinen. In der Linguistik bietet sie gründliche Analysen zu Detailproblemen, darunter auch zu solchen mit politischen Implikationen. Doch für eine gesellschaftsbezogene Sprachwissenschaft sind – anders als in früheren Jahren – nicht einmal Ansätze vorhanden.

II.

Der hier versuchte Überblick über das Angebot der *ZAA* kann nicht einmal annähernde Vollständigkeit für sich beanspruchen und hat es vielfach bei Andeutungen und einzelnen Beispielen belassen müssen. Er hat die Rubrik „Aus den Universitäten", die insgesamt mit ihren Laudationes, Nachrufen und institutsgeschichtlichen Rückblicken (nach dem Muster: „Die Berliner Anglistik und Amerikanistik zwanzig Jahre nach der Wiedereröffnung der Humboldt-Universität") ein faszinierendes und nahezu umfassendes Bild von den institutionellen und personellen Entwicklungen der Anglistik/Amerikanistik in der DDR gibt, nur streifen können; er hat die Bibliographien (u. a. zu den anglistischen Dissertationen und Habilitationen an deutschen Universitäten seit 1885, Bd. 2/1954 ff.; zu Bereichen der DDR-Forschung; zu „progressiven" zeitgenössischen englischen bzw. amerikanischen Autoren, darunter Maltz, 1/1953, Lindsay, 3/1955, Aldridge, 6/1958) nicht einmal erwähnt. Dem begrenzten Raum und dem Programm von *Introducing Periodicals* Rechnung tragend, hat er sich vielmehr auf die Informationen konzentriert, die zugleich den möglichen Nutzen der Zeitschrift für den Anglisten in der Bundesrepublik, und hier wiederum insbesondere für den fortgeschrittenen Studenten und den Englischlehrer erkennen lassen.

Dieser wissenschaftliche und didaktische Nutzen ist nicht gering. So ist die *ZAA* beispielsweise für solche Forschungsvorhaben (einschließlich Seminararbeiten und Staatsexamensarbeiten) zu empfehlen, die es mit den Beziehungen zwischen einem Werk bzw. einer Gruppe von Werken und dem entsprechenden sozialgeschichtlichen Kontext zu tun haben. Dabei werden die jeweils thematisch einschlägigen Beiträge der *ZAA* häufig „unfreiwillig" zur Klärung eines eigenen theoretischen und methodologischen Konzeptes beitragen, nämlich dadurch, daß sie zur Auseinandersetzung mit (und Distanzierung von) extremen Positionen (der Widerspiegelungstheorie, der „parteilichen" Geschichtsschreibung) führen. Auch hochschuldidaktisch kann es nützlich sein, die apodiktische Würdigung eines Textes aus marxistischer Sicht in die Diskussion einzubeziehen – und sei es nur um ihrer provokatorischen Potenz willen. In vielen Fällen wird die *ZAA* jedoch das durch die „bürgerlichen" Interpreten repräsentierte Spektrum um wichtige und anregende Perspektiven erweitern können. Für ähnliche Zwecke lassen sich viele der literaturwissenschaftlichen bzw. literarkritischen Besprechungen heranziehen. Dabei erscheinen von den letzteren einige gerade wegen ihrer Tendenz zur Simplifizierung und zur bündigen Wertung auch für den Unterricht auf der Sekundarstufe II geeignet.

Eine zweite Gruppe von Beiträgen, sowohl von Aufsätzen als auch von Rezensionen, bietet zu bestimmten Literaturbereichen zunächst einmal faktische und bibliographische Informationen, welche man in westlichen Periodika nicht findet. Gemeint sind die Bereiche, die im Sprachgebrauch der *ZAA* häufig als „working-class", „proletarisch", als „Protestliteratur" usw. bezeichnet werden, jedenfalls aber auch eine „bürgerliche" Literaturwissenschaft zumindest ebenso interessieren müßten wie etwa die verschiedenen Formen der „Trivialliteratur".

Die *ZAA* ist also eine Zeitschrift, die wegen ihrer ideologischen und damit wissenschaftstheoretischen Position, aber auch wegen ihres Informationswertes in keiner anglistischen Institutsbibliothek fehlen darf (und wohl auch nicht fehlt). Aber auch Lehrerseminare könnten von dem umfassend informierenden Rezensionsteil ebenso wie von den kämpferischen Grundsatzartikeln nur profitieren.

Behind the Headlines

Diese Rubrik ist „behind" the headlines in einem doppelten Sinne: ein Viermonatsperiodikum kann mit der Aktualität einer Tages- oder Wochenzeitung unmöglich Schritt halten; stattdessen kann es aber die Zusammenhänge darstellen, die „hinter" den Tagesnachrichten liegen. a&e möchte an dieser Stelle Fachleute des jeweiligen Gebiets zu Wort kommen lassen, die Kenntnisse mitbringen, die dem philologisch ausgebildeten Anglisten gewöhnlich fehlen. Auf diese Weise soll an Hand aktueller Themen über jenes bloße Faktenwissen hinausgeführt werden, als das sich unsere Landeskunde noch allzu oft darbietet.

Claudius Gellert, München

Bildungsplanung und politische Entscheidung –
Das Beispiel der Gesamtschulentwicklung in England

1. Einleitung

Die Befürworter der Gesamtschule haben es schwer in der Bundesrepublik. Der Widerstand gegen die kooperative Gesamtschule in Nordrhein-Westfalen hat dies wieder verdeutlicht. Das dreigliedrige Schulsystem wird durch mächtige Fürsprecher gestützt.[1] Dies ist ebenso bekannt wie die Tatsache, daß im Ausland die diesbezügliche Entwicklung oft wesentlich rascher vorangeht.[2] Daher soll in den folgenden Ausführungen nicht primär gezeigt werden, *daß* sich in England die Gesamtschule in atemberaubender Weise als Regelschule durchgesetzt hat, sondern *wie* dies geschah. Denn in mehr als drei Jahrzehnten hat dort ein bildungsplanerischer Prozeß stattgefunden, der zugleich ein eindrucksvolles Lehrstück demokratischer Willensbildung, Konfliktbewältigung und Entscheidungsfindung darstellt.

In einem von Paragraphen, Verordnungen und Kapazitätsberechnungen gekennzeichneten Bildungssystem wie dem unseren haben Begriffe wie institutionelle und organisatorische Autonomie, gesellschaftliche Interessenartikulation und -harmonisierung und Interventionsenthaltsamkeit des Staates keinen Platz. Staatsbürokratismus und gesellschaftliche Ohnmacht charakterisieren das Bild. Das Beispiel der Gesamtschulentwicklung in England belegt jedoch, daß die Funktion des Staates auch darin bestehen *kann*, sich im wesentlichen auf die Initiierung, Koordinierung und Kontrolle sozialer Prozesse zu beschränken.[3]

Im folgenden ist kein interkultureller Systemvergleich beabsichtigt, noch sollen Aspekte der internen Organisation englischer Gesamtschulen en detail beschrieben oder ihre pädagogischen bzw. sozialen Auswirkungen (etwa bezüglich der angestrebten Reduktion schichtenspezifischer Selektionsmechanismen) analysiert werden. Die hier vorgelegte Skizze der äußeren Bedingungen jenes langwierigen schulorganisatorischen Umwälzungsprozesss soll ledig-

---

[1] Vgl. z. B. die ausführliche Stellungnahme des Bundes Freiheit der Wissenschaft, „Pro Schule – Contra Gesamtschule", **Freiheit der Wissenschaft**, 3.78.

[2] W. Ebert, Präsident des BLLV: „Manches, was hier verteufelt wird, gilt in anderen Ländern als höchst bewährt und unverzichtbar." **Bayerische Staatszeitung**, 19. 5. 1978, 9.

[3] Selbstverständlich setzt dies als Gegenstück eine Gesellschaft voraus, die sich ihre Belange nicht aus der Hand nehmen und somit demokratisch entmündigen läßt.

lich zum Nachdenken anregen über ähnliche (bildungs-) politische Problemstellungen in der Bundesrepublik.

2. Das englische Schulsystem

Bevor auf die Ausweitung des Systems der *Comprehensive Schools* im einzelnen eingegangen wird, soll allerdings ein kurzer Blick auf das englische Schulwesen, zumindest in seiner groben Organisationsstruktur, geworfen werden. Nur mit diesem Grundmuster vor Augen wird die Bedeutung des zu beschreibenden Reformprozesses verständlich werden.

Diagramm des englischen Bildungswesens [4]

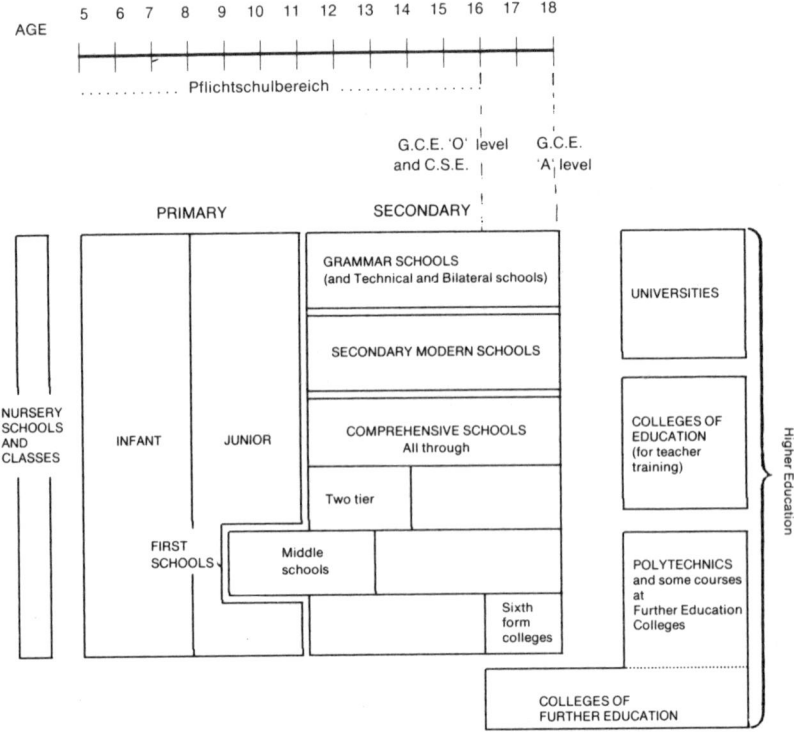

Wie aus dem obigen Diagramm hervorgeht, umfaßt der Pflichtschulbereich das 5. bis 16. Lebensjahr. Den Primarschulen (*Primary Schools*), unterteilt in

---

[4] Quelle: **Report on the Development of Education in the United Kingdom 1973–1975** (Bericht Großbritanniens für die 35. Internationale Erziehungskonferenz in Genf, September 1975).

Infant und *Junior Schools*, schließen sich die verschiedenen Arten der Sekundarschulen (*Secondary Schools*) ab dem 11. Lebensjahr an. Im Zuge der Gesamtschulbewegung hat mittlerweile zwischen Primar- und Sekundarbereich ein anderes Organisationsmodell Verbreitung gefunden, die sog. *Middle Schools* für Schüler von acht bis zwölf bzw. von zehn bis vierzehn Jahren.[5] Innerhalb der Sekundarschulen sehen wir schließlich im Anschluß an die *Compulsory Education* noch die Sekundarstufe II (*Sixth Form*) für Schüler bis zum 18. Lebensjahr. Hier kann, entsprechend dem Abitur, die zweite Stufe des *General Certificate of Education* (G.C.E.), das *Advanced Level ('A' Level)* erworben werden.[6]

Die wichtigsten Schulen des Sekundarschulbereichs sind:

– die *Secondary Modern School*, die noch 1965 von der größten Gruppe der Schüler (55,1% aller 13jährigen)[7] besucht wurde;

– die traditionell zur Hochschulreife führende *Grammar School*;

– die noch genauer zu erörternde *Comprehensive School*; und schließlich die *Direct Grant Schools* (staatlich bezuschußte Privatschulen) und die reinen Privatschulen (*Independent Schools* bzw. *Public Schools*).

Wenn man von der *Comprehensive School* absieht, handelt es sich hier also um ein stark nach Ausbildungsinhalten und Abschlüssen differenzierendes und somit selektives Schulsystem.[8] Darin zeigt sich die ursprüngliche Absicht der Bildungspolitiker, ein den unterschiedlichen Eignungen der Schüler entsprechendes und allen Sozialschichten in der Erziehung Chancengleichheit eröffnendes Bildungssystem einzurichten. Daß eben diese beiden Zielsetzungen durch eine selektive Angebotsstruktur[9] nur unzureichend realisiert wurden, war der Grund für eine langjährige Reformdiskussion in der englischen Öffentlichkeit und für die letztendliche Etablierung der Gesamtschule.

3. Die ersten Gesamtschulversuche

Die Grundlage des modernen Sekundarschulwesens in England und Wales bildet die der auch heute noch gültige, von der Kriegskoalition zwischen Labour Party und Konservativen verabschiedete *Education Act* von 1944. In ihm wurde verfügt, daß allen Kindern, unabhängig vom sozialen oder finanziellen Status ihrer Eltern, Schulen mit einer ,,variety of instruction as may be

---

[5] Vgl. Stübig, H.: **Kommentierte Bildungsstatistik: England.** Marburg, 1977, S. 26.

[6] Der Pflichtschulbereich wird dagegen mit dem Ordinary Level, 'O' Level, abgeschlossen.

[7] Dieser Schultyp wird meistens mit dem 'O' Level beendet. Vgl. Thomas, H.: ,,England und Wales''. In: Robinsohn, S. B. et al. (Eds.): **Schulreform im gesellschaftlichen Prozeß.** Stuttgart, 1975, Band II, S. 16.

[8] In Wirklichkeit ist das System von einer Reihe weiterer, schwach frequentierter Schularten gekennzeichnet. Vgl. H. Thomas, op. cit., S. 12–24. – Der private Schulsektor wird im folgenden außer Acht gelassen.

[9] Die wichtigste Hürde in diesem Selektionsprozeß war das sogenannte ,,11+'' Examen, das im Alter von elf Jahren über die Zuweisung des Schülers in die jeweilige Schulart entschied.

181

desirable in view of their different ages, abilities, and aptitudes"[10] angeboten werden müssen. Als wichtigste konkrete Maßnahmen sind zu nennen die Abschaffung des Schulgeldes in allen staatlichen Schulen und die Anhebung des Schulpflichtalters auf fünfzehn (1947) bzw. auf sechzehn Jahre (1972).

Der 1944 *Education Act* sah keine ausdrückliche Differenzierung nach Schularten vor. Er legte zwar die bildungspolitischen Ziele fest, ließ jedoch die Wege zu ihrer Verwirklichung offen. Allerdings hatte schon das ein Jahr zuvor veröffentlichte regierungsamtliche *White Paper „Educational Reconstruction"*[11] eine Einteilung des Sekundarbereiches in *Grammar School, Secondary Modern School* und *Technical High School* empfohlen. Ausdrücklich wurden damit „diversified types but on equal standing" avisiert. Abgesehen davon, daß die *Technical High Schools* bald zur Bedeutungslosigkeit verurteilt waren, wurde auch für die beiden anderen Schularten die angestrebte Prestigeparität nie realisiert. Die *Grammar Schools* belegten, unseren Gymnasien vergleichbar, eindeutig Platz eins. Es bildete sich also ein selektives Sekundarschulsystem heraus, das zwar bestenfalls den unterschiedlichen Fähigkeiten der Kinder entsprach, das aber die im *Education Act* geforderte Äquivalenz der Statuszuweisung nicht herstellte.

In einer sich an elitären Denkmustern orientierenden Gesellschaft war dies jedoch akzeptabel. Nicht unumstritten konnte andererseits der immer häufiger geäußerte Verdacht bleiben, daß die praktizierte Schulartzuweisung auch dem Primat der Eignungsadäquanz nicht entsprach. So kam z. B. eine von der *National Foundation for Educational Research* (NFER) vorgelegte Studie zu dem Ergebnis, daß ungefähr 10% der im Alter von elf Jahren an eine bestimmte Schule zugeteilten Kinder vermutlich falsch plaziert waren.[12] Die öffentliche Kritik entzündete sich folglich zunehmend an den Selektionsmethoden des „11-plus-Examens". In diesem Alter, so hieß es, befänden sich Kinder noch in einem so rapiden Prozeß der Persönlichkeits- und Intelligenzentwicklung, daß die schulartdifferenzierende Selektion zu früh komme. Außerdem seien die angewendeten Tests in ihrem Meßniveau viel zu ungenau. Ferner sei eine strukturelle Ungerechtigkeit durch die Tatsache gegeben, daß es sich um Auswahlverfahren der regionalen *Local Education Authorities* (LEAs) handle, die sich an der Zahl der jeweils verfügbaren *Grammar School*-Plätze orientierten. So sei es zu Schwankungen in den Übertrittsquoten von 8 bis 40% gekommen.[13] Und schließlich wiesen Bildungssoziologen und Soziolinguisten wie Floud, Halsey, Bernstein und andere mit immer stärkerem Nachdruck auf den vielleicht wichtigsten Aspekt hin, daß es nämlich gar nicht mehr darum gehe, „formal den Zugang zu weiterführenden Schulen für Kinder aller Sozialschichten zu öffnen, sondern einen Rahmen zu schaffen, in dem der Einfluß des

---

[10] **1944 Education Act,** London: H.M.S.O., 1944, Sektion 8.

[11] London, 1943, H.M.S.O., Cmnd. 6458.

[12] Yates, A., Pidgeon, D. A.: **Admission to Grammar Schools,** 1957.

[13] Department of Education and Science, **Report on Education,** Nr. 87, März 1977, S. 3.

sozio-kulturellen Milieus auf die Entwicklung der Kinder reduziert werden könne."[14] Immer mehr verbreitete sich die Erkenntnis, daß schon allein der im familialen Sozialisationsprozeß vermittelte Sprachkodex über Erfolg oder Mißerfolg in der Schule entscheiden kann.

Aus diesen in der öffentlichen Diskussion sich immer stärker durchsetzenden Einsichten kam es im Laufe der vierziger und fünfziger Jahre zu zwei bedeutenden Konsequenzen. Unterstützt von einer im Prinzip der Gesamtschulidee nahestehenden, wenngleich in der praktischen Bildungspolitik eher zurückhaltenden Labour-Regierung, gingen die regionalen Erziehungsbehörden erstens in verstärktem Maße dazu über, die Transfermöglichkeiten zwischen den diversen Schularten fließender zu gestalten (so daß es z. B. oft möglich wurde, noch im Alter von sechzehn Jahren von der *Secondary Modern School* zur *Grammar School* überzuwechseln). Und zweitens begannen einzelne LEAs, ihre Schulen auf nicht-selektiver Basis zu reorganisieren (Anglesey Ende der vierziger Jahre, London zu Beginn der fünfziger, Coventry 1954 und so fort). Diese Situation blieb seit 1951, als Labour von den Konservativen abgelöst wurde, für ungefähr zehn Jahre praktisch unverändert bestehen. Zwar hatte sich die neue Regierung für das selektive Schulsystem entschieden; *Comprehensive Schools* waren jedoch weiterhin als Versuchsschulen zugelassen. So nutzten vor allem die Labour-regierten *Local Education Authorities* ihre bildungspolitische Unabhängigkeit immer häufiger zu Gesamtschulexperimenten.[15]

4. Der politische Entscheidungsrahmen

Die *Local Education Authorities* sind die *Councils* der 105 (bis zur Gebietskörperreform 1974: 162) ländlichen und städtischen Verwaltungsgebiete in England und Wales, also die Regionalregierungen. Formal gesehen sind zwar die LEAs nur zur Durchführung der vom Londoner Erziehungsministerium (*Department of Education and Science*, DES) bzw. vom Parlament verabschiedeten Gesetze und Erlasse autorisiert. Eine solche Betrachtungsweise verdeckt jedoch mehr als sie aufhellt. In Wirklichkeit hat sich nämlich das intra- und interinstitutionelle Wechselspiel zwischen politischer Willenserklärung, Entscheidung und Durchsetzung auf den britischen Inseln in einer sehr informellen Variante etabliert. Als wichtigste Voraussetzungen hierfür besitzen die Briten unendliche Potentiale an Geduld, an aktiver und passiver Überzeugungsbereitschaft, Pragmatismus, Debattierfreude und Common Sense; vor allem kennzeichnet sie eine fast unüberwindbare Abneigung gegenüber jedweder *erzwungenen* Entscheidung.[16] Lieber nimmt man, gerade bei sozio-politischen Struk-

14 Thomas, H., op. cit., S. 49; vgl. auch Halsey, A. H., et al. (Eds.): **Education, Economy, and Society.** New York: Free Press, 1961.

15 Vgl. Fenwick, I. G. K.: **The Comprehensive School 1944–1970.** London, 1976, S. 82 ff.

16 Daß es etwa im Parlament häufig zu Kampfabstimmungen kommt, stellt eher die Ausnahme denn die Regel dar. Für kontroverse Angelegenheiten setzt man am liebsten eine neutrale Kommission ein.

turfragen, wie für die weitere Entwicklung der *Comprehensive Schools* noch zu zeigen sein wird, eine oft nur in Jahrzehnten meßbare Reifungsphase der öffentlichen Meinung bzw. der politischen Institutionen in Kauf.

Nur unter Einbeziehung solcher sozialpsychologischen Kategorien wird letztlich die für England charakteristische Verknüpfung von Zentralismus und Föderalismus, speziell das Verhältnis des DES zu den LEAs, verständlich.[17] Das Erziehungsministerium soll zwar seit 1944 die „Kontrolle und Richtungsweisung"[18] über die LEAs ausüben; faktisch hat es sich aber nur selten gesetzgebericher Mittel zur Durchführung dieser Aufgabe bedient. Das Ministerium behielt sich zwar die Kontrolle über einige Schlüsselbereiche von nationalem Interesse vor (Finanzierung der Schulbauprogramme, Lehrerbildung und -gehälter usw.); in der Regel liefen die Beziehungen zwischen zentraler und lokaler Verwaltung jedoch „über ein nirgends genau festgelegtes, aber gebräuchliches System der gegenseitigen Beratung und indirekten Einflußnahme."[19] Neben dem persönlichen Kontakt zu den LEAs, der über speziell eingesetzte Inspektoren läuft, erfüllten auch die im *Education Act* vorgesehenen *Central Advisory Councils* (je eines für England und Wales) eine wichtige Funktion bei der wechselseitigen Meinungsbildung. Besetzt mit „high status members of the Establishment"[20], beraten sie das DES auf Grund von Untersuchungsaufträgen oder aus eigener Initiative in bedeutenden bildungspolitischen Angelegenheiten. Da die „Reports"[21] dieser als neutral geltenden Gremien gewöhnlich intensiv in der Öffentlichkeit diskutiert werden und die darin niedergelegten Ergebnisse meist streng auf empirischer Evidenz aufbauen, wird hierdurch an den Common Sense aller beteiligten Interessengruppen appelliert und einer ideologischen Betrachtungsweise das Wasser abgegraben. Diese dergestalt öffentlich legitimierten Erkenntnisse haben somit eine gute Chance, wenn sie vom DES als politische Empfehlungen übernommen werden, von den betroffenen LEAs, den Schulen, den Lehrer- und Elternvereinigungen etc. akzeptiert zu werden. Somit erweist sich die öffentliche Meinung in England als eine wachsame und mächtige politische Kraft.[22]

Zur Förderung bzw. Eindämmung der Gesamtschulexpansion bedienten sich nun das DES bzw. die jeweiligen Regierungen sogenannter *Circulars* (Erlasse, wörtlich: Rundschreiben). Mit ihnen konnten die LEAs aufgefordert werden, Vorschläge zur Einrichtung von *Comprehensive Schools* in ihrem eigenen

---

[17] Vgl. im folgenden H. Thomas, op. cit., S. 108 ff.

[18] **1944 Education Act**, op. cit., Sektionen 1 und 68.

[19] Thomas, H. op. cit., S. 109.

[20] Hansen, G. B.: „,,Separate but Equal': Some Myths and Realities of English Secondary Education". **Comparative Education Review** 1965, Vol. 9, Nr. 3, 356–365.

[21] Die wichtigsten Reports seit dem Kriege waren: **Early Leaving. A Report of the Central Advisory Council of Education.** DES, London: H.M.S.O., 1954; **Fifteen to Eighteen** (Growther Report). DES, London: H.M.S.O., 1959 und 1960; **Half our Future** (Newsom Report). DES, London: H.M.S.O., 1963; **Children and their Primary Schools** (Plowden Report). DES, London: H.M.S.O., 1967.

[22] Vgl. Habermas, J.: **Strukturwandel der Öffentlichkeit.** Neuwied: Luchterhand, 1962, bes. § 8.

Bereich auszuarbeiten und einzureichen. Lagen solche Pläne dann vor, konnte das DES die örtlichen Behörden gesetzlich zur Durchführung der von ihnen selbst initiierten Vorschläge verpflichten. Die LEAs konnten jedoch nie durch *Circulars* zur planerischen Kooperation *gezwungen* werden. Dieser politische Modus spielte eine entscheidende Rolle in der letzten Phase der Reform des englischen Sekundarschulsystems.

5. *Gesetzgebung als ultima ratio*

Anfang der sechziger Jahre kam, nach mehreren Jahren der schulpolitischen Stagnation, wieder Bewegung in den Reformprozeß. Unter dem Eindruck der verstärkten öffentlichen Diskussion über die Nachteile des selektiven Schulsystems und beeinflußt durch die in wissenschaftlichen Begleituntersuchungen erhärteten positiven Resultate der bisherigen Gesamtschulversuche[23], wandelten sich die Haltungen der beiden großen Parteien. Die Labour Party unterstützte jetzt uneingeschränkt die *Comprehensive School*[24], und die Konservativen akzeptierten sie, solange sie nicht zur Konkurrenz von *Grammar Schools* wurde. Im Januar 1965, unmittelbar vor den von der im Jahr zuvor an die Macht gelangten Labour-Regierung vorgeschlagenen Reorganisationsbestimmungen, gab es in England und Wales bereits 262 *Comprehensive Schools* (vgl. Tabelle A).

---

[23] Vgl. H. Thomas, op. cit., S. 127 ff. Vgl. auch Hagmüller, P.: **Versuchsbegleitende Forschung an Gesamtschulen.** Weinheim: Beltz, 1973, S. 69 ff.

[24] **Learning to Live: A Policy for Education from Nursery School to University.** London: Labour Party, 1958.

TABLE A – Comparison of the number of secondary schools 1965–1976 (England und Wales)[25]

Type of school	1965		1966		1967	
	No. of schools	No. of pupils	No. of schools	No. of pupils	No. of schools	No. of pupils
Comprehensive[1]	262	239,619	387	312,281	508	408,056
Middle (deemed secondary)	–	–	–	–	–	–
Grammar	1,285	718,705	1,273	712,968	1,236	694,898
Modern	3,727	1,555,132	3,642	1,524,382	3,494	1,459,377
Technical	172	84,587	150	73,644	141	69,704
Other secondary	417	221,011	346	193,518	350	200,816
Total	5,863	2,819,054	5,798	2,816,793	5,729	2,832,851

Type of school	1968		1969		1970	
	No. of schools	No. of pupils	No. of schools	No. of pupils	No. of schools	No. of pupils
Comprehensive[1]	748	606,362	962	772,612	1,145	937,152
Middle (deemed secondary)	–	–	14	4,470	105	36,549
Grammar	1,155	655,702	1,098	631,948	1,038	604,916
Modern	3,200	1,367,367	2,954	1,303,751	2,691	1,226,619
Technical	121	62,021	109	56,627	82	43,700
Other secondary	352	203,935	331	194,723	324	197,038
Total	5,576	2,895,387	5,468	2,964,131	5,385	3,045,974

Type of school	1971		1972		1973	
	No. of schools	No. of pupils	No. of schools	No. of pupils	No. of schools	No. of pupils
Comprehensive[1]	1,373	1,128,417	1,591	1,337,242	1,835	1,580,406
Middle (deemed secondary)	147	55,286	186	74,932	302	123,265
Grammar	970	573,646	893	540,049	819	496,766
Modern	2,464	1,163,442	2,218	1,085,850	1,915	965,753
Technical	67	37,525	58	33,271	43	25,321
Other secondary	274	185,563	266	180,082	245	171,043
Total	5,295	3,143,879	5,212	3,251,426	5,159	3,362,554

Type of school	1974		1975		1976 (provisional)	
	No. of schools	No. of pupils	No. of schools	No. of pupils	No. of schools	No. of pupils
Comprehensive[1]	2,273	2,136,958	2,596	2,459,648	2,878	2,753,327
Middle (deemed secondary)	404	173,145	473	207,344	509	223,081
Grammar	675	411,195	566	343,658	477	295,162
Modern	1,509	856,749	1,216	697,850	1,002	589,286
Technical	35	21,144	29	18,049	23	15,002
Other secondary	183	124,552	155	100,097	93	59,642
Total	5,097	3,723,743	5,035	3,826,646	4,982	3,935,500

[1] Including sixth form colleges from 1967.

[25] Quelle: DES, **Report on Education**, op. cit., S. 5.

Diese Reorganisationsbestimmungen, die zum eigentlichen Durchbruch, d. h. bis 1975 zu einer Verzehnfachung der Gesamtschülerzahl führten, waren in dem berühmten *Circular 10/65* enthalten. War in der *Queen's Speech* (Regierungserklärung) von 1964 schon angekündigt worden: „My Ministers will enlarge educational opportunities", so waren ein Jahr später die LEAs durch *Circular 10/65* aufgerufen, „to prepare and submit proposals for comprehensive reorganisation by July 1966."[26]

Daß das DES diesen Erlaß als einen zwar dringlichen, aber dennoch zur *freiwilligen* Mitarbeit einladende Aufforderung verstanden wissen wollte, geht aus dem Schluß des *Circular* deutlich hervor. Diese Passage zeigt auch jenes typisch britische Bestreben, tiefgreifende politische oder soziale Strukturänderungen erst dann aus dem Stadium der Planung herauszuheben und zu implementieren, wenn im Prozeß der öffentlichen Meinungsbildung die Voraussetzungen hierfür schon weitgehend geschaffen wurden:

The Government are aware that the complete elimination of selection and separatism in secondary education will take time to achieve. They do not seek to impose destructive or precipitate change on existing schools; they recognise that the evolution of separate schools into a comprehensive system must be a constructive process requiring careful planning by local education authorities in consultation with all those concerned. But the spontaneous and exciting progress which has been made in this direction by so many authorities in recent years demonstrates that the objective is not only practicable; it is also now widely accepted.[27]

Das *Circular* bezog sich detailliert auf die Erfahrungen, die die LEAs mit schon existierenden *Comprehensive Schools* gemacht hatten und schlug für den weiteren Reformprozeß sechs verschiedene Gesamtschulmodelle vor (vgl. Anmerkung 32). Damit sollten zum einen die LEAs in die Lage versetzt werden, ihre eigenen pädagogischen und organisatorischen Vorstellungen verwirklichen zu können, und zum anderen wurde so eine optimale Nutzung schon vorhandener Schulgebäude angestrebt.

Unter dem sanften Druck von seiten des Erziehungsministeriums nahm die Entwicklung der *Comprehensive School* zur Regelschule einen unaufhaltsamen Verlauf. Ende Januar 1967 waren 30 von den damals 162 LEAs fast vollständig umgestellt; im Januar 1969 waren es bereits 129. Nur sechs LEAs weigerten sich geradeheraus, überhaupt Reformpläne vorzulegen.[28] Auch der neuerliche Regierungswechsel konnte diesen Prozeß nicht mehr stoppen. Mehr und mehr LEAs legten dem DES ihre Pläne zur Einführung von Gesamtschulen vor.[29] Die Zahl der *Comprehensive Schools* stieg sogar während der Regierungszeit der

---

[26] Ibid., S. 3; vgl. auch I. G.K. Fenwick, op. cit., S. 134 ff.

[27] DES, **Report** . . ., op. cit., S. 3.

[28] Ibid., S. 4.

[29] Für die Zeit des Regierungswechsels von Wilson zu Heath (1970) und wieder zu Wilson (1974), vgl. I. G. K. Fenwick, op. cit., S. 147 ff.

Konservativen von 1250 (Januar 1970) auf 2677 (Januar 1974) (vgl. Tabelle B).

Zwei der wichtigsten Gründe für diese rapide Entwicklung sind darin zu sehen, daß sich erstens in der englischen Öffentlichkeit inzwischen die Einsicht in die Effizienz und Konkurrenzfähigkeit der Gesamtschulen (zusätzlich zum Aspekt der sozialen Egalisierung und Chancenverbreitung) voll durchgesetzt hatte, und daß zweitens diese neuen Schuleinheiten in der äußeren Ausstattung und bezüglich ihrer Lehrkörperstruktur mit großzügigsten finanziellen Mitteln versehen waren.[30]

TABLE B – Comprehensive schools and pupils as a percentage of all secondary schools and pupils (England and Wales)[31]

	1965	1966	1967	1968	1969	1970
Number of comprehensive and middle deemed secondary schools	262	387	508	748	976	1,250
Comprehensive and middle deemed secondary schools as a percentage of all schools[1]	4·5	6·7	8·9	13·4	17·8	23·2
Number of pupils in comprehensive and middle deemed secondary schools	239,619	312,281	408,056	606,362	777,082	973,701
Pupils in comprehensive and middle deemed secondary schools as a percentage of all pupils[1]	8·5	11·1	14·4	20·9	26·2	32·0

	1971	1972	1973	1974	1975	1976*
Number of comprehensive and middle deemed secondary schools	1,520	1,777	2,137	2,677	3,069	3,387
Comprehensive and middle deemed secondary schools as a percentage of all schools[1]	28·7	34·1	41·4	52·7	61·0	68·0
Number of pupils in comprehensive and middle deemed secondary schools	1,183,703	1,412,174	1,703,671	2,310,103	2,666,992	2,976,408
Pupils in comprehensive and middle deemed secondary schools as a percentage of all pupils[1]	37·7	43·4	50·7	62·0	69·7	75·6

[1] Maintained secondary schools including middle deemed secondary.   *provisional

[30] Vgl. Röhrs, H.: „Die englische Comprehensive School – ein Modell der Gesamtschule". In: Klafki, W. et al.: **Integrierte Gesamtschule und Comprehensive School**. Braunschweig: Westermann, 1970, S. 39 ff. – Zur Organisation der **Comprehensive Schools** vgl. Monks, T. G.: **Comprehensive Education in Action**. NFER, 1970, bes. Kap. 2 und 3.

[31] Quelle: DES, **Report** . . ., op. cit., S. 5.

Nach der Rückkehr der Labour-Regierung (1974) wurde die bis 1970 betriebene Bildungspolitik mit neuem Schwung fortgesetzt. In *Circular 4/74* wurden die LEAs wiederum aufgefordert, sich freiwillig an der Umstrukturierung des Schulsystems zu beteiligen. (Die inzwischen erfolgte Reform der regionalen Gebietskörperstruktur wurde in der zeitlichen Planung entsprechend berücksichtigt.) Wie aus den Tabellen A und B hervorgeht, setzte sich die *Comprehensive School*, sowohl im Vergleich zu den anderen Schularten, als auch in absoluten Schülerzahlen weiterhin in eindrucksvoller Weise durch. Alles geschah ohne Zwang, angetrieben nur durch die beharrlichen Überredungskünste des DES und die Eigendynamik der örtlichen Erziehungsbehörden. Und diese Kombination aus politischem Willen und staatlich-administrativer Enthaltsamkeit bewirkte schließlich ein atemberaubendes Ergebnis: 1976 gingen bereits 75% aller Schüler in England und Wales in Gesamtschulen![32] Als Antwort auf *Circular 4/74* gaben Ende 1975 67 von 105 LEAs an, sie würden bis zum Ende der Dekade ihre Schulen vollständig auf das neue System umstellen; 31 weitere LEAs erklärten ihr prinzipielles Einverständnis und waren zur Kooperation bereit. Nur noch sieben regionale Erziehungsbehörden weigerten sich zu diesem Zeitpunkt, in ihrem Bereich *Comprehensive Schools* einzurichten.

---

[32] Drei der ursprünglich sechs angebotenen Modelle hatten sich, vgl. Tabelle C, vor allem durchgesetzt: 1. **Comprehensive Schools** mit einer Altersspanne von 11 bis 18 Jahren; 2. **Comprehensive Schools** mit einer Altersspanne von 11 bis 16 Jahren, mit anschließenden **Sixth Form Colleges** für Schüler über 16; 3. Kombinierte Systeme mit **Middle Schools** für die Altersklassen 8 bis 13 oder 14 und anschließend **Comprehensive Schools** ab dem Alter von 13 bzw. 14.

TABLE C—Types of comprehensive school (excluding middle schools), 1976*		
Type of school	Numbers	Percentage of all comprehensive schools
10–16	1	—
11–13	19	0·7
11–14	116	4·0
11–16	722	25·1
12–16	125	4·3
11–18	1,390	48·3
12–18	115	4·0
13–16	4	0·1
13–18	251	8·7
14–18	67	2·3
6th form college	68	2·4
Total	2,878	100

* provisional

Und jetzt, nach über dreißig Jahren Gesamtschulentwicklung, nach unendlich mühevollen und geduldigen Diskussionen, nach Auseinandersetzungen, Überredungen, Aufforderungen zur freiwilligen Mitarbeit, jetzt, da das angestrebte Ziel gesamtgesellschaftlich praktisch schon verwirklicht ist – da endlich wird, zum *ersten* Mal, der Gesetzgeber, das Parlament mobilisiert! Jetzt, da nur noch eine verschwindende Minderheit am überkommenen selektiven Sekundarschulwesen festhält, heißt es im Rückblick des DES lapidar: ,,This led to the decision to introduce legislation."[33] Und somit tritt am 22. November 1976 der *1976 Education Act* in Kraft, ,,enabling the Secretary of State to require the submission of proposals for comprehensive reorganisation from LEAs and voluntary school governors and to call for fresh proposals in place of any that appear to be unsatisfactory."[34]

6. Ausblick

Seither ist die *Comprehensive School* in England Regelschule. Noch ist der Prozeß nicht abgeschlossen; aber schon 1977 gab es nur noch eine LEA, in der keine Gesamtschule existierte. Gewiß, die Diskussion, in pädagogischer, soziologischer, politischer Perspektive, um das Für und Wider dieses nichtselektiven, egalitären Schultyps ist damit nicht beendet. In der Bundesrepublik ist die öffentliche Debatte über dieses Thema noch kaum in Gang gekommen. Um so nützlicher muß ein gelegentlicher Blick ins Ausland erscheinen. Von England läßt sich dabei nicht nur Bildungspolitisches lernen. Der wechselseitig behutsame Umgang zwischen gesellschaftlichen Gruppen und Institutionen einerseits und dem staatlich-parlamentarischen Apparat andererseits, wie er auf den britischen Inseln unauffällig und erfolgbringend gepflegt wird, bleibt auf eindringliche Weise beispielgebend.

---

[33] DES, **Report** . . ., op. cit., S. 4.
[34] Ibid.

Lösung des Crossword (Bd. 4, S. 134 ff.)

Waagerecht:

1. Autogramm
7. standfest
12. exakt (EX-AKT)
13. tunesisch (TUN+ES+Anagramm von SICH)
14. ungangbar (GANG „in" UNBAR)
15. Rasur (RAS', UR)
16. Seekrieg (Anagr. von GEKREISE)
17. Zentauren (AU „in" ZENTREN)
20. Ideen (Anagr. von DEINE)
21. Tontaube
23. Bluete
24. Ann (versteckt in MANNBAR)
26. und 28. Numerus Clausus
29. Mai
31. Wir (BEWIRTEN „ohne" BETEN)
33. Leinen (2 Bedeutungen: „Stricke" und „Bettzeug")
34. Erbin (BIN „hinter" ER)
35. Setzer
37. Eid
38. Reh
39. Express (EX+PRESS')
41. Nordost
43. Tee (bzw. TEE)
46. Amboss
47. Drangsal (DRANG – Vergangenheitsform von „dringt" – „und" Umkehrung von LAS)
48. Ziege (Anagr. von GEIZE; Signal ist: „nicht so")
51. Stenograf (GRAF „nach" Anagr. von OSTEN; Signal: „verkehrt")
54. rubinrot
55. Anruf
57. Bungalows (Anagr. von WO SALBUNG)
58. laestiger (Umkehrung von SEAL+TIGER)
59. Abbau (versteckt in GRABBAUTEN)
60. Lanzetten
61. Rentnerin (Anagr. von RENNT „in" REIN)

Senkrecht:

1. Altistin (ALT IST IN)
2. Tenoere (Anagr. von ERTOENE)
3. Gastronomen
4. Ausbeuterinnen (AUS+Anagr. von BEREUT+INNEN)
5. mehr (man „hört": MEER)

6. Masse (Anagr. von SESAM)
7. Sturz (versteckt in FA*ST URZ*EITLICH)
8. Angina (AN GINA)
9. Don Carlos (CAR „unter" DON+LOS)
10. erbarmenswert (ARMEN+WER, „darum" ERBT)
11. Tarantel (Anagr. von ARTEN „in" TAL)
18. Uta (versteckt)
19. nun (rückwärts gelesen gleich)
22. angeboren (die „zwei ersten" von ORT, also OR, „in" ANGEBEN)
25. Kaiserslautern (KAISER, „darunter" S+LAUTER+N)
26. niederbrennen (NIE DERB RENNEN)
27. suess
28. Cañon
30. Ali (Kalif „ohne Fassung")
32. Ire („Mitte von" INDIREKTE)
36. Trotzkisten
40. Pastorale (ORAL „in" PASTE)
42. passabel (PASS „über" ABEL)
43. Tat („bleibt" auch rückwärts gelesen)
44. Ego (versteckt)
45. Sektoren (SEKT „auf" Umkehrung von NERO)
49. Erreger (ER+REGER)
50. erbost (Anagr. von OBERST)
52. Fasan (FAN „hat", d. h. enthält AS)
53. Probe
56. Flur

Jahresverzeichnis a & e 1977

1/77: Sprachdidaktik

Helmut Reisener:	Englisch auf der Primarstufe – Erfolgreiche Schulversuche ohne Folgen?
Hartmut Breitkreuz:	Die englische Unterrichtssprache – Bestandsaufnahme u. Kritik
Gisela Hermann:	Drei Strategien zur positiven Beeinflussung von Einstellungen lernschwacher Schüler im Englischunterricht
Sascha W. Felix:	Entwicklungsprozesse im natürlichen und gesteuerten Zweitsprachenerwerb
Klaus Dieter Gottschalk:	What about? – Eine Fehlerbewertung
Josef Klegraf:	Untersuchungen zur „Objektivität" der Bewertung von Übersetzungen aus der Fremdsprache Englisch
Adolf E. Hieke:	Integrative Uses of the Language Lab for Intermediate and Advanced Students
Adolf E. Hieke:	Language Lab: Selective Bibliography
Winfried Nöth:	Läßt sich syntaktischer Kontrast erklären?
James Monaghan:	The Study of Language and the English Teacher
Lothar Jung:	Textlinguistik und Vertextungsstrategie im Fremdsprachenunterricht
Joachim Kornelius:	Möglichkeiten kontrastiver Wortfeldanalysen in der Unterrichtspraxis
BE PREPARED	Alt- und Mittelenglisch (Diller)
INTRODUCING PERIODICALS:	Modern Drama (Stratmann)
BEHIND THE HEADLINES:	Studentenbewegung und Studienorganisation in England (Gellert)

2/77: Trivialliteratur

Dieter Petzold:	Der Traum vom verlorenen Paradies – Bemerkungen zu J. M. Barries "Peter Pan"
Sabine Deitmer:	Der Detektivroman und sein literarischer Wert – Versuch zur Neubewertung einer Gattung
Jens Peter Becker	Zum Detektivroman im Unterricht – Nicolas Freeling: "Because of the Cats"
Barbara Puschmann-Nalenz:	Engel oder Teufel? – Über die Rolle von Kindern in der modernen Science Fiction
Bruno Schleußner:	Die punch-line und ihre Funktion in Sciene Fiction Short Stories
Wolfgang Karrer:	Zur Analyse von Comics: Am Beispiel "Dennis the Menace"
Stephan Kohl:	Mittelalterliche Romanze und moderner Spionageroman – Gemeinsamkeiten von „Guy of Warwick" und Len Deightons „Twinkle, Twinkle, Little Spy"
Gudrun Schütz-Güth Helmut Schütz:	Der schablonierte Klassenkampf – Überlegungen zur strukturellen Analogie zwischen englischem Parteiroman und Märchen
Erwin Otto:	Flucht aus der Trivialität. Intention und Wirkungsästhetik politischer Pop-Songs
Armin Geraths/ Kurt Herget:	Paradoxale Trivialität – Die Kurzprosa-Künste des Underground-Poeten Charles Bukowski

3/77: Shakespeare im Unterricht

Anschriften der Autoren:
Jochen Bartsch, StR. Weststraße 1, 4050 Mönchengladbach.

Prof. Dr. Helmut Bonheim. Englisches Seminar der Universität zu Köln. Albertus-Magnus-Platz, 5000 Köln 41.

Prof. Dr. Hans-Jürgen Diller. Englisches Seminar der Ruhr-Universität Bochum. Universitätsstraße 150, 4630 Bochum.

Claudius Gellert, MA. Bayerisches Staatsinstitut für Hochschulplanung. Arabellastraße 1, 8000 München 81.

Prof. Dr. Albert-Reiner Glaap. Pädagogische Hochschule Rheinland. Abteilung Neuß. Seminar für Englische Sprache und ihre Didaktik. Humboldtstraße 2, 4040 Neuß.

Prof. Dr. Wilhem Hortmann. Gesamthochschule Duisburg. Fachbereich 3. Sprach- und Literaturwissenschaften, Studienfach Anglistik/Amerikanistik. Lotharstraße 65, 4100 Duisburg 1.

Dr. Udo O. H. Jung. Informationszentrum für Fremdsprachenforschung der Philipps-Universität. Liebigstraße 37, 3550 Marburg/Lahn.

Dr. Helmut Meyer, Akad.-Dir. Universität Osnabrück. Abteilung Vechta. Fachbereich 2. Driverstraße 22, 2848 Vechta.

Prof. Dr. Helmut Schrey. Gesamthochschule Duisburg. Fachbereich 3. Sprach- und Literaturwissenschaften, Studienfach Anglistik/Amerikanistik. Lotharstraße 65, 4100 Duisburg 1.

Prof. Dr. Gerd Stratmann. Englisches Seminar der Ruhr-Universität Bochum. Universitätsstraße 150, 4630 Bochum 1.

Dr. Peter Stummer. Institut für Englische Philologie der Universität München. Schellingstraße 3, 8000 München 40.

Prof. Dr. Detlef von Ziegesar. Pädagogische Hochschule Karlsruhe. Fach Englisch. Bismarckstraße 10, 7500 Karlsruhe 1.